公務人員考試

職業安全衛生類別

高等考試＋地特三等
歷屆考題彙編

第三版

作者簡歷

■作者　蕭中剛

職安衛總複習班名師，人稱蕭技師為蕭大或方丈，是知名職業安全衛生 FB 社團「Hsiao 的工安部屋家族」版主、「Hsiao 的工安部屋」部落格版主。多年來整理及分享的考古題題解和考試技巧幫助無數考生通過職安衛相關考試。

【學　　歷】健行科技大學工業工程與管理系

【專業證照】工業安全技師、工礦衛生技師、通過多次甲級職業安全管理、甲級職業衛生管理、乙級職業安全衛生管理技能檢定考試、職業安全衛生科目 - 地特四等、公務普考、公務高考考試及格

■作者　陳俊哲

從事職業安全衛生相關工作逾 20 年，具有多年產業界及勞動檢查實務經驗，歷任勞動檢查機構技士、檢查員、技正及科長等職務。

【學　　歷】國立交通大學環境工程研究所碩士

【專業證照】工業安全技師、工礦衛生技師、環境工程技師、甲級勞工安全管理、甲級勞工衛生管理、乙級勞工安全衛生管理、甲級廢棄物處理技術員、甲級空氣污染防制專責人員、甲級廢水處理專責人員、甲級毒性化學物質專業技術管理人員、職業安全衛生科目 - 地特三等、公務高考考試及格

作者簡歷

■作者　徐　強

從事職業安全衛生稽核及輔導工作 10 年以上，曾於大專院校擔任職業安全衛生講師。

【學　　歷】　國立交通大學碩士

【專業證照】　工業安全技師、工礦衛生技師、甲級勞工安全管理、甲級勞工衛生管理、乙級勞工安全衛生管理、非破壞檢測師、職業安全衛生科目 - 公務高考考試及格

■作者　許曉鋒

從事職業安全衛生管理、輔導與檢查相關工作經驗近 7 年，並曾於事業單位、大專院校擔任職業安全衛生課程講師。

【學　　歷】　輔英科技大學職業安全衛生系

【專業證照】　工業安全技師、工礦衛生技師、甲級職業安全管理、甲級職業衛生管理、乙級職業安全衛生管理、職業安全衛生科目 - 公務普考、公務高考、國營考試及格

作者簡歷

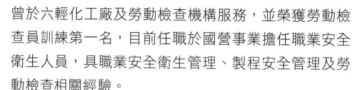

■ 作者　王韋傑

曾於六輕化工廠及勞動檢查機構服務，並榮獲勞動檢查員訓練第一名，目前任職於國營事業擔任職業安全衛生人員，具職業安全衛生管理、製程安全管理及勞動檢查相關經驗。

【學　　歷】國立高雄第一科技大學環境與安全衛生工程研究所

【專業證照】工業安全技師、工礦衛生技師、甲級職業安全管理、甲級職業衛生管理、製程安全評估人員、職業安全衛生科目-二次公務高考考試及格、國營事業聯合招考考試及格

■ 作者　張嘉峰

職業安全衛生現場工作出身，曾於營造工地、服務業及政府單位服務，半工半讀考取多張安全衛生專業證照，FB社團「職業災害調查與預防學院」版主，目前任職於國營事業擔任職業安全衛生人員。

【學　　歷】國立清華大學材料科學與工程學系研究所

【專業證照】工業安全技師、職業衛生技師、製程安全評估人員、施工安全評估人員、職業安全管理師甲級技術士、職業衛生管理師甲級技術士、職業安全衛生科目-公務高考、國營事業考試及格

　　根據勞動部公布的無工作經驗者每月平均經常性薪資（111 年）調查結果顯示，大學剛畢業初出社會的新鮮人，每人每月經常性薪資平均為 3.1 萬元，現今民營事業單位一般工作者不論是自畢業後選擇工作，或是因為工作中的不安定性而要轉換跑道，「長期穩定」漸漸成為了許多人找尋工作的考量首選，投入公職不會讓您「發大財」，但至少是個安家的好選擇。

　　常言道：「工欲善其事，必先利其器。」，本書為了幫助考生最有效率準備考試，具有以下特色：

1. 112 年 8 月 8 日核定新公布的高考三級命題大綱（113 年 1 月 1 日起適用）使公務考試迎來重大變革，職業安全衛生方面的科目減少應試專業科目，從原本六科減少為四科，本書立即配合考選部最新公告之考科及命題大綱編排內容，使考生備考時能隨時掌握正確的讀書進度。

2. 對於已刪除之科目檢討內容後去蕪存菁，一方面避免考生浪費不必要時間與精力於不考的內容上；另一方面，廢除科目中之題目於新命題大綱中仍為命題範圍時，保留於新架構中供考生參考，例如，機械防護與防火防爆併入安全工程部分。

3. 收錄 104 年至 112 年職業安全衛生考試科目題目，並依照考試年份編排，方便考生在準備該領域考試內容時，能夠鑑古知今、掌握出題脈絡。

4. 作者群為極具職業安全類科國考經驗之專家、名師，並且在專業科目上獲得高分，亦均為職業衛生、工業安全技師，作者群結合多年考試、職安歷練及輔導事業單位實務經驗提供參考題解，以期讓考生在準備考試時事半功倍、如虎添翼。

　　作者群分別在所擅長的科目中分享答題技巧與寶貴經驗，合力打造最優質考試參考書籍。撰寫過程作者群皆兢兢業業不敢大意，但疏漏難免，若本書之中尚有錯誤或不完整之處，尚祈讀者先進多多包涵並不吝提供指正或建議，在此致上十二萬分的感謝。

作者群

  徐強

 王幸瑩 張嘉峰

謹誌

目錄

公務人員高等考試
三級暨普通考試
技術類科命題大綱

職業安全衛生管理與法規（包括應用統計）

適用考試名稱	適用考試類科
公務人員高等考試三級考試	職業安全衛生
特種考試地方政府公務人員考試三等考試	職業安全衛生
專業知識及核心能力	一、 了解職業安全衛生法規、理論與實務。 二、 具備規劃設計與建造階段納入防災考量與措施之能力。 三、 具備危害辨識、認知與控制管理等專業能力。 四、 具備安全績效評估與安全投資效益分析之專業知識與能力。 五、 了解行為安全之理論與實務管理。 六、 了解風險管理體系與運作之理論與實務。
命題大綱	
一、 職業安全衛生法規、理論與實務 　（一）職業安全衛生法及其施行細則 　（二）職業安全衛生管理辦法 　（三）工作安全分析與教育訓練、管理計畫、管理規章及職業安全衛生管理系統之建立、績效評估 　（四）機械、電機與危險性機械設備相關規章及安全防災技術 　（五）勞工健康保護（含女性勞工母性健康保護、異常工作負荷及職場不法侵害預防）	

命題大綱
（六）有害物質作業危害預防規章
（七）職業安全衛生設施規則等法令規定
（八）營造工程相關法規與安全管理（含營造安全衛生設施標準）
（九）其他安全衛生相關法規
二、危害辨識、認知與控制管理
（一）危害辨識與認知之理論、原則與方法（含職業病預防概論）
（二）危害之控制與安全衛生管理實務（含化學性、物理性、生物性及人因性危害預防）
（三）緊急應變程序與演練
三、安全績效評估與安全投資效益分析
（一）職業災害之統計方法與計算
（二）安全投資效益分析之計算與評估
（三）事故調查
四、行為安全之理論與實務管理
（一）行為安全之理論
（二）行為安全之模式與建立方法
五、風險管理體系與運作
（一）風險管理工具與運用之理論
（二）風險（危害）評估之方法、運用原則與比對
（三）製程安全管理
備註　表列命題大綱為考試命題範圍之例示，惟實際試題並不完全以此為限，仍可命擬相關之綜合性試題。

職業衛生暴露風險評估

適用考試名稱	適用考試類科
公務人員高等考試三級考試	職業安全衛生
特種考試地方政府公務人員考試三等考試	職業安全衛生
專業知識及核心能力	一、 具備暴露風險評估執行專業能力。 二、 具備作業環境監測規劃及執行專業能力。 三、 具備職業衛生危害因子之測量與評估專業能力。 四、 具備暴露風險分級與管理專業能力。

命題大綱

一、 暴露風險評估
  (一) 工作場所危害暴露風險評估理論
  (二) 定性暴露風險評估之應用
  (三) 半定量與定量暴露風險評估之應用
  (四) 生物偵測技術與應用

二、 作業環境監測規劃與執行
  (一) 作業環境監測計畫之訂定及採樣策略規劃
  (二) 作業環境監測技術與原理
  (三) 作業環境監測結果之分析與應用

三、 職業衛生危害因子之測量與評估
  (一) 物理性危害之測量與評估
  (二) 化學性危害之測量與評估
  (三) 生物性危害之測量與評估
  (四) 人因性危害之測量與評估

四、 暴露風險分級與管理
  (一) 暴露風險分級技術之應用
  (二) 暴露風險管理

備註	表列命題大綱為考試命題範圍之例示，惟實際試題並不完全以此為限，仍可命擬相關之綜合性試題。

安全工程

適用考試名稱	適用考試類科
公務人員高等考試三級考試	職業安全衛生
特種考試地方政府公務人員考試三等考試	職業安全衛生

專業知識及核心能力	一、 了解安全工程之理論與實務。 二、 具備設計安全工程考量之能力。 三、 具備安全投資效益分析之專業知識與能力。 四、 具備火災爆炸評估與相關工程技術之技能。 五、 了解營造業常用之安全工程與實務管理等專業知識。

命題大綱
一、 安全工程之理論與實務 　　（一）廠扯選取與生產安全 　　（二）安全工程之運用與管理
二、 設計安全工程考量 　　（一）選取材料與設備之考量因素與評估 　　（二）生產設備配置之要因估算與評估 　　（三）靜電危害預防 　　（四）建造階段之安全工程考量
三、 安全投資效益分析 　　（一）安全投資方案與替代方案之選取原理 　　（二）安全投資效益分析之計算與評估 　　（三）化學性危害與物理性危害之計算與評估技術
四、 火災爆炸評估與相關工程技術 　　（一）混合物燃燒濃度範圍之計算 　　（二）理論需氧量與火災爆炸影響範圍之評估 　　（三）火災危害等指標之計算
五、營造業常用之安全工程 　　（一）吊掛及運搬作業安全之計算 　　（二）基礎工程與結構體工程之評估 　　（三）假設工程與施工機具之評估

備註	表列命題大綱為考試命題範圍之例示，惟實際試題並不完全以此為限，仍可命擬相關之綜合性試題。

職業衛生危害控制

適用考試名稱	適用考試類科
公務人員高等考試三級考試	職業安全衛生
特種考試地方政府公務人員考試三等考試	職業安全衛生
專業知識及核心能力	一、 具備職業衛生健康危害因子控制專業能力。 二、 具備通風控制工程專業能力。 三、 具備職業衛生個人防護具選用專業能力。

命題大綱

一、 化學性危害因子控制
  (一) 有機溶劑危害控制技術之運用
  (二) 特定化學物質危害控制技術之運用
  (三) 鉛危害控制技術之運用
  (四) 粉塵危害控制技術之運用

二、 物理性、生物性、人因性危害因子控制
  (一) 高溫、低溫、採光照明、噪音、振動等危害控制技術之運用
  (二) 生物危害控制技術之運用
  (三) 人因性危害控制技術之運用

三、 通風控制技術與效能評估及管理
  (一) 通風控制技術及原理
  (二) 整體換氣與局部排氣系統設計、評估及管理
  (三) 通風控制技術之實務應用與效能評估

四、 職業衛生個人防護
  (一) 聽力防護之評估與選用
  (二) 呼吸防護之評估與選用
  (三) 皮膚防護之評估與選用
  (四) 個人防護具之維護與管理

備註	表列命題大綱為考試命題範圍之例示，惟實際試題並不完全以此為限，仍可命擬相關之綜合性試題。

職業安全衛生管理與法規（包括應用統計）

2

2-0 重點分析

　　有關公務高考工業安全職系考試類科，「職業衛生管理與法規」為112年修定之命題大綱，其前身為「工業安全衛生法規」及「工業安全管理」演化而來，這科算是知曉宇宙浩瀚的一門學問，題目寫的簡單扼要，但考生答題卻滿腹疑問、步步艱難，精要之處全在考生統整文章分析的能力，答案要有排山倒海之力才行。

　　既然本科名為「職業安全衛生管理與法規」，當然「管理」及「法規」皆不可或缺的一環，「法規」在甲乙級技術士的學員考試磨練中，大體已習慣考題方式，另有關「管理」學門中，無論是管理人、管理作業方法、管理材料、管理製程等，需管理的人事物實在是太多，但其主要的架構是不會改變的，一般答題的技巧是確認題型大方向，再細分題目問的是什麼，文不對題是大多數落榜考生的症狀，我們寧可在考試當中花個 3、5 分鐘將題目說文解字地拆解確認，逐項命中出題者內心深處要的核心價值，將答題架構的「骨幹」訂定下來，再加上平日廣泛閱讀的資料於心中彙整逐一放入「骨幹」內，也就是將「有肉」的部分放置於正確的「骨幹」，成形完美的答題體態。「骨幹」是一般管理學最精要的部分，無非是簡單 PDCA 四個字來形容，也就是 P（政策）、D（執行）、C（查核）及 D（持續改善）成為一個連續性的進步管理，這將

可以當作為您答題的主要「骨幹」，題目只要提到「管理」二字，或是類似提到「管理」的方法，那就依照這個四字訣去執行答題，另外損失控制八大工具及職業安全衛生法施行細則第 31 條也是不錯的次標題；至於「有肉」的部分，這仰賴各位考生的多多訓練，念書不要堅持背起來，或是一本念完再一本，因為職業安全衛生管理橫跨各領域，如：營造、機械、電機、半導體、造紙、鋼鐵、物流管理等，每個行業別都是不同系所的專業領域，職業安全衛生的考生必須訓練自己成為「通才」而不是「專才」，永遠沒有讀完的背完的一天，書盡量快速看過就好，甚至可以多去圖書館借閱，多方閱讀讓你可以得到最多的「肉」，且不要只吝惜看職業安全衛生的書，其他領域的專業知識，懂皮毛也是很重要的，幫助您在考試當下畫「老虎」與「蘭花」的能力。

再來，本考科有一個特色，幾乎必考統計學 1 題，如果有唸過統計學的考生，一定直呼「賺到了」，因為統計學跟其他職系考生比起來題目難度不高，考場中題目發下來一翻兩瞪眼，會寫就是滿分，不會寫該題就直接吃鴨蛋，總分數一下就拉出來，所以，建議如果數理能力還行的考生，這門科目不要放棄，一樣去圖書館多翻幾本書，總有幾本武林秘笈白話到讓自己好吸收。

以上除了考試技巧外，勤看考古題也很重要，讓你在讀書的時候比較有「感覺」，看到書裡內容就想到某年的考試題目，畢竟國內的出題前輩大都同樣那幾位，出題習慣大都相似，當您累積到一定功力，說不定都可以猜得出是哪位名師出題的，最後，預祝各位考生考榜首，畢竟公務人員考試是名額制，只有前幾名才能上榜，成績越前面也就越能選好單位，衝刺加油啦！

2-1 工業安全法規、理論及實務

根據職業安全衛生法及其施行細則，雇主為預防重複性作業等促發肌肉骨骼疾病所為之規劃，應包含那些事項？（20 分）

【104 - 公務高考】

答

一、依「職業安全衛生法」第 6 條第 2 項規定，雇主對下列事項，應妥為規劃及採取必要之安全衛生措施：重複性作業等促發肌肉骨骼疾病之預防。

二、依「職業安全衛生設施規則」第 324-1 條規定（職業安全衛生法施行細則有關重複性作業規範與職業安全衛生設施規則重複，已於 109 年 2 月 27 日修法刪除），雇主使勞工從事重複性之作業，為避免勞工因姿勢不良、過度施力及作業頻率過高等原因，促發肌肉骨骼疾病，應採取下列危害預防措施，作成執行紀錄並留存 3 年：

（一）分析作業流程、內容及動作。

（二）確認人因性危害因子。

（三）評估、選定改善方法及執行。

（四）執行成效之評估及改善。

（五）其他有關安全衛生事項。

前項危害預防措施，事業單位勞工人數達 100 人以上者，雇主應依作業特性及風險，參照中央主管機關公告之相關指引，訂定人因性危害預防計畫，並據以執行；於勞工人數未滿 100 人者，得以執行紀錄或文件代替。

根據我國職業安全衛生管理系統（TOSHMS）危害辨識及風險評估技術指引，為利於危害辨識工作的執行，一般將危害區分為那幾大類？又包括那些細部之危害分類？（20分）　　【104-公務高考】

答

一、依據我國職業安全衛生管理系統（TOSHMS）危害辨識及風險評估技術指引（現稱風險評估技術指引，104年12月4日修正），一般將危害區分人員、環境、設備、物料方面4類。

二、其細部危害分類說明如下：

（一）人員：除須考量作業人員本身可能引起的危害，亦須考量周遭人員或其他利害相關者對作業人員可能造成的危害，如：

1. 人員在精神不濟的情況下，進行高處作業，易引起墜落危害。

2. 為節省時間，人員在未斷電情況下清洗機台，易引起捲入、切割等危害。

3. 貨物吊運過程中，因作業員間之協調不足，易引起碰撞、掉落等危害。

4. 人員在槽車卸車料前未依規定接妥接地設施，易導致卸料過程累積過多的靜電，可能會有火災爆炸之危害。

5. 人員誤啟動攪拌槽之攪拌器開關，導致內部清洗人員受到嚴重傷害等。

6. 工作量、主管的管理方式等因素，是否會影響到員工的心理狀態或壓力，進而導致工作上之傷害或影響其健康狀況。

（二）環境：須考量在不同環境下作業，可能引起的危害，如：

1. 長期於噪音環境下作業，容易造成聽力損失。

2. 在高溫環境下作業，容易引起脫水或中暑等危害。

3. 在防爆區域內執行動火作業，易引起火災或爆炸。

4. 在擁擠環境下執行維修保養作業，容易因碰撞或擦撞而受傷。

5. 局限空間作業，易引起缺氧或中毒等危害。

6. 高處作業會有墜落的危害。

7. 在通風不良的作業場所使用或處理化學物質，人員易因吸入化學物質而使健康受到影響等。

(三) 機械／設備／工具：須考量所使用、接觸或周遭的機械、設備或工具對作業人員或周遭人員可能造成的危害，如：

1. 轉動設備、輸送帶等可能會引起捲入危害。

2. 電氣設備可能會引起感電、火災爆炸等危害。

3. 反應器、高壓設備等可能會因操作不當而引起高壓破裂的危害。

4. 在動火管制區使用易產生火花之工具，易導致火災爆炸之危害。

5. 起重機在吊物過程中會有碰撞或物品掉落等危害。

6. 堆高機在搬貨物過程中，可能會撞傷附近作業人員等。

(四) 化學物質：須依據化學物質危害特性鑑別可能引起的危害，如：

1. 毒性化學物質可能會引起人員中毒危害。

2. 易燃性物質易引起火災爆炸危害。

3. 人員接觸腐蝕性物質會有灼傷危害。

4. 不相容的化學物質接觸後可能會有反應性危害。

5. 須低溫儲存的化學物質，在處理時須考量溫度升高可能引起的危害。

6. 化學物質對設備若具有較強的腐蝕性，易導致化學物質外洩，而引起火災、爆炸、或危及人員的安全與健康。

7. 另須考量化學物質之使用量，或儲存量與危害後果嚴重度的關係等。

試就事故類型與管理方向兩個面向，討論職業安全衛生管理系統與製程安全管理系統的差異，並對是否合適將此兩管理系統加以整併成為一個管理系統提出你的看法。（25 分） 【104 - 地特三等】

答

一、就事故類型與管理方向兩個面向，職業安全衛生管理系統與製程安全管理系統的差異說明如下：

項目	職業安全衛生管理系統	製程安全管理系統 PSM
目的	依事業單位規模、性質，建立包括規劃、實施、評估及改善措施之系統化管理體制。	為確保製程運轉、維修保養、變更等各階段均能維持正常運作，透過系統化方法辨識及評估可能發生之危害及風險，並採取適當之控制措施（共 14 大項）。
考慮面向	以符合法規為基本要件，執行 PDCA 系統化的循環管理。	除了法規外，需進一步探討其他面項，如：設備完整性、商業機密等。

二、上述兩管理系統加以整併成為一個管理系統的看法說明如下：

職業安全衛生管理系統為事業單位整體執行職業安全衛生工作的主軸，製程安全管理系統是針對製程運轉、維修保養、變更等各階段，透過系統化方法辨識、評估及控制製程的措施，製程安全管理系統可與職業安全衛生管理系統整合，將製程安全管理系統

納入職業安全衛生管理系統的一個章節，惟需要特別注意，各步驟都可有執行三階或四階程序書，兩者有重複的單元避免寫成兩套不一樣的程序書，例如：教育訓練、承攬管理等。

高處作業用安全帶之檢驗、設置及使用有那些標準？（20分）

【105 - 公務高考】

答

依「營造安全衛生設施標準」第23條規定，雇主提供勞工使用之安全帶或安裝安全母索時，應依下列規定辦理：

一、安全帶之材料、強度及檢驗應符合國家標準 CNS 7534 高處作業用安全帶、CNS 6701 安全帶（繫身型）、CNS 14253 背負式安全帶、CNS 14253-1 全身背負式安全帶及 CNS 7535 高處作業用安全帶檢驗法之規定。

二、安全母索得由鋼索、尼龍繩索或合成纖維之材質構成，其最小斷裂強度應在 2,300 公斤以上。

三、安全帶或安全母索繫固之錨錠，至少應能承受每人 2,300 公斤之拉力。

四、安全帶之繫索或安全母索應予保護，避免受切斷或磨損。

五、安全帶或安全母索不得鉤掛或繫結於護欄之杆件。但該等杆件之強度符合第 3 款規定者，不在此限。

六、安全帶、安全母索及其配件、錨錠，在使用前或承受衝擊後，應進行檢查，有磨損、劣化、缺陷或其強度不符第 1 款至第 3 款之規定者，不得再使用。

七、勞工作業中，需使用補助繩移動之安全帶，應具備補助掛鉤，以供勞工作業移動中可交換鉤掛使用。但作業中水平移動無障礙，中途不需拆鉤者，不在此限。

八、水平安全母索之設置，應依下列規定辦理：

（一）水平安全母索之設置高度應大於 3.8 公尺，相鄰二錨錠點間之最大間距得採下式計算之值，其計算值超過 10 公尺者，以 10 公尺計：L=4（H-3），其中 H ≧ 3.8，且 L ≦ 10

L：母索錨錠點之間距（單位：公尺）

H：垂直淨空高度（單位：公尺）

（二）錨錠點與另一繫掛點間、相鄰二錨錠點間或母索錨錠點間之安全母索僅能繫掛 1 條安全帶。

（三）每條安全母索能繫掛安全帶之條數，應標示於母索錨錠端。

九、垂直安全母索之設置，應依下列規定辦理：

（一）安全母索之下端應有防止安全帶鎖扣自尾端脫落之設施。

（二）每條安全母索應僅提供 1 名勞工使用。但勞工作業或爬昇位置之水平間距在 1 公尺以下者，得 2 人共用 1 條安全母索。

一個輸送帶通常會有很多滾輪，每個滾輪都會有捲入點（in-running nip points）。請按照優先順序提出三種防範捲入點危害的方法。(20 分)　　　　　　　　　　　　　　【105 - 公務高考】

答

防止捲入點危害的方法，可分為工程控制及行政管理，其中又以本質安全為最基本的要求，按照優先順序條列如下：

一、盡量於設計階段避免工作者接觸捲入點的機會，如採自動化設備。

二、捲入點應有護罩、護圍、套胴、跨橋或具有連鎖性能之安全門等設備。

三、捲入點應於適當位置設置有明顯標誌之緊急制動裝置，立即遮斷動力並與制動系統連動，能於緊急時快速停止機械之運轉。

四、採取必要行政管理，非相關作業人員不得進入作業區，機械設備危害標示，作業人員教育訓練、標準作業程序的要求等。

五、採取必要的個人防護具實施作業。

感電災害的類型有那些？其預防對策為何？請詳述之。（25分）
【105 - 地特三等】

答

一、發生感電的類型大致可分為二類：

（一）直接接觸災害：在電氣裝置運行時，直接與帶電部位接觸的人體感電事故。

（一）間接接觸災害：當電氣裝置發生絕緣劣化，造成內部帶電部位漏電至外部的非帶電金屬部位，此時雖接觸外部非帶電金屬部位，亦會造成間接感電事故。

二、感電災害的其預防對策如下列：

（一）隔離：隔離乃是使帶電的電氣設備或線路與工作者分開或保持距離，使勞工不易碰觸，例如使用電氣操作室操作帶電設備迴路。

（二）絕緣：絕緣為維持或加強電氣線路及設備之良好電氣絕緣狀態，例如使用絕緣套管。

（三）防護：工作者穿戴電氣絕緣用防護具或使用專用器具及裝備，例如工作者使用絕緣電氣安全帽。

（四）接地：接地係將電氣設備的非帶電金屬製外殼等，以導體與大地作良好的電氣性連接，保持電氣設備的非帶電金屬製外殼與大地是同電位，例如使用接地銅板。

（五）安全保護裝置：安全保護裝置泛指一切加於電路或設備上之保全裝置，其目的主要在於發生漏電時，能自動偵檢出漏電而啟動斷電或發出警報訊號，例如使用漏電斷路器。

（六）此外，其他如低電壓、雙重絕緣、非接地系統、直流或高頻等，亦是防止感電災害的做法。

請詳述如何應用瑞士乳酪模式（Swiss Cheese Model）進行損失控制。（25分）　　　　　　　　　　　　　　　【105 - 地特三等】

答

一、瑞士乳酪模式（Swiss Cheese Model），用來形容意外事件可能被發生的狀況，當同時穿過每一道防護措施的漏洞（乳酪孔洞），有如層層乳酪中湊巧有一組孔洞的集合體，能讓一直線光束直接穿過。例如：檢視飛安與醫療事件時，尤其能看到這種「步步錯，最後引發災害」的例子，只要當時有任何一個環節（乳酪）做對，事件就不會發生。

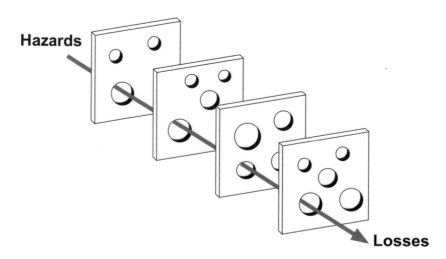

二、換而言之，進行損失控制的方法，即增加防護的層數（乳酪層數）及減少疏忽（乳酪孔洞）的發生，就能降低意外發生的機

會。最重要的，只要過程中有一步做對，有任何一層防護阻擋事件的穿透，災害就不會發生。

請詳述行為安全的主要原則及其法規之依據，並說明主要工作項目及其重點。（20 分）　　　　　　　　　　【106 - 公務高考】

答

一、行為安全（Behaviour – Based Safety, BBS）的主要原則及其法規之依據說明如下列：

（一）行為安全是應用行為科學強化人員行為和消除不安全行為，進而減少因人員的不安全行為而造成事故和傷害，透過行為安全科學，改變人的行為來預防事故和傷害的發生。

（二）依「職業安全衛生法」第 34 條規定，雇主應依本法及有關規定會同勞工代表訂定適合其需要之安全衛生工作守則，報經勞動檢查機構備查後，公告實施。另「職業安全衛生法施行細則」第 41 條所定安全衛生工作守則之內容，包含工作安全及衛生標準。

二、主要工作項目及其重點如下：

（一）選擇需要觀察的行為。

（二）建立安全觀察查核表。

（三）建立安全觀察查核表的檢核方式。

（四）選定及分析需要處理與分享的資料。

（五）訂定持續追蹤改善的行為安全目標。

請詳述第一類事業僱用勞工人數達三百人之事業單位，其職業安全衛生管理單位職責、其雇主應於八小時內通報勞動檢查機構之職業災害、及其職業安全衛生管理事項內容及執行應符合之相關規定。（25分）

【106 - 公務高考】

答

一、依據「職業安全衛生管理辦法」第 5-1 條第 1 項第 1 款規定，職業安全衛生管理單位之職責為擬訂、規劃、督導及推動安全衛生管理事項，並指導有關部門實施。

二、依據「職業安全衛生法」第 37 條第 2 項規定，事業單位勞動場所發生下列職業災害之一者，雇主應於 8 小時內通報勞動檢查機構：

（一）發生死亡災害。

（二）發生災害之罹災人數在 3 人以上。

（三）發生災害之罹災人數在 1 人以上，且需住院治療。

（四）其他經中央主管機關指定公告之災害。

三、依據「職業安全衛生法施行細則」第 31 條規定，職業安全衛生管理計畫，包括下列事項：

（一）工作環境或作業危害之辨識、評估及控制。

（二）機械、設備或器具之管理。

（三）危害性化學品之分類、標示、通識及管理。

（四）有害作業環境之採樣策略規劃及監測。

（五）危險性工作場所之製程或施工安全評估。

（六）採購管理、承攬管理及變更管理。

（七）安全衛生作業標準。

（八）定期檢查、重點檢查、作業檢點及現場巡視。

（九）安全衛生教育訓練。

（十）個人防護具之管理。

（十一）健康檢查、管理及促進。

（十二）安全衛生資訊之蒐集、分享及運用。

（十三）緊急應變措施。

（十四）職業災害、虛驚事故、影響身心健康事件之調查處理及統計分析。

（十五）安全衛生管理紀錄及績效評估措施。

（十六）其他安全衛生管理措施。

若營造工程屬於丁類的危險性工作場所，非經勞動檢查機構審查合格，事業單位不得使勞工該場所作業。屬於丁類的危險性工作場所之營造工程，應包括那些？（20 分） 【107 - 公務高考】

答

依據「危險性工作場所審查及檢查辦法」第 2 條規定，丁類危險性工作場所，指下列之營造工程：

一、建築物高度在 80 公尺以上之建築工程。

二、單跨橋梁之橋墩跨距在 75 公尺以上或多跨橋梁之橋墩跨距在 50 公尺以上之橋梁工程。

三、採用壓氣施工作業之工程。

四、長度 1,000 公尺以上或需開挖 15 公尺以上豎坑之隧道工程。

五、開挖深度達 18 公尺以上，且開挖面積達 500 平方公尺之工程。

六、工程中模板支撐高度 7 公尺以上、面積達 330 平方公尺以上者。

依「臺灣職業安全衛生管理系統指引」進行職業安全衛生管理系統之運作時，其中「職業安全衛生管理系統文件化」應包含那些相關事項？（20 分）　　　　　　　　　　　　　【107 - 公務高考】

答

依據「臺灣職業安全衛生管理系統指引」第 4.2.3 條規定，職業安全衛生管理系統文件化包括：

一、組織應依其規模及活動性質，建立並維持職業安全衛生系統文件化，以說明管理系統的主要要素及彼此間的關聯，並作為相關作業的指南。

二、組織應依其需求制定、管理和維持職業安全衛生紀錄，以展現符合本職業安全衛生管理系統的要求及結果的達成。

三、在遵守保密要求的前提下，員工有權獲取與其作業環境和健康相關的紀錄。

依國際調和系統 GHS，請列出危害通識的物質安全資料表中的 16 個項目。（20 分）　　　　　　　　　　　　　【107 - 地特三等】

答

物質安全資料表中的 16 個項目如下：

一、化學品與廠商資料。

二、危害辨識資料。

三、成分辨識資料。

四、急救措施。

五、滅火措施。

六、洩漏處理方法。

七、安全處置與儲存方法。

八、暴露預防措施。

九、物理及化學性質。

十、安定性及反應性。

十一、毒性資料。

十二、生態資料。

十三、廢棄處置方法。

十四、運送資料。

十五、法規資料。

十六、其他資料。

> 請以 PDCA 4 個主題說明職業安全衛生管理系統 OHSAS 18001 的執行步驟。（20 分） 【107 - 地特三等】

答

依據 OHSAS 18001 之規劃（Plan）－實施（Do）－檢核（Check）－行動（Act）（PDCA）之主題，執行步驟如下說明：

一、規劃：建立必要的目標與過程，以達成符合組織職業安全衛生政策之結果。

　　（一）一般要求事項。

　　（二）安全衛生政策。

　　（三）規劃。

　　　　　1. 危害鑑別、風險評估及決定控制措施。

　　　　　2. 法規與其他要求事項。

　　　　　3. 目標及方案。

二、實施：實施與運作職業安全衛生。

　　（一）資源、角色、職責、責任及授權。

　　（二）能力、訓練及認知。

　　（三）溝通、參與及諮詢。

　　（四）文件化。

　　（五）文件管制。

　　（六）作業管制。

　　（七）緊急事件準備與應變。

三、檢核：針對職業安全衛生政策、目標、法規及其他要求事項之監督與量測過程，並報告結果。

　　（一）績效量測與監督。

　　（二）守規性之評估。

（三）事件調查、不符合事項、矯正措施及預防措施。

（四）紀錄管制。

（五）內部稽核。

四、行動：採取措施以持續改善職業安全衛生績效。

試就骨牌理論及人為因素理論探討發生職業災害事故之原因。
（20 分）　　　　　　　　　　　　　　　　　　【108 - 公務高考】

答

一、骨牌理論：韓瑞奇 Heinrich 之骨牌理論於 1936 年所提出，強調
　　意外事故的形成，主要由於下列五個因子：

　　（一）社會習慣：包括血統及社會環境因子。

　　（二）個人失誤因子。

　　（三）不安全情境：不安全行為與不安全環境因子。

　　（四）引發災害的事件因子。

　　（五）形成傷亡因子。

二、人為因素理論：Heinrich 骨牌理論的五個因子互為影響，互為連
　　鎖。理論強調造成不安全行為完全是人為自身的失誤，而忽略其
　　他會造成人不安全行為的因素。

試說明全球化學品分類與標示調和系統（The Globally Harmonized
System of Classification & Labelling of Chemicals）之發展背景、
優點與化學品分類之方式。（20 分）　　　　　【108 - 公務高考】

答

一、GHS 發展背景：鑒於化學品頻繁的全球貿易活動，與制定國家法
　　規以確保使用、運輸和處置的安全性，其範圍是十分廣泛的。因

此體認到採用一個像 GHS 制度國際調和的做法進行化學品分類和標示，才可為貿易及管理需求提供發展的基礎。

二、GHS 優點：一旦各國能掌握在本國生產或是進口化學品的一致和正確的安全資訊，才足以發展建立必要的管控化學品暴露與環境保護的基礎制度。

三、GHS 化學品分類之方式：共分為物理性、健康危害及環境危害 3 大類，計 27 種危害分類。

> 事業單位在建立其安全衛生管理系統時，在規劃階段之實施流程與步驟為何？（20 分）　　　　　　　　　　【108 - 公務高考】

答

依據 CNS 45001 之「規劃」係指決定及評鑑職業安全衛生風險、職業安全衛生機會、其他風險與其他機會，建立必要的職業安全衛生目標與過程，據以組織職業安全衛生政策交付結果。實施流程與步驟說明如下：

一、組織前後環節

（一）瞭解組織及其前後環節。

（二）瞭解工作者及其他各利害相關者之需求與期望。

（三）決定職業安全衛生管理系統之範圍。

（四）職業安全衛生管理系統。

二、領導及工作者參與

（一）領導與承諾。

（二）職業安全衛生政策。

（三）組織之角色、責任及職權。

（四）工作者之諮詢及參與。

三、規劃

（一）處理風險與機會之措施。

（二）危害鑑別、風險及機會之評鑑。

1. 危害鑑別。

2. 職業安全衛生風險與職業安全衛生管理系統其他風險之評鑑。

3. 職業安全衛生機會與職業安全衛生管理系統其他機會之評鑑。

4. 決定法規要求事項及其他要求事項。

5. 規劃措施。

（三）職業安全衛生目標及其達成規劃。

1. 職業安全衛生目標。

2. 達成職業安全衛生目標之規劃。

依據職業安全衛生法施行細則規定，中央主管機關指定之機械、設備或器具有那些？（25分）　　　　　　　　　【108 - 地特三等】

答

依據「職業安全衛生法施行細則」第 12 條規定，本法第 7 條第 1 項所稱中央主管機關指定之機械、設備或器具如下：

一、動力衝剪機械。

二、手推刨床。

三、木材加工用圓盤鋸。

四、動力堆高機。

五、研磨機。

六、研磨輪。

七、防爆電氣設備。

八、動力衝剪機械之光電式安全裝置。

九、手推刨床之刃部接觸預防裝置。

十、木材加工用圓盤鋸之反撥預防裝置及鋸齒接觸預防裝置。

十一、其他經中央主管機關指定公告者。

為了強化承攬人安全衛生之管理，並提升承攬人之安全衛生知識及技術能力，方能有效達成災害預防之目的，請說明符合安全衛生法規及職業安全衛生管理系統之承攬管理制度 / 程序及計畫書內容。（25 分）　　　　　　　　　　　　　　　　　　　【108 - 地特三等】

答

依據「承攬管理技術指引」附錄一補充說明第 3 點有關研訂承攬管理制度 / 程序及計畫之說明如下：

承攬管理要做好，高階主管必須予以重視與支持，各級主管須確實執行應盡之權責，並協助承攬人建立良好的安全衛生管理計畫，和強化承攬人員工之安全意識和技能，期使在良好的基礎上，共同持續提升承攬管理之績效。

事業單位應依交付承攬項目之規模及特性，建立、實施及維持符合安全衛生法規及職安衛管理系統相關規範等要求之承攬管理制度 / 程序及計畫，內容包括：

一、適用範圍。

二、相關人員之權責。

三、承攬人之選擇和評估。

四、施工前之管理，含發包及簽約。

五、再承攬人之資格、限制及管理。

六、施工期間之管理。

七、施工後之管理及安全衛生績效評核。

八、其他相關安全衛生事項。

九、記錄及紀錄管理。

依據「職業安全衛生法施行細則」，請詳述職業安全衛生管理計畫應包括之內容。（20 分）　　　　　　　　　　　【109 - 公務高考】

答

依據「職業安全衛生法施行細則」第 31 條規定，本法第 23 條第 1 項所定職業安全衛生管理計畫，包括下列事項：

一、工作環境或作業危害之辨識、評估及控制。

二、機械、設備或器具之管理。

三、危害性化學品之分類、標示、通識及管理。

四、有害作業環境之採樣策略規劃及監測。

五、危險性工作場所之製程或施工安全評估。

六、採購管理、承攬管理及變更管理。

七、安全衛生作業標準。

八、定期檢查、重點檢查、作業檢點及現場巡視。

九、安全衛生教育訓練。

十、個人防護具之管理。

十一、健康檢查、管理及促進。

十二、安全衛生資訊之蒐集、分享及運用。

十三、緊急應變措施。

十四、職業災害、虛驚事故、影響身心健康事件之調查處理及統計分析。

十五、安全衛生管理紀錄及績效評估措施。

十六、其他安全衛生管理措施。

> 請詳述工作安全分析之程序及安全衛生作業標準之功能。（20分）
> 【109 - 公務高考】

答

一、進行工作安全分析之主要程序如下列：

（一）決定要分析工作的名稱：需要作安全分析的工作加以選擇，不能無限制或沒有範圍，否則將增加人力物力之浪費。

（二）將工作分解成幾個步驟：將要分析的工作按製程先後次序分成幾個主要步驟，如此無論如何複雜的工作均可明瞭。

（三）發現潛在危險及可能的危害：應腦力激盪仔細找出每一個基本步驟之潛在危險、可能的危害及可能發生之事故。

（四）決定安全工作方法：針對每個基本步驟之潛在危險、可能的危害及可能發生之事故，工作安全分析人員應仔細的逐一尋求防止事故之方式，可運用正確的經驗、討論方式、參考有關安全衛生法令規定、文獻或依專家之專業意見，擬定安全有效確切可行的對策。

二、安全衛生作業標準之功能如下列：

（一）防止工作場所災害發生。

（二）確認工作場所所需設備或器具。

（三）選擇適當人員工作。

（四）作為安全教導參考。

（五）作為安全觀察參考。

（六）作為事故調查參考。

（七）增加工作人員參與感。

依據「職業安全衛生管理辦法」，說明應建置職業安全衛生管系統之事業單位，以及此管理系統應包括的安全衛生項目。（20 分）

【109 - 公務高考】

答

依據「職業安全衛生管理辦法」第 12-2 條之規定，下列事業單位，應參照中央主管機關所定之職業安全衛生管理系統指引，建置適合該事業單位之職業安全衛生管理系統：

一、第一類事業勞工人數在 200 人以上者。

二、第二類事業勞工人數在 500 人以上者。

三、有從事石油裂解之石化工業工作場所者。

四、有從事製造、處置或使用危害性之化學品，數量達中央主管機關規定量以上之工作場所者。

前項管理系統應包括下列安全衛生事項：（補充：現管理辦法第 12-2 條已刪除此項。）

一、政策。

二、組織設計。

三、規劃與實施。

四、評估。

五、改善措施。

依照我國製程安全評估定期實施辦法第 5 條規定，可以評估及確認製程危害的評估方法主要僅限於：如果 - 結果分析、檢核表、如果 - 結果分析／檢核表、危害及可操作性分析、失誤模式及影響分析及故障樹分析等六種。然而，在職業安全衛生管理上，工作安全分析（Job Safety Analysis, JSA）早為業界廣泛採用並被證實為有效的安全評估方法，請論述將工作安全分析的方法運用於製程安全評估是否合宜。（25 分）　　　　　　　　　　　　【109 - 地特三等】

答

一、工作安全分析（Job Safety Analysis, JSA）是指事先或定期對某項工作進行安全分析，識別危害因素，評價風險，並據此結果制定或實施相對應的控制措施，達到最大限度消除或控制風險的方法。

二、傳統上，使用檢核表分析（Checklist）、如果 - 結果分析（What-If）、危害及可操作性分析（HazOp）分析和失效模式及影響分析（FMEA）等技術對製程設計進行危害評估，重點是製程的化學和設備。但是，分析人員可以輕鬆地將人為因素納入任何這些技術中。結合人為因素的考慮，不僅可以識別可能的錯誤，而且還可以識別可能發生錯誤的原因，從而使管理人員更容易提高製程安全性。

三、儘管許多事業單位都執行某種類型的工作安全性分析，但大多數事業單位目前不對程序進行過程危害評估。JSA 是評估程序的絕佳起點，因為 JSA 可以確定工人必須執行的任務以及保護工人免受典型工業危害（滑倒、跌落、割傷、燒傷等），較無法辨別人員於製程中可能的製程危害（如人員於設備參數操作錯誤導致管線高壓而洩漏與人員在操作時閥件開啟錯誤導致不相容化學反應等），因此在無法完全辨識出人為因素時，可執行作業程序之危害與可操作性分析（Procedural HazOp），逐步檢視製程中人為錯誤的原因、後果與防護措施，降低事故發生的機率。因此，僅使用 JSA 為製程危害的評估方法可能會造成盲點，較不宜。

全員參與安全衛生管理為目前全球趨勢，請寫下一般員工參與的安全衛生管理項目。（20分） 【110-公務高考】

答

依題意，可參考「職業安全衛生法施行細則」第31條規定之職業安全衛生管理計畫，一般員工應皆可參與，其與職業安全衛生人員所為的差異，只在於工作事項的深淺度，故包括下列安全衛生管理項目：

一、工作環境或作業危害之辨識、評估及控制。

二、機械、設備或器具之管理。

三 危害性化學品之分類、標示、通識及管理。

四、有害作業環境之採樣策略規劃及監測。

五、危險性工作場所之製程或施工安全評估。

六、採購管理、承攬管理及變更管理。

七、安全衛生作業標準。

八、定期檢查、重點檢查、作業檢點及現場巡視。

九、安全衛生教育訓練。

十、個人防護具之管理。

十一、健康檢查、管理及促進。

十二、安全衛生資訊之蒐集、分享及運用。

十三、緊急應變措施。

十四、職業災害、虛驚事故、影響身心健康事件之調查處理及統計分析。

十五、安全衛生管理紀錄及績效評估措施。

十六、其他安全衛生管理措施。

職業安全衛生管理辦法中規定職業安全衛生組織、人員、工作場所負責人及各級主管之職責為何？（20分） 【110-公務高考】

答

依「職業安全衛生管理辦法」第5條之1規定，職業安全衛生組織、人員、工作場所負責人及各級主管之職責如下：

一、職業安全衛生管理單位：擬訂、規劃、督導及推動安全衛生管理事項，並指導有關部門實施。

二、職業安全衛生委員會：對雇主擬訂之安全衛生政策提出建議，並審議、協調及建議安全衛生相關事項。

三、未置有職業安全（衛生）管理師、職業安全衛生管理員事業單位之職業安全衛生業務主管：擬訂、規劃及推動安全衛生管理事項。

四、置有職業安全（衛生）管理師、職業安全衛生管理員事業單位之職業安全衛生業務主管：主管及督導安全衛生管理事項。

五、職業安全（衛生）管理師、職業安全衛生管理員：擬訂、規劃及推動安全衛生管理事項，並指導有關部門實施。

六、工作場所負責人及各級主管：依職權指揮、監督所屬執行安全衛生管理事項，並協調及指導有關人員實施。

七、一級單位之職業安全衛生人員：協助一級單位主管擬訂、規劃及推動所屬部門安全衛生管理事項，並指導有關人員實施。

> 試說明職業安全衛生法之一般責任條款之內容、立法意旨、雇主應如何施行及雇主違反該項規定時，勞動檢查機構應如何處理。（20 分）
>
> 【110 - 公務高考】

答

一、「職業安全衛生法」之雇主一般責任條款係規定於第 5 條第 1 項，其內容為雇主使勞工從事工作，應在合理可行範圍內，採取必要之預防設備或措施，使勞工免於發生職業災害。

二、「職業安全衛生法」第 5 條之立法意旨係因本法適用範圍擴大至所有行業，樣態多樣化，例如記者外勤採訪作業、保險業務員至客戶處接洽業務等場所不在雇主所能支配管理之範圍，雇主使勞工執行職務前，仍應按其情形為必要之預防。該等作業存在之危害，於現行法令未必有所規範，但其合理可行作為（例如安全作業指引及業界實務規範等），雇主自應事先評估風險，採取預防作為，爰參考美國、英國及歐盟等先進國家所定，於第 1 項增列一般責任之規定。

三、雇主對於一般責任於實務上之考量要件為 (1) 危害確實存在 (2) 該危害可經確認 (3) 該危害會導致或可能導致勞工嚴重之傷害或死亡 (4) 此種危害情況可改善，或是可以合理達到危害預防目的。

四、查「職業安全衛生法」第五章罰則當中並無雇主違反第 5 條規定之罰則，勞動檢查機構應僅能通知雇主「限期改善」。

試就職業安全衛生法之規定中，說明適用、準用及比照該法之對象，及其法律效果。（20 分）　　　　　　　　　【110 - 公務高考】

答

一、「適用」，係指完全依其規定辦理之謂。如職業安全衛生法第 4 條規定：「本法適用於各業。」，即係指各業均應依職安法規定辦理之。

二、「準用」，係指就某一事項所為之規定，於性質不相牴觸之範圍內，適用於其他事項之謂。換言之，準用非完全適用所援引之法規，而僅在性質容許之範圍內類推適用。如職安法第 51 條第 1 項規定：「自營作業者準用第 5 條至第 7 條，…第 24 條有關雇主之義務及罰則之規定」。

三、「比照」，係由比附援引而來，有意使構成要件不同之事項適用相同規定之意，性質上與另作補充規定無異，故應以法律規定之事項（如關於人民權利義務之事項），如須比照其他事項之規定辦理時，應以法律明文規定。如職安法第 51 條第 2 項：「第 2 條第 1 款所定受工作場所負責人指揮或監督從事勞動之人員，於事業單位工作場所從事勞動，比照該事業單位之勞工，適用本法之規定。…」。

請說明訂有容許暴露標準化學品之評估及分級管理的管理方式。（20 分）　　　　　　　　　　　　　　　【110 - 公務高考】

答

依據「危害性化學品評估及分級管理技術指引」第 5 點規定，雇主使勞工製造、處置、使用中央主管機關依勞工作業場所容許暴露標準所定有容許暴露標準之化學品（以下簡稱有容許暴露標準化學品），而事業單位規模符合本辦法第 8 條第 1 項規定者，應依附件三所定之流程，實施作業場所暴露評估，並依評估結果分級，採取控制及管理措施。

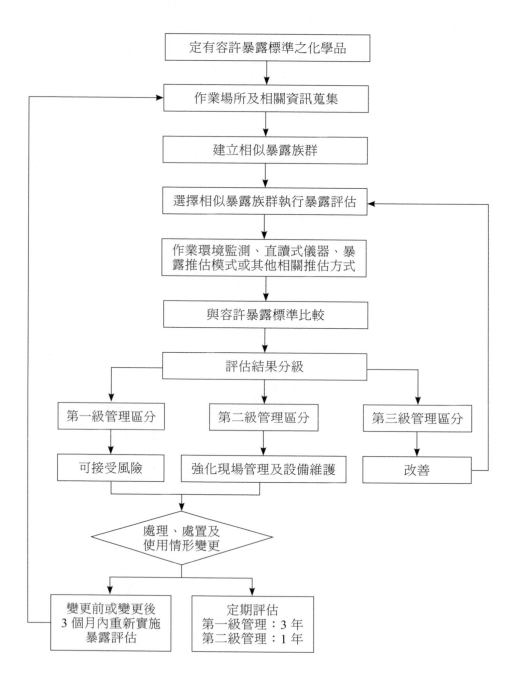

定有容許暴露標準之化學品

作業場所及相關資訊蒐集

建立相似暴露族群

選擇相似暴露族群執行暴露評估

作業環境監測、直讀式儀器、暴露推估模式或其他相關推估方式

與容許暴露標準比較

評估結果分級

第一級管理區分　　第二級管理區分　　第三級管理區分

可接受風險　　強化現場管理及設備維護　　改善

處理、處置及使用情形變更

變更前或變更後3個月內重新實施暴露評估　　定期評估
第一級管理：3年
第二級管理：1年

依勞工作業環境監測實施辦法之內容，試說明噪音及粉塵作業環境監測相關規定。當噪音及粉塵作業均屬臨時性作業、作業時間短暫、或作業期間短暫時又有何豁免規定？（20分）【110 - 公務高考】

答

一、依據「勞工作業環境監測實施辦法」第 7 條第 1 項第 3 款之規定，勞工噪音暴露工作日 8 小時日時量平均音壓級 85 分貝以上之作業場所，應每 6 個月監測噪音 1 次以上。

二、依據「勞工作業環境監測實施辦法」第 8 條第 1 項第 2 款之規定，粉塵危害預防標準所稱之特定粉塵作業場所，應每 6 個月監測粉塵濃度 1 次以上。

三、當噪音及粉塵作業均屬臨時性作業、作業時間短暫、或作業期間短暫時，僅有粉塵作業得依據「勞工作業環境監測實施辦法」第 8 條第 2 項之規定，前項作業場所之作業，屬臨時性作業、作業時間短暫或作業期間短暫，且勞工不致暴露於超出勞工作業場所容許暴露標準所列有害物之短時間時量平均容許濃度，或最高容許濃度之虞者，得不受前項規定之限制（即不需每 6 個月監測粉塵濃度 1 次以上）。

依我國高壓氣體勞工安全規則，試說明其對可燃性氣體或毒性氣體洩漏偵測器之相關規定。（20分）【110 - 公務高考】

答

依據「高壓氣體勞工安全規則」相關規定如下：

一、第 60 條之規定，可燃性氣體或毒性氣體之製造設備中，有氣體漏洩致積滯之虞之場所，應設可探測該漏洩氣體，且自動發出警報之氣體漏洩檢知警報設備。

二、第 167 條之規定，消費設備中有氣體漏洩致積滯之虞之場所，應設置可探測該漏洩氣體，且自動發出警報之氣體漏洩檢知警報設備，但液氧除外。

> 依據職業安全衛生法，請說明「職業災害」定義，並說明在職業災害發生前及發生時雇主應採取之措施。（25分）　【110 - 地特三等】

答

一、依據「職業安全法」第2條第5項規定，職業災害係指因勞動場所之建築物、機械、設備、原料、材料、化學品、氣體、蒸氣、粉塵等或作業活動及其他職業上原因引起之工作者疾病、傷害、失能或死亡。

二、依據「職業安全衛生法」第5、37條規定，職業災害發生前及發生時雇主應採取之措施說明如下列：

（一）雇主使勞工從事工作，應在合理可行範圍內，採取必要之預防設備或措施，使勞工免於發生職業災害。

機械、設備、器具、原料、材料等物件之設計、製造或輸入者及工程之設計或施工者，應於設計、製造、輸入或施工規劃階段實施風險評估，致力防止此等物件於使用或工程施工時，發生職業災害。

（二）事業單位工作場所發生職業災害，雇主應即採取必要之急救、搶救等措施，並會同勞工代表實施調查、分析及作成紀錄。

事業單位勞動場所發生下列職業災害之一者，雇主應於8小時內通報勞動檢查機構：

1. 發生死亡災害。

2. 發生災害之罹災人數在3人以上。

3. 發生災害之罹災人數在1人以上，且需住院治療。

4. 其他經中央主管機關指定公告之災害。

依據勞動檢查法及相關勞動法令，請詳述勞動檢查事項，以及非經勞動檢查機構審查或檢查合格，事業單位不得使勞工作業之危險性工作場所。（25分）　　　　　　　　　【110 - 地特三等】

答

一、依據「勞動檢查法」第 4 條規定，勞動檢查事項範圍如下：

（一）依本法規定應執行檢查之事項。

（二）勞動基準法令規定之事項。

（三）職業安全衛生法令規定之事項。

（四）其他依勞動法令應辦理之事項。

二、依據「勞動檢查法」第 26 條規定，下列危險性工作場所，非經勞動檢查機構審查或檢查合格，事業單位不得使勞工在該場所作業：

（一）從事石油裂解之石化工業之工作場所。

（二）農藥製造工作場所。

（三）爆竹煙火工廠及火藥類製造工作場所。

（四）設置高壓氣體類壓力容器或蒸汽鍋爐，其壓力或容量達中央主管機關規定者之工作場所。

（五）製造、處置、使用危險物、有害物之數量達中央主管機關規定數量之工作場所。

（六）中央主管機關會商目的事業主管機關指定之營造工程之工作場所。

（七）其他中央主管機關指定之工作場所。

依據勞動檢查法第 28 條，請說明勞工有立即發生危險之虞，符合認定標準的類型；並詳述訂定墜落災害防止計畫應包括之風險控制及設施。（25 分）　　　　　　　　　　　【110 - 地特三等】

答

一、依據「勞動檢查法第 28 條所定勞工有立即發生危險之虞認定標準」第 2 條規定，有立即發生危險之虞之類型如下：

（一）墜落。

（二）感電。

（三）倒塌、崩塌。

（四）火災、爆炸。

（五）中毒、缺氧。

二、依據「營造安全衛生設施標準」第 17 條規定，雇主對於高度 2 公尺以上之工作場所，勞工作業有墜落之虞者，應訂定墜落災害防止計畫，依下列風險控制之先後順序規劃，並採取適當墜落災害防止設施：

（一）經由設計或工法之選擇，盡量使勞工於地面完成作業，減少高處作業項目。

（二）經由施工程序之變更，優先施作永久構造物之上下設備或防墜設施。

（三）設置護欄、護蓋。

（四）張掛安全網。

（五）使勞工佩掛安全帶。

（六）設置警示線系統。

（七）限制作業人員進入管制區。

（八）對於因開放邊線、組模作業、收尾作業等及採取第 1 款至第 5 款規定之設施致增加其作業危險者，應訂定保護計畫並實施。

請分別說明特別危害健康之作業及對於勞工具有特殊危害作業所訂定之工作時間與休息時間標準。（25 分）　　【110 - 地特三等】

答

一、依據「職業安全衛生法施行細則」第 28 條規定，本法第 20 條第 1 項第 2 款所稱特別危害健康作業，指下列作業：

（一）高溫作業。

（二）噪音作業。

（三）游離輻射作業。

（四）異常氣壓作業。

（五）鉛作業。

（六）四烷基鉛作業。

（七）粉塵作業。

（八）有機溶劑作業，經中央主管機關指定者。

（九）製造、處置或使用特定化學物質之作業，經中央主管機關指定者。

（十）黃磷之製造、處置或使用作業。

（十一）聯啶或巴拉刈之製造作業。

（十二）其他經中央主管機關指定公告之作業。

二、依據「職業安全衛生法相關法令」規定，對於勞工具有特殊危害作業所訂定之工作時間與休息時間標準如下述：

（一）高溫度作業：在高溫場所工作之勞工，雇主不得使其每日工作時間超過 6 小時；依照「高溫作業勞工作息時間標準」第 5 條規定，分配作業及休息時間。

（二）異常氣壓作業：依照「異常氣壓危害預防標準」相關規定，分配自開始加壓至開始減壓之高壓下時間。

（三）高架作業：依照「高架作業勞工保護措施標準」第 4 條規定，雇主使勞工從事高架作業時，應減少工作時間。每連續作業 2 小時，應給予作業勞工下列休息時間：

1. 高度在 2 公尺以上未滿 5 公尺者，至少有 20 分鐘休息。

2. 高度在 5 公尺以上未滿 20 公尺者，至少有 25 分鐘休息。

3. 高度在 20 公尺以上者，至少有 35 分鐘休息。

（四）精密作業：依照「精密作業勞工視機能保護設施標準」第 9 條規定，雇主使勞工從事精密作業時，應縮短工作時間，於連續作業 2 小時，給予作業勞工至少 15 分鐘之休息。

（五）重體力勞動作業：依照「重體力勞動作業勞工保護措施標準」第 3 條規定，雇主使勞工從事重體力勞動作業時，應考慮勞工之體能負荷情形，減少工作時間給予充分休息，休息時間每小時不得少於 20 分鐘。

（六）其他對於勞工具有特殊危害之作業：應規定減少勞工工作時間，並在工作時間中予以適當之休息。

製程安全管理中的設備完整性（mechanical integrity），於觀念上
和傳統的維修保養作法有何不同，請申論之。（25 分）

【110 - 地特三等】

答

一、設備完整性（Mechanical Integrity）

（一）為製程安全管理 14 要項的其中 1 項，其法源來自於製程
安全評估定期實施辦法，其內容針對石化業及製造、處置
或使用危險物及有害物，達勞動檢查法施行細則附表一及
附表二規定數量之工作場所須實施製程安全評估，其評估
報告內容就必須包含設備完整性。

（二）設備完整性為使製程設備、相關附屬設施，均能維持正常
運轉，防止設備（管線）發生異常或故障致引發職業災害
之情形，於建造、組裝、檢測、測試及保養等各階段中，
需確保設備功能及資料之完整性；所以主要是針對壓力
容器與儲槽、管線（包括管線組件如閥）、釋放及排放系
統、緊急停車系統、控制系統（包括監測設備、感應器、
警報及連鎖系統）、泵浦等製程設備執行下列事項，以確
保製程設備程序完整性：

1. 建立並執行書面程序。

2. 針對維持設備持續完整性之勞工，提供製程概要與危
害認知及適用於勞工作業相關程序之訓練。

3. 檢查及測試。

4. 未對超出製程操作或設備規範界限實施矯正前，不得
繼續設備之操作。

5. 對設備之建造、組裝，應訂定品質保證計畫：

A. 採用正確之材質及備品，並確認適用於製程。

B. 執行適當之檢點及檢查，以確保設備之正確安裝，並符合原設計規格。

C. 確認維修材料、零組件及設備符合未來製程應用之需要。

二、傳統維修保養

為針對一般的機械設備去執行保養，使設備保持良好狀態的維護，設備維修指設備劣化或發故障後恢復其功能而進行的修理，如：更換磨損零件、排除故障等，設備維修的基本內容包括：設備維護保養、設備檢查檢測和設備修理（包括故障修理和主動修理）。

某事故調查報告提到：事故是因 A 設備的 B 元件故障所造成。因此，事故單位的處理方式為將故障的 B 元件更換為完好的新元件。該事故調查報告是否辨識出該事故的根本原因（root causes）？並採取適當的措施？請申論之。（25 分）　　　　【110 - 地特三等】

答

一、元件 B 損壞並非屬於基本原因，基本原因是指管理系統的缺陷，造成管理上的缺失，進而導致不安全行為或不安全狀態的產生，造成意外事故的發生；以本案為例，設備的 B 元件故障係屬不安全設備，故應僅為間接原因，而非基本原因。

二、若僅將 B 元件更換為完好的新元件所進行的事故調查報告是不完整的，現場的設備元件都有其品質及生命週期可予以考慮，且須在深入探討管理面，B 元件的「預防保養」及「定期保養」是否妥當，因為設備元件的缺失可透過可靠度分析預測設備殘餘壽命，從事相關維修保養，確保其機械完整性。

（一）「預防保養」：

為預防設備故障造成損失，保養人員巡視或操作人員操作中發現設備異常時，所採取之維修工作；部分設備元件可

定期以儀器檢測其運轉狀況，俾於設備可能發生異常之前安排檢修，避免因故障停機或設備損壞造成損失，一般稱為預知保養，亦為預防保養的一環。

(二)「定期保養」：

設備運轉必然會造成某些部位之磨損、疲勞或自然衰化現象，當此等現象達到一定程度以後，即可能造成設備故障，為防止此等情況之發生，所進行之保養作業，稱為「定期保養」。

三、設備的 B 元件故障事故調查報完成後採取適當措施如下：

(一) 損壞故障狀況描述：

說明製程條件、發生日期、位置、異常狀況、短期處理措施及異常照片。

(二) 損壞故障機制分析：

分析故障損壞機制，針對不預期故障，可透過故障原因分析技術（RCFA）找出硬體、人為及系統上缺失，並提出改善具體措施（如改善方式、改善設備、負責人、完成時間等），並持續追蹤，直到達成預期成效為止。

(三) 根本原因分析：

1. 檢討導致損壞機制發生之所有可能原因。

2. 比較類似條件但未發生異常之設備或元件，由各項條件之差異性，確認可能原因。

(四) 制訂改善對策：

1. 此件異常處理方式

2. 此件異常改善方式（含檢測計劃）

3. 防止類似異常發生

為保障從事外送作業人員的職業安全衛生，勞動部職業安全衛生署發布「外送作業安全衛生指引」。對於雇主應訂定且據以推動的「外送作業危害防止計畫」，應包含那些事項？（20 分）

【111 - 地特三等】

答

依據「外送作業安全衛生指引」第 4 點規定，外送作業危害防止計畫，應包括下列事項：

一、作業安全之評估機制及處理措施。

二、安全衛生教育訓練。

三、車輛安全檢核項目。

四、保險種類及額度。

五、戶外高低氣溫環境引起之危害預防措施。

六、合理派單。

七、事故處理。

八、成效評估及改善。

勞工從事夜間工作時，依勞動部職業安全衛生署發布的「職場夜間工作安全衛生指引」之建議，試說明夜間工作在身心健康管理方面的安全衛生重點檢核事項有那些？（20 分）　【111 - 地特三等】

答

依據「職場夜間工作安全衛生指引」第 4 章規定，夜間工作安全衛生重點檢核事項如下列：

一、工作場所之設施及管理：

（一）工作場所是否維持安全狀態，並採取防止工作者跌倒、滑倒、踩傷、滾落之措施？

（二）工作場所之出入口、通道及安全梯等是否有足夠採光或照明並明顯標示？

（三）重要場所是否已設置夜間緊急照明系統？

（四）主要出入口位置，是否已規劃適當進出動線？

（五）潛在高危險區域是否裝置監視器或安裝監視及警報設備並定期維護？

二、人身安全保護：

（一）是否就執行職務遭受不法侵害預防進行規劃與執行？

（二）是否已建立有效之人員進出管制措施？

（三）針對零售服務業、餐飲業等類型應強化之職場暴力風險管控事項。

三、緊急應變機制：

（一）是否依夜間人力配置及實際需求，訂定緊急疏散程序與建立緊急應變機制及聯繫窗口電話？

（二）為因應緊急情況，工作場所是否設置退避空間或安全區域？

（三）可能發生暴力或搶劫傷害之工作場所，是否建置緊急連線、通報、警報或監控裝置？

四、教育訓練：

（一）是否依夜間工作特性、危害風險評估結果及對應之控制措施，提供工作者必要之教育訓練？

（二）是否對工作者定期實施在職教育訓練並評估成效？

（三）是否已提供臨櫃服務或於第一線接觸民眾之工作者，接受口語表達及人際溝通等訓練？

（四）對於有遭遇暴力攻擊之虞者，是否強化工作者如何應對處理及自我防衛之教育訓練？

> 雇主使用水柱壓力達每平方公分 350 公斤以上之高壓水切割裝置，從事沖蝕、剝離、切除、疏通及沖擊等作業，依規定應進行那些安全衛生的事項？（20 分）　　　　　　　　【111 - 地特三等】

答

依據「職業安全衛生設施規則」第 63-1 條規定，雇主對於使用水柱壓力達每平方公分 350 公斤以上之高壓水切割裝置，從事沖蝕、剝離、切除、疏通及沖擊等作業，應依下列事項辦理：

一、應於事前依作業場所之狀況、高壓水切割裝置種類、容量等訂定安全衛生作業標準，使作業勞工周知，並指定專人指揮監督勞工依安全衛生作業標準從事作業。

二、為防止高壓水柱危害勞工，作業前應確認其停止操作時，具有立刻停止高壓水柱施放之功能。

三、禁止與作業無關人員進入作業場所。

四、於適當位置設置壓力表及能於緊急時立即遮斷動力之動力遮斷裝置。

五、作業時應緩慢升高系統操作壓力，停止作業時，應將壓力洩除。

六、提供防止高壓水柱危害之個人防護具，並使作業勞工確實使用

> 某醫療保健服務業的勞工人數為 120 人，因屬有勞工可能遭受生物病原體傳染風險的場所，依「職業安全衛生設施規則」之規定，請說明此醫療保健服務業的雇主對於此場所應採取感染預防措施事項之內容及方式，執行紀錄應保留多久？（20 分）　　【111 - 地特三等】

答

依據「職業安全衛生設施規則」第 297-1 條第 1 項規定，雇主對於工作場所有生物病原體危害之虞者，應採取下列感染預防措施：

一、危害暴露範圍之確認。

二、相關機械、設備、器具等之管理及檢點。

三、警告傳達及標示。

四、健康管理。

五、感染預防作業標準。

六、感染預防教育訓練。

七、扎傷事故之防治。

八、個人防護具之採購、管理及配戴演練。

九、緊急應變。

十、感染事故之報告、調查、評估、統計、追蹤、隱私權維護及紀錄。

十一、感染預防之績效檢討及修正。

十二、其他經中央主管機關指定者。

請依「營造安全衛生設施標準」之規定，說明雇主對於鋼構吊運、組配作業應辦理之事項。（20分）　　　　　　【111 - 地特三等】

答

依據「營造安全衛生設施標準」第148條規定，雇主對於鋼構吊運、組配作業，應依下列規定辦理：

一、吊運長度超過6公尺之構架時，應在適當距離之二端以拉索捆紮拉緊，保持平穩防止擺動，作業人員在其旋轉區內時，應以穩定索繫於構架尾端，使之穩定。

二、吊運之鋼材，應於卸放前，檢視其確實捆妥或繫固於安定之位置，再卸離吊掛用具。

三、安放鋼構時，應由側方及交叉方向安全支撐。

四、設置鋼構時，其各部尺寸、位置均須測定，且妥為校正，並用臨時支撐或螺栓等使其充分固定，再行熔接或鉚接。

五、鋼梁於最後安裝吊索鬆放前，鋼梁二端腹鈑之接頭處，應有二個以上之螺栓裝妥或採其他設施固定之。

六、中空格柵構件於鋼構未熔接或鉚接牢固前，不得置於該鋼構上。

七、鋼構組配進行中，柱子尚未於二個以上之方向與其他構架組配牢固前，應使用格柵當場栓接，或採其他設施，以抵抗橫向力，維持構架之穩定。

八、使用 12 公尺以上長跨度格柵梁或桁架時，於鬆放吊索前，應安裝臨時構件，以維持橫向之穩定。

九、使用起重機吊掛構件從事組配作業，其未使用自動脫鉤裝置者，應設置施工架等設施，供作業人員安全上下及協助鬆脫吊具。

某可移動於地面之密閉容器內容積 600 公升，在環境溫度 35 度時，可盛裝壓力達每平方公分 80 公斤之壓縮空氣。依「危險性機械設備安全檢查規則」之規定，該設備應實施內部及外部檢查。請說明相關檢查之期限內容。另當雇主無法依規定期限實施此類容器之內部檢查時，有那些容器種類可延長其內部檢查期限或以其他檢查方式替代？（20 分）　　　　　　　　　　【111 - 地特三等】

答

一、依據「危險性機械設備安全檢查規則」第 115 條第 1 項規定，高壓氣體容器之定期檢查，應依下列規定期限實施內部檢查及外部檢查：

（一）內部檢查：

1. 自構造檢查合格日起算，未滿 15 年者，每 5 年 1 次；15 年以上未滿 20 年者，每 2 年一次；20 年以上者，每年 1 次。

2. 無縫高壓氣體容器，每 5 年 1 次。

（二）外部檢查：

1. 固定於車輛之高壓氣體容器，每年 1 次。

2. 非固定於車輛之無縫高壓氣體容器，每 5 年 1 次。

3. 前 2 目以外之高壓氣體容器，依前款第 1 目規定之期限。

二、依據「危險性機械設備安全檢查規則」第 115 條第 1 項規定，雇主對於下列高壓氣體容器無法依規定期限實施內部檢查時，得於檢查合格證有效期限屆滿前 3 個月，檢附其安全衛生管理狀況、自動檢查計畫及執行紀錄、該容器之構造詳圖、緊急應變處置計畫、安全保護裝置及檢查替代方式建議等資料，報經檢查機構核定後，延長其內部檢查期限或以其他檢查方式替代：

（一）依規定免設人孔或構造上無法設置人孔、掃除孔或檢查孔者。

（二）低溫或超低溫之高壓氣體容器。

（三）夾套式或無腐蝕之虞者。

（四）其他實施內部檢查困難者。

> 請依「職業安全衛生法」之規定，說明雇主應不得使妊娠中的工作者從事之工作種類（20 分）　　　　　　　　　　　【111 - 地特三等】

答

依據「職業安全衛生法」第 30 條第 1 項規定，雇主不得使妊娠中之女性勞工從事下列危險性或有害性工作：

一、礦坑工作。

二、鉛及其化合物散布場所之工作。

三、異常氣壓之工作。

四、處理或暴露於弓形蟲、德國麻疹等影響胎兒健康之工作。

五、處理或暴露於二硫化碳、三氯乙烯、環氧乙烷、丙烯醯胺、次乙亞胺、砷及其化合物、汞及其無機化合物等經中央主管機關規定之危害性化學品之工作。

六、鑿岩機及其他有顯著振動之工作。

七、一定重量以上之重物處理工作。

八、有害輻射散布場所之工作。

九、已熔礦物或礦渣之處理工作。

十、起重機、人字臂起重桿之運轉工作。

十一、動力捲揚機、動力運搬機及索道之運轉工作。

十二、橡膠化合物及合成樹脂之滾輾工作。

十三、處理或暴露於經中央主管機關規定具有致病或致死之微生物感染風險之工作。

十四、其他經中央主管機關規定之危險性或有害性之工作。

請依「機械設備器具安全標準」之規定，說明堆高機應設置符合規定的頂蓬之要求，並說明應於堆高機明顯而易見處標示之內容。

【111 - 地特三等】

答

一、依據「機械設備器具安全標準」第 79 條規定，堆高機應設置符合下列規定之頂蓬。但堆高機已註明限使用於裝載貨物掉落時無危害駕駛者之虞者，不在此限：

（一）頂蓬強度足以承受堆高機最大荷重之 2 倍之值等分布靜荷重。其值逾 4 公噸者為 4 公噸。

（二）上框各開口之寬度或長度不得超過 16 公分。

（三）駕駛者以座式操作之堆高機，自駕駛座上面至頂蓬下端之距離，在 95 公分以上。

（四）駕駛者以立式操作之堆高機，自駕駛座底板至頂蓬上框下端之距離，在 1.8 公尺以上。

二、依據「機械設備器具安全標準」第 117 條規定，堆高機應於明顯易見處標示下列事項：

（一）製造者名稱。

（二）製造年份。

（三）製造號碼。

（四）最大荷重。

（五）容許荷重：指依堆高機之構造、材質及貨叉等裝載貨物之重心位置，決定其足以承受之最大荷重。

依據職業安全衛生法所定職業安全衛生管理計畫，應包括那些事項？（20 分）　　　　　　　　　　　　　　【112 - 公務高考】

答

依據「職業安全衛生法施行細則」第 31 條規定本法第 23 條第 1 項所定職業安全衛生管理計畫，包括下列事項：

一、工作環境或作業危害之辨識、評估及控制。

二、機械、設備或器具之管理。

三、危害性化學品之分類、標示、通識及管理。

四、有害作業環境之採樣策略規劃及監測。

五、危險性工作場所之製程或施工安全評估。

六、採購管理、承攬管理及變更管理。

七、安全衛生作業標準。

八、定期檢查、重點檢查、作業檢點及現場巡視。

九、安全衛生教育訓練。

十、個人防護具之管理。

十一、健康檢查、管理及促進。

十二、安全衛生資訊之蒐集、分享及運用。

十三、緊急應變措施。

十四、職業災害、虛驚事故、影響身心健康事件之調查處理及統計分析。

十五、安全衛生管理紀錄及績效評估措施。

十六、其他安全衛生管理措施。

依據高壓氣體勞工安全規則規定，以儲槽儲存高壓氣體時，應辦理那些安全措施？（20 分）　　　　　　　　　【112 - 公務高考】

答

依據「高壓氣體勞工安全規則」第 131 條規定。以儲槽儲存高壓氣體時，應依下列規定：

一、儲存可燃性氣體或毒性氣體之儲槽，應設置於通風良好場所。

二、儲槽四周 2 公尺以內不得有煙火或放置危險物質。

三、液化氣體之儲存不得超過該液化氣體之容量於常用溫度下該槽內容積之百分之九十。

四、從事修理等相關作業，準用第 75 條之規定。

五、儲存能力在 100 立方公尺或 1 公噸以上之儲槽，應隨時注意有無沉陷現象，如有沉陷現象時，應視其沉陷程度採取適當因應措施。

六、操作安裝於儲槽配管之閥時，應考慮閥之材料、構造及其狀況，採取必要措施以防止過巨之力加諸於閥上。

雇主對於那些高壓氣體特定設備無法依規定期限實施內部檢查時，得於內部檢查有效期限屆滿前三個月，檢附其安全衛生管理狀況等資料，報經檢查機構核定後，延長其內部檢查期限或以其他檢查方式替代？（20分）　　　　　　　　【112-公務高考】

答

依據「危險性機械及設備安全檢查規則」第133點規定，雇主對於下列高壓氣體特定設備無法依規定期限實施內部檢查時，得於內部檢查有效期限屆滿前3個月，檢附其安全衛生管理狀況、自動檢查計畫暨執行紀錄、該設備之構造檢查合格明細表影本、構造詳圖、生產流程圖，緊急應變處置計畫、自動控制系統及檢查替代方式建議等資料，報經檢查機構核定後，延長其內部檢查期限或以其他檢查方式替代：

一、依規定免設人孔或構造上無法設置人孔、掃除孔或檢查孔者。

二、冷箱、平底低溫儲槽、液氧儲槽、液氮儲槽、液氬儲槽、低溫蒸發器及其他低溫或超低溫之高壓氣體特定設備。

三、內存觸媒、分子篩或其他特殊內容物者。

四、連續生產製程中無法分隔之系統設備者。

五、隔膜式儲槽或無腐蝕之虞者。

六、其他實施內部檢查困難者。

依據危險性機械及設備安全檢查規則規定，移動式起重機使用檢查，應辦理那些檢查、試驗項目？（20分） 【112-公務高考】

答

依據「危險性機械及設備安全檢查規則」第24條之規定，移動式起重機使用檢查，包括下列項目：

一、構造與性能檢查：包括結構部分強度計算之審查、尺寸、材料之選用、吊升荷重之審查、安全裝置之設置及性能、電氣及機械部分之檢查、施工方法、額定荷重及吊升荷重等必要標示、在無負載及額定荷重下之各種裝置之運行速率及其他必要項目。

二、荷重試驗：指將相當於該起重機額定荷重1.25倍之荷重（額定荷重超過200公噸者，為額定荷重加上50公噸之荷重）置於吊具上實施吊升、旋轉及必要之走行等動作試驗。

三、安定性試驗：分方向實施之，前方安定性試驗係將相當於額定荷重1.27倍之荷重置於吊具上，且使該起重機於前方最不利安定之條件下實施；左右安定度及後方安定度以計算為之。

四、其他必要之檢查。

依據危險性工作場所審查及檢查辦法規定，經過審查、檢查合格之甲、乙、丙類之工作場所，現場作業或製程任意變更，造成偏離製程安全範圍，而有產生潛在危害之虞，事業單位應變更管理制度，事先提出製程修改安全計畫申請，該安全計畫申請檢附之內容應包含那些事項？（20分） 【112-公務高考】

答

依據「危險性工作場所審查及檢查辦法」附件三 製程修改安全計畫之規定，製程修改安全計畫至少應含下列事項：

一、製程修改程序。

二、安全衛生影響評估措施。

三、製程操作手冊修正措施。

四、製程資料更新措施。

五、職業安全衛生教育訓練措施。

六、其他配合措施。

依勞工職業災害保險職業病鑑定作業實施辦法之規範，中央主管機關為鑑定職業病，分別組成職業病鑑定會，辦理職業病鑑定。其中，鑑定案件疾病類型共有那些？（20分）　　　【112 - 公務高考】

答

依據「勞工職業災害保險職業病鑑定作業實施辦法」第 6 條規定，中央主管機關為鑑定職業病，依下列鑑定案件疾病類型，分別組成職業病鑑定會（以下簡稱鑑定會），辦理職業病鑑定：

一、第一組：屬化學性危害、物理性危害及生物性危害引起之疾病、呼吸系統疾病、皮膚疾病及職業性癌症。

二、第二組：屬肌肉骨骼疾病。

三、第三組：屬腦血管與心臟疾病及精神疾病。

申請職業病鑑定之案件涉及多種疾病，無法依前項各款分組時，得由有關疾病之分組鑑定會共同鑑定之。

雇主在實施母姓健康保護時，對於被列入第一級管理之女性勞工，依勞動部所訂工作場所母性健康保護技術指引之指導，應如何進行分級管理措施？（20分） 【112 - 公務高考】

答

依據「工作場所母性健康保護技術指引」之分級管理措施規定，第一級管理之管理措施如下列：

一、環境危害預防管理：雇主應使勞工健康服務醫護人員或職業安全衛生人員向育齡期之所有女性勞工（含妊娠中或分娩後未滿1年及哺餵母乳者）告知危害資訊（書面公告或口頭告知方式），並定期評估工作場所及作業危害之風險與管理。

二、健康管理：對於妊娠中或分娩後未滿1年及哺乳之女性勞工，若其係從事母性保護辦法第3條或第5條第2項之工作，應經勞工健康服務醫師評估（書面或面談評估方式）可繼續從事原工作，並向當事人說明（書面或面談方式）危害資訊，經當事人書面同意後，方可繼續從事原工作，倘其考量健康問題，仍應依其意願調整工作；另應依其健康需求由勞工健康服務之醫護人員提供適切之健康指導，並提醒其定期產檢與追蹤管理其個人之健康狀況。此外，基於母體個人健康、未出生胎兒之傷害風險可能會隨著不同孕期或工作條件改變、作業程序變更等而改變，若勞工有主訴身體不適之狀況，或有工作條件改變、作業程序變更及經醫師診斷證明不適原有工作者，應重新辦理評估、面談等事項。

雇主使勞工製造、處置、使用中央主管機關依勞工作業場所容許暴露標準所定有容許暴露標準之化學品，而事業單位規模符合相關規定者，應實施作業場所暴露評估，並依評估結果分級，採取控制及管理措施。前項所謂暴露評估方式，依勞動部所訂危害性化學品評估及分級管理技術指引之指導，可採用的方法有那些？（20分）

【112 - 公務高考】

答

依據「危害性化學品評估及分級管理技術指引」第6點規定，暴露評估方式，建議採用下列之一種或多種方法辦理：

一、作業環境採樣分析。

二、直讀式儀器監測。

三、定量暴露推估模式。

四、其他有效推估作業場所勞工暴露濃度之方法。

依據職業安全衛生法，請說明雇主應有符合規定之必要安全衛生設備及措施。（25分）

【112 - 地特三等】

答

依據「職業安全衛生法」第6條第1項規定，雇主對下列事項應有符合規定之必要安全衛生設備及措施：

一、防止機械、設備或器具等引起之危害。

二、防止爆炸性或發火性等物質引起之危害。

三、防止電、熱或其他之能引起之危害。

四、防止採石、採掘、裝卸、搬運、堆積或採伐等作業中引起之危害。

五、防止有墜落、物體飛落或崩塌等之虞之作業場所引起之危害。

六、防止高壓氣體引起之危害。

七、防止原料、材料、氣體、蒸氣、粉塵、溶劑、化學品、含毒性物質或缺氧空氣等引起之危害。

八、防止輻射、高溫、低溫、超音波、噪音、振動或異常氣壓等引起之危害。

九、防止監視儀表或精密作業等引起之危害。

十、防止廢氣、廢液或殘渣等廢棄物引起之危害。

十一、防止水患、風災或火災等引起之危害。

十二、防止動物、植物或微生物等引起之危害。

十三、防止通道、地板或階梯等引起之危害。

十四、防止未採取充足通風、採光、照明、保溫或防濕等引起之危害。

危險性工作場所分為四類。請說明屬於丁類之危險性工作場所。
（25 分）　　　　　　　　　　　　　　　　　　【112 - 地特三等】

答

依據「危險性工作場所審查及檢查辦法」第 2 條第 4 款規定，丁類之危險性工作場所包含下列營造工程：

一、建築物高度在 80 公尺以上之建築工程。

二、單跨橋梁之橋墩跨距在 75 公尺以上或多跨橋梁之橋墩跨距在 50 公尺以上之橋梁工程。

三、採用壓氣施工作業之工程。

四、長度 1,000 公尺以上或需開挖 15 公尺以上豎坑之隧道工程。

五、開挖深度達 18 公尺以上，且開挖面積達 500 平方公尺以上之工程。

六、工程中模板支撐高度 7 公尺以上，且面積達 330 平方公尺以上者。

> 請說明職業災害之定義；以及事業單位發生職業災害時，雇主應採取之相關措施。（25 分）　　　　　　　　　　　【112 - 地特三等】

答

一、依據「職業安全衛生法」第 2 條第 4 項規定，本法所稱職業災害係指因勞動場所之建築物、機械、設備、原料、材料、化學品、氣體、蒸氣、粉塵等或作業活動及其他職業上原因引起之工作者疾病、傷害、失能或死亡。

二、依據「職業安全衛生法」第 37 條第 1、2、4 項規定，事業單位發生職業災害時，雇主應採取之相關措施如下列：

（一）事業單位工作場所發生職業災害，雇主應即採取必要之急救、搶救等措施，並會同勞工代表實施調查、分析及作成紀錄。

（二）事業單位勞動場所發生下列職業災害之一者，雇主應於 8 小時內通報勞動檢查機構：

1. 發生死亡災害。

2. 發生災害之罹災人數在 3 人以上。

3. 發生災害之罹災人數在 1 人以上，且需住院治療。

（三）其他經中央主管機關指定公告之災害。

（四）事業單位發生第 2 項之災害，除必要之急救、搶救外，雇主非經司法機關或勞動檢查機構許可，不得移動或破壞現場。

三、依據「勞動基準法」第 59 條規定，勞工因遭遇職業災害而致死亡、失能、傷害或疾病時，雇主應依規定予以補償。

我國法令明文規範事業單位應訂定職業安全衛生管理計畫，請說明那些計畫項目與職業衛生管理有關。（20 分）　　　【112 - 地特三等】

答

職業衛生是分析工業環境對工作人員健康影響的一切因素，進而利用科學方法去預防和減少工作者產生疾病和傷害，依職業安全衛生法施行細則第 31 條規定之職業安全衛生管理計畫，其中與職業衛生管理有關之計畫項目內容簡述如下：

一、工作環境或作業危害之辨識、評估及控制。

二、危害性化學品之分類、標示、通識及管理。

三、有害作業環境之採樣策略規劃及監測。

四、採購管理、承攬管理及變更管理。

五、安全衛生作業標準。

六、定期檢查、重點檢查、作業檢點及現場巡視。

七、安全衛生教育訓練。

八、個人防護具之管理。

九、健康檢查、管理及促進。

十、安全衛生資訊之蒐集、分享及運用。

十一、職業災害、虛驚事故、影響身心健康事件之調查處理及統計分析。

十二、安全衛生管理紀錄及績效評估措施。

十三、其他安全衛生管理措施。

2-2 危害辨識、認知與控制管理

依據勞工健康保護規則，雇主使勞工從事特別危害健康作業時，應實施健康分級管理。請將下列各題答案列成一表：

（一）各級的意義為何？（8分）

（二）當級別確定後，醫師對各級應採取的作為為何？（6分）

（三）當級別確定後，雇主對各級應採取的作為為何？（6分）

【104 - 公務高考】

答

依據勞工健康保護規則，雇主使勞工從事特別危害健康作業時，應實施健康分級管理，並分成以下四級管理，列表如下：

分級管理	（一）各級的意義	（二）醫師對各級應採取的作為	（三）雇主對各級應採取的作為
第一級管理	特殊健康檢查或健康追蹤檢查結果，全部項目正常，或部分項目異常，而經醫師綜合判定為無異常者。	無。	勞工個人健康指導。
第二級管理	特殊健康檢查或健康追蹤檢查結果，部分或全部項目異常，經醫師綜合判定為異常，而與工作無關者。	註明其不適宜從事之作業與其他應處理及注意事項。	勞工個人健康指導。

分級管理	（一）各級的意義	（二）醫師對各級應採取的作為	（三）雇主對各級應採取的作為
第三級管理	特殊健康檢查或健康追蹤檢查結果，部分或全部項目異常，經醫師綜合判定為異常，而無法確定此異常與工作之相關性，應進一步請職業醫學科專科醫師評估者。	1. 註明其不適宜從事之作業與其他應處理及注意事項。 2. 註明臨床診斷。	應請職業醫學科專科醫師實施健康追蹤檢查，必要時應實施疑似工作相關疾病之現場評估，且應依評估結果重新分級，並將分級結果及採行措施依中央主管機關公告之方式通報。
第四級管理	特殊健康檢查或健康追蹤檢查結果，部分或全部項目異常，經醫師綜合判定為異常，且與工作有關者。	1. 註明其不適宜從事之作業與其他應處理及注意事項。 2. 註明臨床診斷。	經醫師評估現場仍有工作危害因子之暴露者，應採取危害控制及相關管理措施。

有毒、污染氣體或粉塵的工作場所必須排氣換氣以確保空氣品質低於容許暴露值（permissible exposure level，PEL），請問：（每小題 10 分，共 20 分）

一、 什麼是吸拉式（pull type）和呼推式（push type）？

二、 設計通風管道時，為何必須採行吸拉式（pull type）而不能呼推式（push type）？（20 分） 【106 - 公務高考】

答

一、吸拉式：係將抽風馬達設在通風管線尾端，讓管線內造成負壓，藉此將受汙染的氣體從通風管道吸出。

呼推式：係將抽風馬達設在通風管線前端，讓管線內造成正壓，藉此將受汙染的氣體從通風管道推出。

二、設計通風管道時必須採行吸拉式，原因是萬一管道有破洞時，管道內的危害物質因負壓力關係，不會再回流至工作場所，但採用呼推式則會因管道破洞，管道內正壓力將危害物質推送回工作場所造成汙染。

請詳述緊急應變計畫之法規依據及緊急應變計畫的組織與作業流程。（20 分） 　【106 - 公務高考】

答

一、緊急應變計畫之法規依據如下列：

（一）職業安全衛生法第 23 條第 1 項暨職業安全衛生法施行細則第 31 條。

（二）營造安全衛生設施標準第 16 條。

（三）危險性工作場所審查及檢查辦法第 9 條。

（四）危險性機械及設備安全檢查規則第 109 條、第 133 條、第 156 條。

（五）工業用機器人危害預防標準第 21 條。

（六）製程安全評估定期實施辦法第 4 條。

（七）異常氣壓危害預防標準第 37-1 條。

二、依據「緊急應變措施技術指引」建議，緊急應變計畫的組織以功能來分一般可分為五大部分：

（一）指揮組：負責整個事件的管理。

（二）操作組：指導與協調事件中所有戰術的操作。

（三）計畫組：收集、評估、分析與使用有關事件發展與資源運用等資訊。

（四）後勤組：提供應變組織各組所需之設施、服務與材料。

（五）財務組：記錄所有事件的花費並評估該事件的直間接財務損失。

三、依據「緊急應變措施技術指引」建議，緊急應變計畫之參考作業流程如下：

（一）選擇參與計畫之成員。

（二）危害辨識及風險評估。

（三）應變能力及資源的評估。

（四）研訂緊急應變計畫。

（五）緊急應變之訓練及演練。

（六）緊急應變計畫之檢討修正及紀錄。

工作時暴露於惡化的空氣，可能對工作者之健康產生風險；因此，勞動部發布「因應大氣中空氣品質惡化勞工危害預防指引」，以為事業單位進行管理之依循。該指引中，對於依行政院環境保護署空氣品質惡化之分級，當大氣中空氣品質於「嚴重惡化」之相關等級時雇主應採取預防勞工危害之措施分別為何？（20 分）

【107 - 公務高考】

答

依「因應大氣中空氣品質惡化勞工危害預防指引」附表二如下：

預警		嚴重惡化		
二級	一級	三級	二級	一級
易感受勞工： 1. 留意其身體健康狀況，減少從事戶外重體力勞動。 2. 戶外工作時應置備適當及足夠之呼吸防護具。	**易感受勞工：** 1. 留意其身體健康狀況，避免從事戶外重體力勞動。 2. 戶外工作時應使其配戴適當之呼吸防護具，並建立緊急救護機制。	1. 減少從事戶外重體力勞動。 2. 使勞工從事戶外工作時，應置備適當及足夠之呼吸防護具供勞工使用。 **易感受勞工：** 停止從事戶外重體力勞動，並減少戶外一般工作時間比例或更換至室內工作。	1. 避免使勞工從事戶外重體力勞動，並減少戶外一般工作時間比例或更換至室內工作。 2. 戶外工作時應使其配戴適當之呼吸防護具，並建立緊急救護機制。 3. 室內工作時，應緊閉門窗，並留意避免室內空氣品質惡化。 **易感受勞工：** 停止從事所有戶外工作，更換至室內從事負荷較輕之工作。	1. 停止勞工所有戶外工作或活動，更換至室內工作。 2. 室內應緊閉門窗，隨時留意室內空氣品質及空氣清淨裝置之有效運作。

雇主使勞工於何種情況下使用交流電焊機作業，應有自動電擊防止裝置？（4分） 【107 - 公務高考】

答

依據「職業安全衛生設施規則」第 250 條規定，雇主對勞工於良導體機器設備內之狹小空間，或於鋼架等致有觸及高導電性接地物之虞之場所，作業時所使用之交流電焊機，應有自動電擊防止裝置。但採自動式焊接者，不在此限。

局限空間常見缺氧死亡職業災害，說明災害可能原因與防災對策（提示：石化或油氣開槽作業，醬菜槽清槽作業）。（20分） 【107 - 地特三等】

答

一、缺氧災害可能原因簡述如下：

（一）單純窒息劑：例如甲烷、二氧化碳、氮等，其傷害主要是將空氣中的氧驅離，造成空氣中含氧量偏低而引起工作人員窒息死亡。

（二）化學性窒息劑：主要有一氧化碳、氰化物、硫化氫三種，一氧化碳與血紅素的結合能力較氧高 200 倍以上，容易造成組織缺氧而危害人體；氰化物及硫化氫則是會抑制人體細胞氧化酵素，使細胞呼吸受到抑制引起組織缺氧，若能即時使用解毒劑，則能挽救性命，施救太慢可能造成死亡或嚴重的後遺症。

（三）吸入後產生系統性作用：例如有機溶劑、金屬燻煙熱及鉛、砷等，這些物質吸入後會引起肺部作用及生理系統性的作用。

（四）呼吸道直接刺激作用劑：例如氯、二氧化氮、氨、氫氟酸等，這類氣體將對呼吸道黏膜細胞造成直接傷害，而引起呼吸困難或肺水腫等重大傷害。

（五）引起過敏生理性反應：有二氧化硫、二異氰酸甲苯、甲醛等。

二、局限空間之缺氧作業防災對策：

防災對策可依職業安全衛生法及職業安全衛生設施規則第 29-1 條至第 29-7 條辦理，簡述如下：

（一）應以系統化的表格建立工作許可制度，以確認局限空間作業之安全性。

（二）應於作業前施以預防災害所必要之安全衛生教育訓練。

（三）應張貼注意事項及警告標示於明顯易見之處，並確實管制人員進出點名及登記。

（四）將進入局限空間之有害物、危險物來源，如管線等予以遮斷、盲封並上鎖。

（五）應置備測定空氣中氧氣、硫化氫及其他有害物氣體濃度之儀器，並應採取隨時確認其濃度之措施。且入槽前須實施測定合格，才可允許人員進入作業。

（六）應設置適當之通風換氣設施，惟不得使用純氧換氣，且作業過程應保持通風換氣。

（七）應設置局限空間作業監督人員，以保護在內部工作人員之安全。

（八）在空間內有動火或使用任何化學物質，均應於事前申請許可，相關安全設施確認已採行後始可進行。

（九）應置備足夠數量之個人防護具以及安全設備（如安全帶、安全索…），並教導勞工正確使用。

（十）應依規定實施機械設備、火災爆炸之自動檢查及相關之作業檢點。

（十一）應依規定訂定局限空間安全衛工作守則，使勞工依此作業。

（十二）事業單位如委由承攬人進行局限空間作業，應依勞工安全衛生法之規定於事前告知該承攬人有關其事業工作環境、危害因素及有關安全衛生規定應採取之措施，以預防局限空間之危害。

（十三）從事局限空間之作業人員，應於作業事前接受相關之缺氧安全衛生教育訓練，以加強危害預防知識。

為了防止勞工在局限空間發生災害，雇主使勞工於有危害勞工之虞之局限空間從事作業前，其進入許可應由雇主、工作場所負責人或現場作業主管簽署後，始得使勞工進入作業，該進入許可應載明那些事項。（25分）　　　　　　　　　　　　　【108 - 地特三等】

答

依據「職業安全衛生設施規則」第 29-6 條規定，雇主使勞工於有危害勞工之虞之局限空間從事作業時，其進入許可應由雇主、工作場所負責人或現場作業主管簽署後，始得使勞工進入作業。對勞工之進出，應予確認、點名登記，並作成紀錄保存 3 年。前項進入許可，應載明下列事項：

一、作業場所。

二、作業種類。

三、作業時間及期限。

四、作業場所氧氣、危害物質濃度測定結果及測定人員簽名。

五、作業場所可能之危害。

六、作業場所之能源或危害隔離措施。

七、作業人員與外部連繫之設備及方法。

八、準備之防護設備、救援設備及使用方法。

九、其他維護作業人員之安全措施。

十、許可進入之人員及其簽名。

十一、現場監視人員及其簽名。

依照過往事故經驗，我們相信製程安全事故的演變順序是：（一）事故起因，（二）製程參數偏離，與（三）不期望後果（參考下圖）。例如，某放熱反應器的冷卻控制系統失效（事故起因），將導致該反應器內容物的溫度上升（製程溫度發生偏離），最終引發爆炸（不期望後果）。實施製程危害分析的目的在於鑑別並消彌可能產生嚴重不期望後果的事故起因，故前述事故演變流程廣泛應用於各種不同的製程危害分析方法中。例如，事件樹分析（Event Tree Analysis）以事故起因為分析的起點順向評估該起因是否可能造成嚴重的不期望後果，而故障樹分析（Fault Tree Analysis）則從嚴重的不期望後果出發，逆向尋找可能的事故起因。危害及可操作性分析（HAZOP）則很特別地採用製程的參數偏離做為分析的起點，再分別向起因及不期望後果兩個方向來分析。顯然，當採用 HAZOP 分析時，當確認所分析的參數偏離後，可以先從參數偏離去分析不期望後果後，再回頭從參數偏離找出事故起因，亦可先從參數偏離找出事故起因後，再回頭從參數偏離找出不期望後果。請說明並比較前述兩種作法對執行 HAZOP 的優缺點並具體說明你的理由。（25 分）　　　　　　　　　　　　　　　**【109 - 地特三等】**

起因 ➡ 偏離 ➡ 後果

圖　製程安全事故的演變流程

答

HAZOP 過程是一種基於危險和可操作性研究的定性技術，它對設計、過程、程序或系統等各個步驟中，當確認所分析的參數偏離後，可以先從參數偏離去分析不期望後果後，再回頭從參數偏離找出事故起因，亦可先從參數偏離找出事故起因後，再回頭從參數偏離找出不期望後果，2 種方式的優缺點如下：

一、從參數偏離去分析不期望後果後，再回頭從參數偏離找出事故起因：優點可以較容易找出事故發生的機會，進而回頭找起因；缺點是找出來的事故可能是輕微，且無須進一步採取改善措施或設施，而增加了評估的冗長過程。

二、從參數偏離去找出事故起因後，再回頭從參數偏離分析不期望後果：優點較可以全面性的評估各種可能發生的狀況，推導出未來發生的事故災害；缺點是整體的評估範疇較大，會增加成本。實務上，經常會採此 HAZOP 評估方式，初期經初步工作安全分析，挑選出製程中較嚴重的危害事故進一步評估。

員工在局限空間作業場所常會遇見的危害有那些？（20 分）

【110 - 公務高考】

答

一、依「職業安全衛生設施規則」第 19-1 條規定，所稱局限空間，係指非供勞工在其內部從事經常性作業，勞工進出方法受限制，且無法以自然通風來維持充分、清淨空氣之空間。

二、參考「職業安全衛生設施規則」第 29-1 條規定，局限空間常見之危害類型為缺氧、中毒、感電、塌陷、被夾、被捲及火災、爆炸等危害。

我國近年來的事故中發現承攬商的安全衛生管理有改善之必要，請問為防止職業災害，原事業單位承攬管理之作業流程及基本考量有那些？（20分）　　　　　　　　　　　　　　　　　【110 - 公務高考】

答

承攬管理之作業流程及基本考量可參閱「承攬管理技術指引」，內容包含如下：

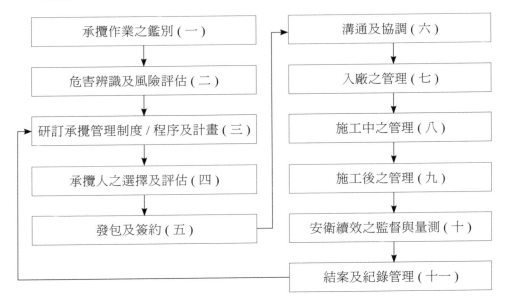

一、承攬作業之鑑別

　　事業單位應鑑別可能交付承攬之作業，並予以適當的分類，作為規劃承攬管理計畫之依據。

二、危害辨識及風險評估

　　事業單位對所交付承攬之作業，應辨識其主要潛在危害及風險，並依評估結果確認應有之控制措施，作為規劃承攬管理計畫及執行危害告知之參考。

三、研訂承攬管理制度／程序及計畫

事業單位應考量交付承攬之作業及類型、風險評估結果等因素，並就承攬人之安全衛生管理能力、職業災害通報、危險作業管制、教育訓練、緊急應變及安全衛生績效評估等事項，訂定承攬管理制度／程序及計畫。

四、承攬人之選擇及評估

事業單位應訂定包含安全衛生準則之承攬人評估及選擇程序，並考量承攬期間之安全衛生績效，作為合適承攬人選擇之依據。

五、發包及簽約

事業單位應於承攬招標書或契約書中明列承攬之項目、內容、資格要件、權責、再承攬之資格或限制，以及其他相關安全衛生需求等事項。亦應將承攬人之安全衛生權責及應遵守之安全衛生規定明確規範於契約書中或於開工前以書面方式告知。事業單位將營繕工程之施工、規劃、設計及監造等交付承攬或委託，其契約內容應有防止職業災害之具體規範，並列為履約要件。

六、溝通及協調

事業單位應於正式施工前具體告知承攬人有關其工作環境、危害因素、安全衛生法規及相關安全衛生規定應採取之措施。事業單位與承攬人、再承攬人分別僱用**勞**工共同作業時，應設置協議組織及採取必要措施，以防止職業災害之發生。

七、入廠之管理

事業單位應訂定承攬人之門禁管制規定，以有效控制承攬人之人員、機具設備及物料等入廠後可能引起之危害及風險。

八、施工中之管理

事業單位應要求承攬人提報承攬期間在廠（場）內所發生之各類事件，包括職業災害、火災、爆炸等事件，並於一定期限內提出事件之處理及調查報告。

九、施工後之管理

　　事業單位應要求承攬人於每日離廠前應完成施工作業現場之整理整頓及安全檢點等工作，並確認所屬人員已安全離廠。事業單位應指派專人確認承攬人已完成離廠前須完成之相關工作。

十、安全衛生績效之監督與量測

　　事業單位應依承攬作業危害嚴重性或風險採取不同之監督機制，以確保承攬人落實遵守安全衛生相關規定。

十一、結案及紀錄管理

　　事業單位於承攬人完成其所承攬之作業時，除須確認符合契約要求外，尚須確認其離廠前之安全衛生相關事相亦已完成，方可結案，並將相關紀錄歸檔備查。

雇主於訂定呼吸防護計畫時，應進行「危害辨識」及「暴露評估」，進而選擇適當之防護具。依勞動部所訂呼吸防護計畫及採行措施指引之指導，其「危害辨識」應包含那些事項？（20 分）

【112 - 公務高考】

答

依據「呼吸防護計畫及採行措施指引」第 5 點規定，危害辨識，應包含下列事項：

一、空氣中有害物之名稱及濃度。

二、有害物在空氣中為粒狀、氣狀或其他狀態。

三、作業型態及內容。

四、是否為缺氧環境或對勞工生命、健康造成立即危害之環境。

五、作業環境中是否有易燃氣體、易爆氣體，或環境易受不同大氣壓力、高低溫等影響。

請分別針對工程管理、行政管理及健康管理，說明風險控制可採取之方法。（25 分）　【112－地特三等】

答

針對工程管理、行政管理及健康管理之風險控制可採取之方法如下列：

一、工程管理：

（一）密閉或取代有害發生源

當有危害發生源時，應該以密閉方式阻隔危害物質與勞工接觸的可能，或以無毒性、低毒性的物質取代可能發生危害的高毒性物質；如找不到適當的取代物則應在物質中加入厭惡氣味，當物質有洩漏可能時，可讓勞工立即警覺及緊急處理。

（二）製程變更或改善設備

某些製程的改變（如將乾式作業改為濕式作業，可減少粉塵飛揚）或改善設備的效能（如替機器潤滑可以降低噪音），可以有效降低危害性。其次，應增加防護設施以降低勞工的可能暴露機會（如加裝隔熱裝置可以阻擋高溫，局部排氣設施可以降低危害物質濃度），或者使用自動化程序，避免勞工直接接觸危害因子。

二、行政管理：

（一）人員管理：人員管理包括選工、工時與工作的調配及員工紀律的管理等，好的人員管理不僅可以選擇合適的員工，避免過度暴露及防止工作場所抽菸、飲食或嬉戲所引發之危險等。

（二）教育訓練：對員工進行安全衛生教育訓練，可增進員工對危害因子的認知，學習安全衛生的工作態度，進而提高員工的職業安全衛生意識，減少職業傷害發生的機會。

（三） 自動檢查：機械設備之定期檢查、重點檢查、作業檢點及現場巡視。

（四） 安全作業標準：透過安全觀察及分析，制定各項作業之安全作業標準。

（五） 其他：承攬管理、採購管理、變更管理、緊急應變計畫或程序等等。

三、健康管理：員工的健康管理除了定期監測員工的健康狀況，及早發現員工是否有因為暴露而發生職業病的可能，還可以積極的採用健康促進的方法，鼓勵員工增進與維持自身的健康狀態。

於室內作業場所分別使用甲苯及松節油實施噴塗作業時，試說明其需採取之控制措施。（20 分） 【112 - 地特三等】

答

甲苯、松節油分別屬於有機溶劑中毒預防規則的第 2 種及第 3 種有機溶劑，該噴塗作業時應依該相關規定辦理：

一、於室內作業場所，從事有關有機溶劑或其混存物之作業，應於各該作業場所設置密閉設備、局部排氣裝置或整體換氣裝置；若為從事臨時性之有機溶劑作業時（通風不充分之室內作業場所除外）則不在此限。

二、設置之密閉設備、局部排氣裝置、吹吸型換氣裝置或整體換氣裝置，應由專業人員妥為設計，並維持其有效性能。

三、使勞工從事有機溶劑作業時，對有機溶劑作業之室內作業場所及儲槽等之作業場所，實施通風設備運轉狀況、勞工作業情形、空氣流通效果及有機溶劑或其混存物使用情形等，應隨時確認並採取必要措施。

四、設置有機溶劑作業主管實施下列監督工作：

（一）決定作業方法，並指揮勞工作業。

（二）實施有機溶劑中毒預防規則第 18 條規定之事項。但雇主指定有專人負責者，不在此限。

（三）監督個人防護具之使用。

（四）其他為維護作業勞工之健康所必要之措施。

五、應置備與作業勞工人數相同數量以上之必要防護具，保持其性能及清潔，並使勞工確實使用。

2-3 安全績效評估與安全投資效益分析

根據某三年內國內發生死傷的機車事故統計，所有事故涉入者（駕駛者、騎乘者與路人等）中有 96% 配戴安全帽，死亡者則占 0.8%，而死亡者中僅有 77% 配戴安全帽。令 D 為死亡者，$\tilde{D}$ 為倖存者，S 為配戴安全帽者，$\tilde{S}$ 為未配戴安全帽者，計算下列各比率值，並以適當機率符號表示：

（一）配戴安全帽的死亡者在事故涉入者中所占的比率為何？
（3分）

（二）未配戴安全帽的死亡者在事故涉入者中所占的比率為何？
（3分）

（三）配戴安全帽的倖存者在事故涉入者中所占的比率為何？
（3分）

（四）未配戴安全帽的倖存者在事故涉入者中所占的比率為何？
（3分）

（五）在事故涉入者中，配戴安全帽的死亡率為何？（4分）

（六）在事故涉入者中，未配戴安全帽的死亡率為何？（4分）

【104 - 公務高考】

答

依題意可表示為 $P(S) = 0.96$，$P(D) = 0.008$ 及 $P(S \mid D) = \dfrac{P(S \cap D)}{P(D)} = 0.77$

一、配戴安全帽的死亡者在事故涉入者中所占的比率為

$$P(S \cap D) = P(S \mid D) \times P(D) = 0.77 \times 0.008 = 0.00616 = 0.616\%$$

二、未配戴安全帽的死亡者在事故涉入者中所占的比率為

因 $P(D) = 0.008 = P(S \cap D) + P(\tilde{S} \cap D) = 0.00616 + P(\tilde{S} \cap D)$

故 $P(\tilde{S} \cap D) = 0.00184 = 0.184\%$

三、配戴安全帽的倖存者在事故涉入者中所占的比率為

因 $P(S) = 0.96 = P(S \cap D) + P(\tilde{D} \cap S) = 0.00616 + P(\tilde{D} \cap S)$

故 $P(\tilde{D} \cap S) = 0.95384 = 95.384\%$

四、未配戴安全帽的倖存者在事故涉入者中所占的比率為

$$P(\tilde{S} \cap \tilde{D}) = 1 - P(S \cup D) = 1 - \left[P(S) + P(D) - P(S \cap D) \right]$$

$$= 1 - \left[0.008 + 0.96 - 0.00616 \right] = 0.03816 = 3.816\%$$

五、在事故涉入者中，配戴安全帽的死亡率為

$$P(D|S) = \frac{P(S \cap D)}{P(S)} = \frac{0.00616}{0.96} = 0.0064 = 0.64\%$$

六、在事故涉入者中，未配戴安全帽的死亡率為

$$P(D|\tilde{S}) = \frac{P(\tilde{S} \cap D)}{P(\tilde{S})} = \frac{0.00184}{0.04} = 0.046 = 4.6\%$$

（一）特定類型元件的使用壽命長短為一種隨機現象。當元件的失誤率（failure rate）不隨時間而改變時，請問元件的使用壽命是那一種類型的機率分布函數（常態分布、泊松分布、卡方分布、指數分布）？（10分）

（二）某工廠統計該工廠內某類型元件的使用壽命分別為 8.5、7.5、9.5、9.0、8.5、6.0、7.0、9.0、7.5、7.5 年，請問該類型的某一元件在更換後的未來兩年內不發生故障的機率為多少？（15分） **【104-地特三等】**

答

一、工廠在計算特定類型元件的使用壽命長短時，產品之可用期之失誤率常設為固定值，不隨著時間而改變，一般稱之為實用壽命。若把固定之失誤率設為 λ（$\lambda > 0$），則可推得上式為「指數分配」，因此我們常假設一般產品可用期之失誤時間為服從「指數分配」，從正常使用開始到失誤之期間被稱為等候時間（Waiting Time）。

二、（一）平均失誤中間時間 MTBF (mean time between failures) = (8.5 + 7.5 + 9.5 + 9.0 + 8.5 + 6.0 + 7.0 + 9.0 + 7.5 + 7.5) /10 = 80/10 = 8.0 年

（二）年失誤率 = 1/MTBF = 1/8.0 = 0.125 / 年

（三）可靠度 = $e^{-(\text{年失誤率} \times \text{時間})}$ = $e^{-(0.125 \times 2)}$ = $e^{-(0.25)}$ = 0.779

已知 A,B,C 為三個事件，各事件的發生機率為 P(A) = 0.30、P(B) = 0.25 及 P(C) = 0.60。若已知 P(A∪B) = 0.55 與 P(B∪C) = 0.70，請逐一回答下列問題：（每小題 5 分，共 25 分）

（一）P(A^c)。

（二）P(B∩C)。

（三）P(B│A)。

（四）事件 A,B 是否彼此互斥？

（五）事件 B,C 是否彼此互斥？

【104 - 地特三等】

答

一、P(A^c)：

P(A^c)（A 的餘集合）= 1 – P(A)

P(A^c) = 1 – P(A) = 1 – (0.3) = 0.7

二、P(B ∩ C)：

P(B ∩ C) = P(B)×P(C) = 0.25×0.60 = 0.15

三、P(B│A)：

P(A ∪ B) = 0.55 = P(A) + P(B) – P(A ∩ B) = 0.3 + 0.25 – P(A ∩ B) = 0.55 – P(A ∩ B)

得 P(A ∩ B) = 0

P(B│A) 在 A 已發生的情況下，發生 B 的機率，稱為條件機率。

P(B│A) = P (B ∩ A)/ P(A) = 0 / 0.3 = 0

P(B│A) = 0

四、事件 A,B 是否彼此互斥？

P(A ∩ B) = 0，亦事件 A 與 B 無交集，所以事件 A,B 彼此為互斥。

五、事件 B,C 是否彼此互斥？

P(B ∩ C) = 0.15，亦事件 B 與 C 有交集，所以事件 B,C 彼此非互斥。

> 一個安衛人員檢驗兩個儀器的差異，他懷疑第一種儀器比第二種儀器的變異數大，他隨機抽樣 n_1 = 12 以及 n_2 = 10，得到 s_1^2 = 14.5 以及 s_2^2 = 10.8，其懷疑合理嗎？請敘明（20 分）　【105 - 公務高考】

答

本題未解釋 n_1、s_1^2 等計算公式，故假設與一般的統計教科書符號計算方式相同，

樣本標準為 $S_A = \sqrt{\dfrac{\sum_{i=1}^{n}(X_{i-}\bar{X}_A)^2}{n-1}}$ ，樣本變異數為 S_A^2，自由度為 $n-1$，

則第一種儀器 S_1^2 = 14.5 與第二種儀器樣本變異數 S_2^2 = 10.8，其公式內涵已經考慮自由度 n，故第一種儀器確實比第二種儀器的變異數大。

> 安全訓練的過程為何？請就需求評估（needs assessment）、方案設計（program design）、方案執行（program implementations）、方案評鑑（program evaluation）等四階段加以申論。（25 分）　【105 - 地特三等】

答

一、需求評估階段：確定訓練目標

需求評估有兩項主要功能：建立安全訓練方案的合法化基礎與最佳方案的指引。需求評估是規劃安全訓練方案的基本，有正確的需求評定才能掌握安全訓練的真正需求，並依需求運用策略規劃出滿足需求的方案。

二、方案設計階段：

　　規劃訓練課程，針對各階工作者隨機抽樣，對安全管理的弱項進行訪談，從訪談內容中找尋需要訓練課程的內容。

三、方案執行階段：

　　擬定訓練計畫，規劃課程內容，一同討論各層級安全管理的弱項，進而分組討論，帶領安全訓練學員一步一步找出解決對策。

四、方案評鑑階段：

　　課程中發給問卷，整合後統計分析此次課程之有效性，並將過程中找出的解決對策統整後與主管討論可行性，並於解決方案實施後，再以問卷方式評估後續方案有效性。

請說明常態分布、二項次分布以及它們的由來，並請詳述二項次分布如何接近常態分布之相關數理推演。（15 分）　　【106 - 公務高考】

答

一、常態分布：常態分布的機率密度函數曲線呈鐘形，常態分布的數學期望值 μ 等於位置參數，決定了該分布的位置；其變異數 σ^2 的開平方或標準差 σ 等於尺度參數，決定了該分布的幅度，記為 $X \sim N(\mu, \sigma^2)$。

二、二項次分布：若重複 n 次伯努利試驗，每次試驗結果都是獨立的，而且每次成功的機率都是 p，這 n 次試驗恰有 k 次（$0 \leq k \leq$ n，k 為整數）成功的機率為 $C_k^n p^k (1-p)^{n-k}$，這種機率分配稱為二項次分布，記為 $X \sim B(n, p)$。

三、常態分布有一個非常重要的性質，在特定條件下，大量統計獨立的隨機變量的平均值之分布趨於常態分布，這就是中心極限定理。如果 n 足夠大（至少 20），那麼分布的偏度就比較小，亦越符合推論的母體。在這種情況下，如果使用適當的連續性校正，那 B(n, p) 近似是常態分布：$N(np, np(1-p))$。

意外事故調查方法眾多，請就其中兩種方法詳述之，並請說明實務上進行意外事故調查時的相關步驟。（20 分）　【106 - 公務高考】

答

一、意外事故調查方法舉例如下：

（一）變更分析（Change Analysis）：變更分析的基本程序，主要是比對意外發生前的狀態與意外發生時的時空狀態，辨識其中的改變是否為導致意外發生的主要原因。

（二）失誤樹分析（Fault Tree Analysis, FTA）：失誤樹分析藉由辨識意外事件／頂端事件（Top Event）找尋根本原因，失誤樹是一種圖形模式，利用邏輯閘判定失誤狀況。

二、我國意外事故調查時的相關步驟：

（一）組成小組成員。　　　　（四）事故原因分析。

（二）資料收集。　　　　　　（五）辨識現行管理系統缺失。

（三）發展時間序列。

自某供應商購入的設備使用壽命服從指數分配（Exponential Distribution），且其平均壽命為 5 年。今使用該產品，其壽命超過 8 年之機率為何？（10 分）使用該產品，其壽命介於 6 年至 9 年之機率為何？（10 分）　【107 - 公務高考】

答

一、壽命超過 8 年之機率計算如下列：

失誤率 = 1 - 可靠度 = $1 - e^{-(\text{年失誤率} \times \text{時間})}$

$$P(X > 8) = 1 - P(X \le 8)$$

$$= 1 - \left(1 - e^{-\frac{8}{5}}\right) = e^{-\frac{8}{5}} = 0.20$$

二、壽命介於 6 年至 9 年之機率計算如下列：

$$P(6 \leq X \leq 9) = P(X \leq 9) - P(X \leq 6) = \left(1 - e^{-\frac{9}{5}}\right) - \left(1 - e^{-\frac{6}{5}}\right) = e^{-\frac{9}{5}} - e^{-\frac{6}{5}}$$

$$= 0.301 - 0.165 = 0.136$$

兩個工廠各找 250 名員工進行職業安全衛生測驗，甲廠成績平均數為 89.60，標準差為 9.43，乙廠成績平均數為 85.30，標準差為 8.54，請問兩廠成績是否有差異？（$t_{1-0.05(\infty)} = 1.645$）（20 分）

【107 - 地特三等】

答

一、設定統計參數，兩個工廠母體平均值 $\mu_{甲}$、$\mu_{乙}$，母體變異數 $\sigma^2_{甲}$、$\sigma^2_{乙}$；兩個工廠抽樣數相同皆為 $n_{甲} = n_{乙} = 250$。

甲廠樣本平均數 $\overline{X}_{甲} = 89.60$，樣本變異數 $s^2_{甲} = 9.43^2 = 88.92$，

乙廠樣本平均數 $\overline{X}_{乙} = 85.30$，樣本變異數 $s^2_{乙} = 8.54^2 = 72.93$。

二、假設兩個工廠母體變異數相等 $\sigma^2_{甲} = \sigma^2_{乙}$，建立統計假設：

$$\begin{cases} H_0 : \mu_{甲} = \mu_{乙} \\ H_1 : \mu_{甲} \neq \mu_{乙} \end{cases}$$

（一）計算檢定統計

$$t^* = \frac{(\overline{X}_{甲} - \overline{X}_{乙}) - (\mu_{甲} - \mu_{乙})}{\sqrt{\left(\dfrac{s^2_{甲}}{n_{甲}} + \dfrac{s^2_{乙}}{n_{乙}}\right)}} = \frac{(89.60 - 85.30) - 0}{\sqrt{\left(\dfrac{88.92}{250} + \dfrac{72.93}{250}\right)}}$$

$$= \frac{4.3}{\sqrt{0.6474}} = 5.34$$

（二）拒絕域在 $t^* > t_{1-0.05(\infty)}$

（三）統計決策，$t^* = 5.344 > t_{1-0.05(\infty)} = 1.645$，故檢定結果無法拒絕虛無假設 H_0，有足夠的證據說明兩個工廠成績有顯著差異。

註：兩個半導體製造工廠樣本數皆大於 30，所以為大樣本，題目改成 Z 檢定會比較適當。

某工廠一年內發生災害件數 3 件，造成死亡 1 人，殘廢 2 人，暫時全失能 2 人。失能傷害總損失日數為 6,630 日，總經歷工時則為 480,000 小時，試求其失能傷害頻率（FR）、失能傷害嚴重率（SR）及總合傷害指數（FSI）為何？（25 分） 【109 - 地特三等】

答

一、失能傷害頻率：

$$FR = \frac{失能傷害之人次數 \times 10^6}{總經歷工時} = \frac{5 \times 10^6}{480,000} = 10.41$$

（取至小數點第 2 位，第 3 位不計）

二、失能傷害嚴重率：

$$SR = \frac{失能傷害總損失日數 \times 10^6}{總經歷工時} = \frac{6,630 \times 10^6}{480,000} = 13,812$$

（取整數，小數點以下不計）

三、總合傷害指數：

$$FSI = \sqrt{\frac{FR \times SR}{1,000}} = \sqrt{\frac{10.41 \times 13,812}{1,000}} = 11.99$$

（取至小數點第 2 位，第 3 位不計）

> 兩個半導體製造工廠各有 550 名員工進行職業安全衛生教育成效測驗，兩廠成績（平均數、標準差）為：甲廠（平均數 =85.20、標準差 =5.10）；乙廠（平均數 =88.30、標準差 =5.54），請問兩廠成績是否有差異，達到統計上（P<0.05）顯著水準？
>
> （$t_{1-0.05(\infty)}$=1.645）（20 分）　　　　　　　　　【110 - 公務高考】

答

一、設定統計參數，兩個工廠母體平均值 $\mu_甲$、$\mu_乙$，母體變異數 $\sigma_甲^2$、$\sigma_乙^2$；兩個工廠抽樣數相同皆為 $n_甲$=$n_乙$=550。

甲廠樣本平均數 $\overline{X}_甲$=85.20，樣本變異數 $s_甲^2 = 5.10^2 = 26.01$，

乙廠樣本平均數 $\overline{X}_乙$=88.30，樣本變異數 $s_乙^2 = 5.54^2 = 30.69$。

二、假設兩個工廠母體變異數相等 $\sigma_甲^2 = \sigma_乙^2$，建立統計假設：

$H_0 : \mu_甲 = \mu_乙$

$H_1 : \mu_甲 \neq \mu_乙$

（一）計算檢定統計

$$t^* = \frac{(\overline{X}_甲 - X_乙) - (\mu_甲 - \mu_乙)}{\sqrt{\left(\dfrac{s_甲^2}{n_甲} + \dfrac{s_乙^2}{n_乙}\right)}} = \frac{(85.20 - 88.30) - 0}{\sqrt{\left(\dfrac{26.01}{550} + \dfrac{30.69}{550}\right)}} = \frac{-3.1}{\sqrt{0.1031}} = -9.66$$

（二）採雙邊檢定，故信賴區間為 【$-t_{1-0.025(\infty)} = -1.96$，$t_{1-0.025(\infty)} = 1.96$】

（三）統計決策，$t^* = -9.66 < -t_{1-0.05(\infty)} = -1.96$，故檢定結果拒絕虛無假設 H_0，有足夠的證據說明兩個工廠成績有顯著差異。

註：兩個半導體製造工廠樣本數皆大於 30，所以為大樣本，題目改成 Z 檢定會比較適當。

> 事業單位應符合何種條件，方得申請職業安全衛生管理系統績效審查？（20分）　　　　　　　　　【111 - 地特三等】

答

依據「職業安全衛生管理系統績效審查及績效認可作業要點」第 4 點規定，事業單位或其總機構（以下簡稱申請單位）符合下列條件者，得申請績效審查：

一、通過臺灣職業安全衛生管理系統驗證或已依國家標準 CNS 45001 同等以上規定，建立及實施職業安全衛生管理系統。

二、工作場所（含承攬人及再承攬人）於績效審查申請期間及前 3 年度，未曾因違反職業安全衛生法致發生同法第 37 條第 2 項第 1 款、第 2 款之職業災害，經主管機關裁處罰鍰、停工處分或因刑事罰移送司法機關。

三、近 3 年總合傷害指數為同行業（本部公告前 3 年總合傷害指數之行業分類）1/2 或全產業 1/4 以下。

四、已依法令規定設置職業安全衛生管理單位及人員。

五、已依職業安全衛生法第 38 條規定填載職業災害內容及統計，統計期間滿 3 年。

事業單位進行異常工作負荷促發疾病預防工作，在執行成效之評估及改善時，依異常工作負荷促發疾病預防指引之指導，可作為成效評估之量化指標包括那些？（20 分）　　　　　【112 - 公務高考】

答

依據「異常工作負荷促發疾病預防指引」第 5 點規定，成效評估之目的在於檢視所採取之措施是否有效，並檢討執行過程中之相關缺失，做為未來改進之參考。建議可由護理人員追蹤個人風險子之改善情形，若無法短期改善或持續惡化之勞工，須再次由醫師進行面談指導；對於環境因子無法短期改善或持續惡化之作業環境，須由職業安全衛生人員或相關人員再次提供改善建議，甚而尋求外部專業團隊協助。以下量化指標可作為成效評估之考量，然相關指標仍視各事業單位推動計畫之需求而定。

一、針對事業單位內所有具高風險勞工接受面談與指導之參與率、請假天數、複檢追蹤率及生活習慣改變情形等，如定時運動、健康飲食、戒菸率等。

二、高風險勞工之比率，如高風險勞工減少 5%。

三、事業單位勞工參與職場健康促進計畫之達成率、滿意度等。

四、事業單位勞工健康檢查之參與率及異常發現率。

五、個別高風險勞工檢查異常值之改變情形，如膽固醇降低 20 mg/dl 等。

六、作業環境之改善情形，如噪音值降低 15 dB 等。

> 試說明相似暴露族群暴露實態之統計分布及評估結果分級原則。
> （20 分）　　　　　　　　　　　　　　　　　　　【112 - 地特三等】

答

依危害性化學品評估及分級管理技術指引，實施危害性化學品暴露評估結果，應藉由統計分析，對照其容許暴露標準進行作業場所暴露評估結果分級；雇主對各相似暴露族群，應依其暴露實態之第 95% 值 (X_{95})，對照該化學品之容許暴露標準（PEL），依下表進行作業場所評估結果分級

範圍	評估結果分級
$X_{95} < 0.5PEL$	第 1 級
$0.5PEL \leq X_{95} < PEL$	第 2 級
$X_{95} \geq PEL$	第 3 級

另亦得依其需要，參考美國工業衛生學會（AIHA）分級方式

範圍	AIHA 評估結果分級
$X_{95} < 0.01OEL$	0
$0.01OEL \leq X_{95} < 0.1OEL$	1
$0.1OEL \leq X_{95} < 0.5OEL$	2
$0.5OEL \leq X_{95} < OEL$	3
$X_{95} \geq OEL$	4

2-4　行為安全之理論與實務管理

一均質直梯長 L = 3 公尺，w = 10 公斤重，靠在垂直光滑牆面上（即無沿牆面的摩擦力），當梯對地面形成 θ = 45° 的夾角時恰好不致滑溜。請回答下列問題：

（提示：繪製 free-body diagram，標示作用在梯上所有力的作用位置與方向，包括：梯重 w、人重 W、牆面對梯正向力 N_1、地面對梯正向力 N_2、地面摩擦力 f）

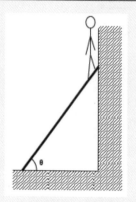

（一）當梯上無人時，地面對梯底的正向力 N_2（公斤重）為何？
　　　（提示：垂直方向靜力平衡）（2 分）

（二）當梯與地面形成 θ = 45° 的夾角時，牆面對梯正向力 N_1（公斤重）為何？（提示：以梯底為支點力矩平衡）（4 分）

（三）續上題，作用於梯底水平方向摩擦力 f（公斤重）為何？
　　　（提示：水平方向靜力平衡）（2 分）

（四）梯底對地面靜摩擦係數 μ_s 為何？（2 分）

（五）今有一 W = 70 公斤重勞工站於梯頂，梯底對地面靜摩擦係數不變，地面對梯底的正向力 N_2（公斤重）為何？（2 分）

（六）續上題，作用於梯底最大的摩擦力 f_{max}（公斤重）為何？
　　　（2 分）

（七）續上題，當作用於梯底摩擦力達到最大時，作用於梯頂的正向力 N_1（公斤重）為何？（2 分）

（八）利用力矩平衡求當作用於梯底摩擦力達到最大時，梯對地面夾角 θ 為何？答案可使用反三角函數表示。（4 分）

【104 - 公務高考】

答

依題意繪製靜力圖 free-body diagram 如右：

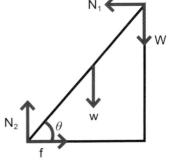

一、當梯上無人時，人重 W = 0

利用垂直方向靜力平衡，向上的力量等於向下的力量，且梯重 w = 10 公斤重

故地面對梯底的正向力，

$N_2 = W + w$

   $= 0 + 10 = 10$（公斤重，↑）

二、續（一），當梯與地面形成 $\theta = 45°$ 的夾角時，並以梯底為支點力矩平衡，順時針力矩要等於逆時針力矩，可以右圖表示：

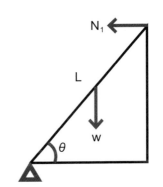

$$N_1 L \sin\theta = w\left(\frac{L}{2}\right)\sin(90-\theta)$$

將 $\theta = 45°$、L = 3 及 w = 10 代入

故 $N_1 = 5$（公斤重，←）

三、依題意之靜力圖 free-body diagram，利用水平方向靜力平衡，向左的力量等於向右的力量，故 $f = N_1 = 5$（公斤重，→）

四、地面摩擦力 f =（梯底對地面靜摩擦係數 μs）× 梯底對地面的正向力 N_2 ↓（即地面對梯底的正向力 N_2 ↑之反作用力，大小相同方向相反）

$f = \mu s \times N_2$，$5 = \mu s \times 10$，

故梯底對地面靜摩擦係數 μs 為 0.5

五、解題方式同題（一），當梯上人重 W = 70 公斤重時，利用垂直方向靜力平衡，向上的力量等於向下的力量，且梯重 w = 10 公斤重，故地面對梯底的正向力，$N_2 = W + w = 70 + 10 = 80$（公斤重，↑）

六、 $f_{max} = \mu s \times N_2 = 0.5 \times 80 = 40$ （公斤重，→）

七、 解題方式同題 (三)，利用水平方向靜力平衡，向左的力量等於向右的力量，故 $N_1 = f_{max} = 40$（公斤重，←）

八、 解題方式類似題 (二)，但以直梯靠在垂直牆面上為支點力矩平衡，順時針力矩要等於逆時針力矩，可以右圖表示：

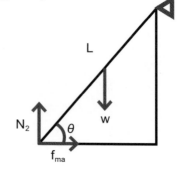

$$N_2 L cos\theta = w\left(\frac{L}{2}\right)cos\theta + f_{max}L\sin\theta \ \text{，兩邊將 L 刪除}$$

$$N_2 cos\theta = w\left(\frac{1}{2}\right)cos\theta + f_{max}\sin\theta \ \text{，將數值代入}$$

$$80cos\theta = 10\left(\frac{1}{2}\right)cos\theta + 40\sin\theta \ \text{，化簡}$$

$$75cos\theta = 40\sin\theta$$

$$\frac{\sin\theta}{\cos\theta} = \tan\theta = \frac{75}{40} = 1.875$$

故 $\theta = \tan^{-1}(1.875)$

為了保持良好的工作姿勢，以避免因工作所引起的肌肉骨骼傷病，請問：（每小題 10 分，共 20 分）

（一）搬運的理想高度與深度為何？

（二）工作臺的理想高度與深度為何？　　　　　　【105 - 公務高考】

答

一、抬舉作業幾乎佔了 MMH（人工搬運物料）作業的最大比例，故為避免因工作所引起之肌肉骨骼傷病，依據 NIOSH（1991 年）抬舉指引：

RWL（recommended weight of limit，建議重量極限值）

$= LC \times HM \times VM \times DM \times AM \times FM \times CM$

$= 23 \times (25/H) \times (1 - 0.003 \times |V - 75|) \times (0.82 + 4.5/D)$
$\quad \times (1 - 0.0032A) \times FM \times CM$

LC：負荷常數（Load Constant）

HM：水平距離乘數（multiplier）（當 H < 25cm 時，HM = 1）

VM：起始點的垂直高度乘數

DM：抬舉的垂直移動距離乘數

AM：身體扭轉角度乘數

FM：抬舉頻率乘數（Frequency Multiplier）

CM：握把乘數（Coupling Multiplier）

另外，LI 抬舉指數 = 實際荷重 /RWL < 1 時，代表該抬舉作業並無下背傷害之風險。故我們希望 RWL 越大越好，依題意及方程式可得知，VM = 1 及 HM = 1 時最好，即 V 抬舉手部位置起始點的高度為 75 公分最佳，H 手部到兩腳踝中心的水平深度 25 公分內為佳。

二、工作臺可分為立式與座式，故回答如下：

（一）立式工作臺

因男與女性平均肘高線約為 105cm 跟 98cm（Grandjean, 1981）

1. 工作臺理想高度為 a. 粗重作業：低於肘高。b. 輕易作業：略低於肘高。c. 精密作業：略高於肘高。最理想之高度應為可調設計，使物適人。

2. 工作臺理想深度必須容許伸臂可及範圍內從事雙手之作業活動。另工作臺底應增置腳趾空間，以防工作者身體向前彎曲，而造成脊椎之壓力。

（二）座式工作臺

依學者 Bex 綜合評估後，固定式工作臺高度建議為 69cm。

1. 工作臺理想高度為 a. 粗重作業：低於肘高。b. 輕易作業：略低於肘高。c. 精密作業：略高於肘高。最理想之高度應為可調設計，使物適人。

2. 工作臺理想深度必須容許伸臂可及範圍內從事雙手之作業活動，及大腿能於作業面下之活動空間。

試說明人為失誤之意義及其造成之原因。（20 分）　【108 - 公務高考】

答

一、人為失誤之意義：因人的某些行動，無法被視為正常的行為模式，或與公認的順序不同，後果可能造成人員傷亡或財產的損失。

二、人為失誤造成之原因：（人因工程 - 許勝雄等著）

（一）遺忘失誤（forgetting errors）：忘了在適當時候執行開動、檢查或調整控制器等必要動作造成失誤。

（二）無意啟動（unintentional activation）：於不知不覺中碰觸而啟動了不必操作的控制器。

（三）無法搆及（inability to reach）：由於距離太遠，阻礙或肌力的關係，無法或不能及時搆到控制器。

（四）取代失誤（substitution errors）：誤認控制器是另一種控制器，或於緊急時無法立即辨認正確的控制器。

（五）顛倒失誤（reversal errors）：指將控制器移動方向搞反了。

（六）調整失誤（adjustment errors）：將控制器調整的超過或不足所需，或操作得過快或過慢，以及將一連串控制器的操作順序弄錯等。

試說明製作安全作業標準時應注意那些事項，並以提舉作業為例製作一安全作業標準表。（20 分）　　　　　　　【108 - 公務高考】

答

一、製作安全作業標準時應注意事項如下：（現代安全管理 - 蔡永銘著）

（一）作業名稱與作業種類不同，如種類為手工具作業，而名稱可能是鐵鎚使用，扳手使用或起子使用。

（二）工作步驟不宜項目繁多，應簡單明瞭。單純的作業，可以三個步驟即作業前、作業中、作業後表示即可。而作業前之工作方法以準備作業或工作指示為主，作業後以整理整頓為重點。

（三）不安全因素，宜針對會造成人員傷害之不安全環境、設備或行為提出此類似預知危險之潛在危險。

（四）安全措施，乃針對不安全因素所提出的防範對策與行動目標，要具體可行，而且充分必要，不能掛一漏萬，而造成

遺憾！重要的是，沒有不安全因素時，即不得提安全措施。

（五）安全作業標準，仍須經審核與批准程序。

（六）安全作業標準，需常加檢討修訂。

（七）圖解可以素描圖繪製，也可用相片呈現。

二、

作業項目：人力提舉作業　　　　　項目編號：A1
作業方式：個人獨立作業　　　　　編定日期：110 年 3 月 1 日
處理物品：紙箱　　　　　　　　　製作人：徐 × ×
使用器具：無
防護器具：安全帽、安全鞋、棉紗手套。

作業步驟	工作方法	危險因素	安全對策	事故處理
1. 準備	1.1 檢視荷重物重量。 1.2 評估人員是否能搬起。			
2. 檢查	2.1 檢查荷重物包裝受損處是否產生傷害。 2.2 檢視搬行路線及環境狀況。是否路面濕滑或有障礙物、通道狹窄、階梯及欄杆設置等有無缺失。 3.3 檢查人員個人防護具是否配戴適當。			

作業步驟	工作方法	危險因素	安全對策	事故處理
3. 搬運	3.1 站立於持重物位置，並目視荷重物，手持住荷重物。 3.2 屈膝直背提舉荷重物，兩腳採左右跨半步穩定姿勢。 3.3 提舉移動荷重物。	3.1 未確認持住重心位置造成人員失衡傾倒。 3.2 提舉姿勢不當造成肌肉骨骼受傷。 3.3 未注意提運方式及步調、前方路面狀況易受傷。	3.1 評估確認重心位置。 3.2 屈膝直背、兩臂貼近身體，確保平衡。 3.3 自然而穩定的步調。	3. 壓、擦、扭傷人員，報告主管並送醫護室，經評估嚴重者轉送醫院。
4. 卸放	4. 垂直放下重物。	4. 姿勢不良造成扭、壓傷。	4. 確認置放位置，小心放下。	
5. 圖解				

不正確的姿勢　　　　　　正確的姿勢

> 請說明防止人因性危害工程的工程控制方法。（25分）
>
> 【108 - 地特三等】

答

防止人因性危害工程的工程控制方法，以肌肉骨骼傷害預防為例，說明如下：

一、物料、成品、半成品、零件等運送過程之自動化，盡量避免直接使用人力直接搬運，自動化不可行時應以省力化輔助設備為之。

二、作業檯面、進料口、輸送帶等之高度關係人員長時操作姿勢，應選擇配合現場人員身材之高度，必要時提供可調整腳踏墊與座椅。

三、重複性高的作業所有操作物件、零件、工具均應置於雙手伸取可及的作業空間內。

四、充分利用夾治具固定物件、零件，避免人員為調整、對準、施力等而必須維持不良姿勢於靜態負荷之狀況下。

五、較重之手工具應以彈簧懸掛於固定位置，選用上注意重量、握柄大小與樣式、按鈕鍵之施力應恰當。

六、成品包裝方式與物料零件盒之設計等關係物料運送過程人員處理之方便性，應選用堅固質輕之包裝，可以減輕人員處理之重量，並應提便於供雙手握提之設計。

2-5　風險管理體系與運作

> 依照主管機關公告之「風險評估技術指引」，風險評估作業流程應
> 包含那六大步驟？（25 分）　　　　　　　　　【104 - 地特三等】

答

依「風險評估技術指引」，風險評估作業流程應包含之六大步驟如下列：

一、辨識出所有的作業或工程

二、辨識危害及後果

三、確認現有防護設施

四、評估危害的風險

五、採取降低風險的控制措施

六、確認採取控制措施後的殘餘風險

> 請詳述如何應用德懷術（Delphi technique）以提供安全管理決
> 策？（25 分）　　　　　　　　　　　　　　【105 - 地特三等】

答

一、德懷術（Delphi technique）的意義：

德懷術係指研究者針對某一主題，請多位專家進行匿名、書面方式表達意見，並透過多次的意見交流而逐步獲得最後結論的一種研究方法。德懷術可說兼具量化與質性的科技整合。研究過程中，針對設定的議題，透過專家匿名，不斷以書面討論的方式，誘導專家以其專業知能、經驗與意見，建立一致性的共識，進而解決複雜議題。

二、德懷術的實施，一般可以歸納為下列步驟：

（一）確定研究主題，然後據以編製問卷，一般採結構式問卷較佳。

（二）選定專家，請求協助。

（三）郵寄問卷給專家，請其表示意見。

（四）整理收回問卷，進行綜合歸納，並將整體結果分送給原選定專家，請其參酌整體結果，再次表示意見。

（五）這些步驟可多次重複，直到獲致結論為止，最後的結論可採眾數或中位數為依據。

請說明製程安全管理中危害及可操作分析（HAZOP）的方法及內容。（20 分）　　　　　　　　　　　　　　　【107 - 地特三等】

答

一、危害及可操作分析（HAZOP）的方法：

分析方法是由幾個不同背景的專家以一種創造性、系統性的方式相互交換意見，並將所得到的結果整合起來，目的在辨識及評估在製程上（最早使用在化工廠的程序控制系統）可能產生的問題，結構化及系統化的檢查流程及作業的方法，建構本質安全化的設備及措施，以避免製程發生偏離的情況時，災害事態擴大，最終造成災變，而在設備上安裝的硬體防護裝置。

二、危害及可操作分析（HAZOP）的內容：

HazOp 分析必須藉由腦力激盪刺激創造性，這種創造性導因於一個具有各種不同背景的小組成員彼此相互的經驗交流。在檢視危害情況時，加上利用有系統的結構或方式將可使整個研討進行的更徹底而不致有所疏漏。研討集中於製程或操作的特定點上，稱為「節點（Nodes）」、製程區段或操作步驟。HazOp 小組以一次

一個的方式檢核每個節點、區段或步驟，找出具有潛在危害的偏離（Deviation，如壓力高於、流動少於等），這些偏離是由一組已建立的引導字（Guidewords，如高於、少於等）所得出。使用引導字的主要目的是要確保所有與製程參數（如流量、溫度、壓力等）有關的偏離均被評估。

請詳述執行風險評估時，針對危害控制可採取之方法。（20 分）

【109 - 公務高考】

答

依據「風險評估技術指引」附錄一補充說明之五、決定及採取風險控制措施之說明，事業單位依風險評估結果規劃及實施降低風險之控制措施時，須考量下列之危害控制優先順序：

一、若可能，須先消除所有危害或風險之潛在根源，如使用無毒性化學、本質安全設計之機械設備等。

二、若無法消除，須試圖以取代方式降低風險，如使用低電壓電器設備、低危害物質等。

三、以工程控制方式降低危害事件發生可能性或減輕後果嚴重度，如連鎖停機系統、釋壓裝置、隔音裝置、警報系統、護欄等。

四、以管理控制方式降低危害事件發生可能性或減輕後果嚴重度，如機械設備自動檢查、教育訓練、標準作業程序、工作許可、安全觀察、安全教導、緊急應變計畫及其他相關作業管制程序等。

五、最後才考量使用個人防護具來降低危害事件發生時對人員所造成衝擊的嚴重度。

申請危險性工作場所審查應檢附製程安全評估報告書，請說明此報告書需包括之內容。（20 分）　　　　　　【109 - 公務高考】

答

依據「危險性工作場所審查及檢查辦法」附件二之規定，製程安全評估報告書之內容如下：

一、製程說明：

（一）工作場所流程圖。

（二）製程設計規範。

（三）機械設備規格明細。

（四）製程操作手冊。

（五）維修保養制度。

二、實施初步危害分析（Preliminary Hazard Analysis）以分析發掘工作場所重大潛在危害，並針對重大潛在危害實施下列之一之安全評估方法，實施過程應予記錄並將改善建議彙整：

（一）檢核表（Checklist）。

（二）如果－結果分析（What If）。

（三）如果－結果分析/檢核表（What If/ Checklist）。

（四）危害及可操作性分析（Hazard and Operability Studies）。

（五）故障樹分析（Fault Tree Analysis）。

（六）失誤模式與影響分析（Failure Modes and Effects Analysis）。

（七）其他經中央主管機關認可具有上列同等功能之安全評估方法。

三、製程危害控制。

四、參與製程安全評估人員應於報告書中具名簽認（註明單位、職稱、姓名，其為執業技師者應加蓋技師執業圖記），及本辦法第六條規定之相關證明、資格文件。

事故調查中經常提及意外事故的誘因（casual factor）及根因（root cause）兩個名詞，請說明：誘因及根因的差異；並舉一個實際案例，論述誘因及根因在意外事故調查上的運用。（25 分）

【109 - 地特三等】

答

一、（一）誘因（casual factor）：與一個意外事故或一個計劃的結果有重大關連的人、事、物或條件。誘因同時出現或連續發生，會直接或間接的引發意外事故。

（二）根因（root cause）：通常能追溯至不良的施政方針和目標或追溯至人或環境的因素這些即稱為基本原因，亦即根因。

二、舉一個實際案例，在台鐵普悠瑪意外事故針對誘因（casual factor）及根因（root cause）分析，誘因可能為列車有主風泵、ATP 遠端監視系統故障，司機因趕時間超速及調度員忽視故障警報不處理，根因可能為員工的教育訓練不足、車輛機械自動檢查不確實及未訂定適當標準作業程序等，其調查上的運用如下：

（一）事故面：發生原因之歸納與總結、相關人員獎懲建議。

（二）管理面：強化主管督導與責任、加強維護、保養、稽核作業等。

（三）設備面：安全防護設備設施改善、儀器配備之提升、增設監控儀表設備、加強設備性能等。

（四）技術面：人員專業技術提昇、人員教育訓練等。

（五）制度面：規章制度、工程規範、SOP 增修訂作業、後續改善及執行追蹤計畫。

針對職業安全事故（Occupational Safety incidents）一般會以職業安全管理進行管理，而製程安全事故（Process Safety incidents）則會以製程安全管理進行管理。請申論職業安全事故與製程安全事故的差異。（25 分）　　　　　　【110 - 地特三等】

答

一、職業安全事故：非因製程發生非預期或無法控制而引起的職業災害、虛驚事故。

　（一）職業災害：指因勞動場所之建築物、機械、設備、原料、材料、化學品、氣體、蒸氣、粉塵等或作業活動及其他職業上原因引起之工作者疾病、傷害、失能或死亡。

　（二）虛驚事故：指非預期之狀況，未發生危害，若情況稍有不同，即造成人員傷害或財物損失之事故。

　（三）對於工作場所發生職業災害，應即採取必要之急救、搶救等措施，並會同勞工代表實施調查、分析及作成紀錄。

　（四）職業災害、虛驚事故調查處理及統計分析。

二、製程安全事故：因製程物發生非預期或無法控制之洩漏，所造成人員受傷、緊急疏散、火災爆炸、電力跳脫造成工安事故（如：反應槽為放熱反應，因冷卻系統被中斷導致失控反應）或財產損失等事件。

　（一）若為石化業及製造、處置或使用危險物及有害物，達勞動檢查法施行細則附表一及附表二規定數量之工作場，需實施製程安全評估之「事故調查」，評估之過程及結果，應予記錄。

　（二）事故調查處理制度包含下列事項：

　　　1. 訂定意外事故調查標準作業程序，實施意外事故及虛驚事故調查，並成立調查小組，至少有一位小組成員熟知發生事故之製程。該事件涉及承攬作業者，小組

成員應包括一位承攬人勞工，調查小組其他成員應具備適當之知識 及經驗。

2. 意外事故調查報告應包含下列項目，記錄並保存 5 年以上：

　　A. 事故發生日期。

　　B. 調查開始日期。

　　C. 事故發生經過描述。

　　D. 事故發生原因。

　　E. 根據調查結果研擬之改善建議。

3. 建立迅速處理事故調查報告結果與建議之系統，解決及矯正措施須予以記錄。

4. 意外事故調查報告應與事故發生相關作業人員（包含承攬人勞工在內）進行檢討。

職業安全管理中常利用工作安全分析（Job Safety Analysis，簡稱 JSA）來辨識作業上的危害；而於製程安全管理中則常利用危害與可操作性分析（Hazard and Operability Studies，簡稱 HAZOP）來辨識製程上的危害，臺灣常用的 HAZOP 方法為 Normal HAZOP，利用製程偏離引導以辨識出製程上的危害。針對槽車裝、卸料，以 JSA 和 Normal HAZOP 分別進行分析，可分別辨識那些危害？是否能完整辨識槽車裝、卸料的危害？請申論之。（25 分）　　　　　　　　　　　　　　　　　　　　　　【110 - 地特三等】

答

槽車裝卸料：

一、工作安全分析（JSA）

（一）工作安全分析時流程分為，作業步驟、工作方法、潛在危害及決定安全工作方法等四個步驟，針對工作場所人員操作及施工作業之可能危害，運用組織及系統化之分析技術，評估出各種潛在危害風險，進而採取適當之防範措施，以確保作業安全。

（二）槽車裝卸料（JSA）

作業步驟	工作方法	潛在危險	安全工作方法
槽車卸料前檢查	1. 槽車鑰匙交收料員保管。 2. 卸料前將靜電夾夾於槽車靜電夾。 3. 檢查槽車外觀並確認排氣管裝滅燄器及周圍無火源。	1. 槽車未確實熄火，人員於裝卸料時，駛離槽車，拉扯管線。 2. 易燃液體於管路輸送時產生靜電。 3. 周圍有火源。	1. 要求司機引擎熄火、門關上，將槽車鑰匙交付保管。 2. 設置輪檔、警示三角錐、連桿。 3. 接地電阻計量測，需合格才可卸料。 4. 周圍無火源、車輛排氣管裝滅焰器。
槽車卸料中作業	1. 管路輸送無洩漏無異聲。 2. 司機、收料人員在旁監視，料品輸送狀況。	1. 管路輸送發現洩漏或異常	1. 管路輸送發現洩漏或異常，立即停止收料泵浦和關閉全部閥，查明原因處理洩漏完再繼續卸料動作。
槽車卸料後作業	1. 關閉泵浦輸送按鈕及管閥後，確認管壓再進行拆卸管路。 2. 拆卸卸料軟管及拆下接地線及移開車輪擋。	1. 管內餘料未打空拆卸管路時，遭受噴濺。	1. 依序確實關閉泵浦及閥件，以維護設備功能正常。 2. 管內餘料要確認打空再拆卸管路，且人員確實配戴防護器具。

二、危害與可操作性分析（HAZOP）

（一）藉由引導詞和製程參數逐一檢討每一節點可能的偏離情況，發生偏離的原因及後果。

HZAOP 需要一個包括各種學科背景成員的小組來執行，評估小組中的成員或個人相當的空間，可以腦力激盪來發掘潛在危害。

製程偏離	可能原因	潛在危害	防護措施	改善建議
高流量	泵浦異常流量增加	泵浦異常造成揚程增加流量加大，可能損壞各閥件造成造成洩漏。	現場人員監視發現立即關閉泵浦進行查修。	1. 適當位置設置超壓警報。 2. 定期量測泵浦電流，確認泵浦正常。
低流量	管路洩漏破裂	易燃液體大量洩漏形成可燃蒸氣，接產觸火源引起爆炸。	1. 裝卸作業前確認周圍無火源，卸料周圍是否正常。 2. 現場人員監視發現洩漏立即關閉泵浦。	1. 適當位置設置低流量警報 2. 定期檢查管路並進行檢測確認完整性。

三、JSA、HAZOP 是否能完整辨識槽車裝、卸料的危害？

（一）JSA 是依作業步驟逐一檢討，而 HAZOP 則是一製程參數 + 引導詞的偏離狀況來進行檢討，上述兩中分析缺一不可，如僅做其中一種分析，就無法完整的辨識出槽車的危害，例如：裝卸料時車輛必須熄火，司機必須交出鑰匙進行保管，這是在 JSA 的作業步驟進行要求，在 HAZOP 就無法提出，如果落實進行上述分析就可以避免 1998 年 2 月 27 日北誼興火災爆炸事故的憾事，此事故就是正在裝

卸料中的司機擅自駛離槽車，拉扯正在卸料中之管路導致斷裂，造成大量 LPG 洩漏引起爆炸。

（二）不管是 JSA 還是 HAZOP，都必須由一專業且具有業及經驗的小組來交流執行，採用系統化的原則來進行分析，才能減少盲點且分析完整。

為強化加強事業單位推動製程安全管理之能力，勞動部職業安全衛生署訂有「製程安全管理程序參考手冊」。其中對於機械完整性而言，其程序書內容至少應包含那些事項？（20 分）　　【111 - 地特三

答

依據「製程安全管理程序參考手冊」第參章規定，機械完整性程序書內容建議至少包含下列事項：

一、組織規劃及人員職責。

二、設備清單及關鍵設備分類。

三、新建工程與設備安裝作業程序。

四、檢查及測試程序。

五、設備缺失矯正程序。

六、備品管理作業程序。

七、檢查、測試、維修保養人員之教育訓練及知能培訓。

八、機械完整性持續改善。

九、機械完整性改善計畫預算編列。

試說明職場健康促進之意義及其實施步驟。（20 分）

【112 - 地特三等】

答

一、意義：職場健康促進係幫助工作者能掌握並改進其健康能力的過程，在工作場所中推展促進健康的活動，改變工作活動或環境型態，促使員工的身心靈皆達到最合宜的狀態。

二、實施步驟主要方案可包括以下 6 項：

（一）強調安全健康工作場所的相關訓練及警戒措施。

（二）協助工作者發展健康生活形態，如壓力管理，體重控制與戒菸。

（三）適當的健康保險與心理健康服務。

（四）健康篩選。

（五）提供健康 / 體適能 / 休閒設施。

（六）提供工作者處理生活困境的相關服務與資源，如悲傷輔導、酒癮方案、工作者協助方案及心理健康機構轉介服務。

針對上述方案可用管理系統 PDCA 實施步驟來推動執行：

（一）計畫（Plan）：根據健康檢查的結果及透過調查或問卷了解工作者的健康需求和問題。

（二）執行（Do）：根據評估結果制定針對性的健康促進計畫，並確保有足夠的資源支持健康促進計畫的實施，包括預算、時間和人力。

（三）檢查（Check）：收集數據、進行檢查和定期評估計畫的效果，檢查成果是否符合計畫的期望。

（四）行動（Action）：了解成效並根據反饋進行調整和改進，如果結果與預期不符，則針對問題進行調整、修正，並重新

設計計劃或實施新的解決方案，建立健康促進文化，提升工作者健康水平，進而提高組織的整體效率和生產力。

> 雇主於引進或修改製程、作業程序、材料及設備時，應評估其勞工暴露之風險，有增加風險暴露之虞者，應即實施作業環境監測。試說明如何確認是否有增加暴露風險之虞？（20 分）　【112 - 地特三

答

一、是否有增加暴露風險之餘，可利用暴露風險評估的概念將以量化評價風險數值來做比較，可選擇應用現場化學品的健康危害、職業暴露濃度限值與過往化學品監測採樣數據比較結果、散佈情形及通風控制措施、使用量及個人防護具使用情形等，利用獲得的危害分級及暴露分級乘積，給予總合風險評價序數，作為後續進一步控制或管理的優先序參考。

風險＝危害（毒性，即健康危害之潛在性）× 暴露量（即暴露程度）

二、依據 CNS31010「風險管理－風險評鑑技術」之內容，風險評估的方法可分為以下三類：

（一）定性（Qualitative）：依顯著程度諸如高、中及低三級來界定後果 x 機率及風險之等級，可以不用各別考慮後果與發生機率，而將兩者合併，依據定性之準則及經驗，直接評估所合成的風險之等級。

（二）半定量（Semi-quantitative）：使用數值評量尺（分段），評定後果等級（高、中、低）與機率等級（高、中、低），再以公式結合兩者，評估風險等級（高、中、低）。

（三）定量（Quantitative）：評估後果與其機率實際的數值（實際數據資料），並產生發展前後環結時界定的特定單位風險等級數值。

三、確認是否有增加暴露風險之虞，可採化學品危害風險評估技術簡述如下：

（一）定性暴露評估：如事件經驗法則：室內整體換氣的有機溶劑作業→使用正己烷擦拭手機面板或機台除污→高暴露。

（二）半定量暴露評估：如

　　1. 我國化學品分級管理工具 Chemical Control Banding（CCB）

　　2. 英國職業安全衛生署 COSHH Essentials（e-tool）

　　3. 新加坡人力部職業衛生局所：Semi-Quantitative Risk Assessment（SQRA）

　　4. NIOSH：Occupational Exposure Bands（OEBs）

（三）定量暴露評估：如

　　1. Stoffenmanager Web 版工具

　　2. EMKG Excel 表單

　　3. ECETOCTRA Excel 表單

　　4. 數學推估模式（飽和蒸氣壓模式；渦流擴散模式（Turbulent Eddy diffusion model）；暴露空間模式（Box Models）；二暴露區模式（Two-Zone Model）

　　5. 生物偵測技術：生物指標回推暴露量（血中鉛、尿中塑化劑代謝物…）

　　6. 暴露情境假設與內劑量推估：Physiologically-Based Toxicokinetic (PBTK) modeling

2-6 參考資料

說明 / 網址	QR Code
《現代安全管理》，蔡永銘 著 *https://www.books.com.tw/products/0010676463*	
《製程安全管理》，張一岑 著 *https://www.books.com.tw/products/0010551872*	
《人因工程》，許勝雄等 著 *https://www.sanmin.com.tw/Product/index/006550659*	
《工業安全與管理》，黃清賢 著 絕版	
《統計學》，郭信霖 著 *http://www.jolihi.com.tw/jolihi_new_web/detailed.asp?itemid =7290&id=2*	
《化學性作業環境監測》，陳淨修 著 *https://www.iread.com.tw/ProdDetails.aspx?prodid=B000248637*	
職業安全衛生管理員教材，中華民國工業安全衛生協會 *http://www.isha.org.tw/books.html*	
勞動部勞動及職業安全衛生研究所之「工安警訊」 *https://www.ilosh.gov.tw/menu/1169/1172/*	
勞動部勞動及職業安全衛生研究所之「研究新訊」 *https://www.ilosh.gov.tw/menu/1169/1319/*	

說明 / 網址	QR Code
《主管安全領導指引手冊》，勞動部勞動及職業安全衛生研究所 *https://www.books.com.tw/products/0010652387*	
中華民國工業安全衛生協會 - 工業安全衛生（月刊） *http://www.isha.org.tw/monthly/books.html*	
行政院公共工程委員會 - 統計分析方法與應用 *https://www.pcc.gov.tw/cp.aspx?n=BDB00AA0DDA4EE72*	
ISO 31000:2018 風險管理 – 指導綱要 *https://www.iso.org/standard/65694.html*	
ISO 19011:2018 / CNS 14809 管理系統稽核指導綱要 *https://www.iso.org/standard/65694.html*	
CNS 45001:2018 Z2158 *https://www.cnsonline.com.tw/?node=search&locale=zh_TW*	
臺灣職業安全衛生管理系統指引 *https://www.osha.gov.tw/1106/1251/28996/29216/*	
風險評估技術指引 *https://www.osha.gov.tw/48110/48713/48735/60256/*	
HSG 245 職業傷害事故調查，安全衛生技術中心著 中央大學碩士班 上課資料	
德懷術在研究上之應用，陳坤德 著 論文	

職業衛生暴露風險評估 3

3-0 重點分析

　　職業衛生暴露風險評估業已於 112 年的公務高考開始納入考科，也意味著安全與衛生的考科漸趨平衡性，所以考生除在以往的安全專業著墨外，亦需要重視衛生相關的專業，如此才能取得高分。

　　本考科涉及範圍甚廣，從職業衛生的暴露風險評估、作業環境監測規劃與執行、危害因子（物理、化學、生物與人因性等）之測量與評估及暴露風險的分級與管理，可知所需的學識專業甚廣，也無形中增加了考科準備的難度；因此，吾人需有所借鏡，這樣才能事半功倍。本考科相較於職業衛生技師的 6 大考科來說，涵蓋　了 7~80% 作業環境監測及暴露與風險評估的考科命題大綱，尤其在初步改考科的現階段，相關考題的類型與趨勢都較不明顯，考生以本書為主要參考書外，亦可參考衛生技師的考題並作為練功石，以增進此部分解題的經驗與熟練值。

　　另本考科亦強調考生須有一定風險管理邏輯概念，所以須先建立暴露風險評估的基本理論概念，尤其要能熟知定性、半定量與定量等風險評估與應用，進階開始培養環境監測規劃，技術原理與結果分析應用等，再應用於職業衛生相關危害因子之量測與評估，最後再施以相關的風險分級與控管措施。因此，雖本考科名稱為暴露風險評估，但卻也涵

蓋了職業衛生的辨識、評估、控制等三大核心步驟及蘊含著 PDCA 的管理精神，所以考生在研讀相關學理與考試作答時，也請務必須掌握此重點原則。在此，也須提醒考生，技師與公務人員考試目標與重點是不太一樣的，前者要求專精，而後者要求博識，所以考生切勿對某些艱澀題型太過於鑽牛角尖，因而降低其他研讀的時間與心情。在考試期間，難免會出現讓考生瞬間茫然與懷疑人生的題目，所以建議正在準備此科目的您需具備相關知識外，更重要的是如何將「暴露風險評估」的靈魂注入每一解題中。

進入考場開始作答前，建議考生務必先靜下心來，並花 5～10 分鐘看清楚題目（邊寫出答題關鍵字或記憶口訣），並在腦海中擬定好每題大概的答題時間與預留 15～20 分鐘的最後審答時間；另在答題過程中，每一題務必先想好架構再下筆，避免後續花更多的時間進行塗改與造成版面凌亂，也盡可能以圖表為優先的答題方式，並輔以職業衛生與暴露風險評估的專業術語及解題方式（KISS，Keep It Simple and Smart），建置良好的整體邏輯，相信此能提升閱卷老師的好感度並增加取得高分的機會。

最後，預祝各位考生金榜題名並試試順利，冀望您未來進入職安衛公務人員的領域後，能發揮所長與平安順遂，進而創造美麗的前程。

3-1　暴露風險評估

> 請說明訂有容許暴露標準化學品之評估及分級管理的管理方式。
> （20 分）　　　　　　　　　　　　　　　　　　【110 - 公務高考】

答

依據「危害性化學品評估及分級管理技術指引」第 5 點規定，雇主使勞工製造、處置、使用中央主管機關依勞工作業場所容許暴露標準所定有容許暴露標準之化學品（以下簡稱有容許暴露標準化學品），而

事業單位規模符合本辦法第 8 條第 1 項規定者，應依附件三所定之流程，實施作業場所暴露評估，並依評估結果分級，採取控制及管理措施。

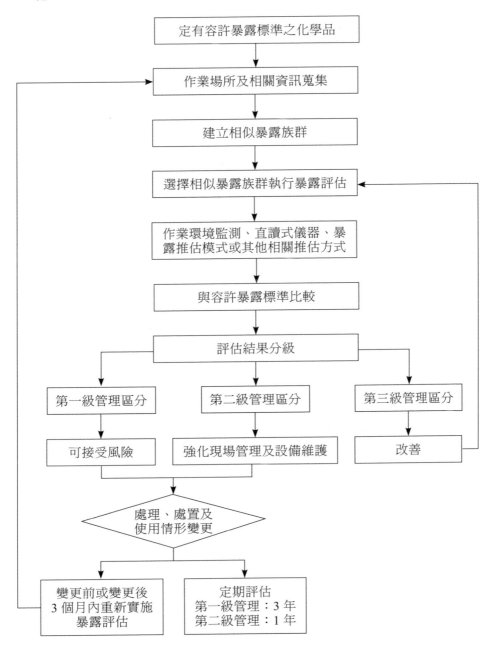

通常要從事作業現場職業衛生調查，以作為暴露評估參考，應該收集那些相關資訊？（20 分）　　　　　　　　　【112 - 地特三等】

答

一、從事作業現場職業衛生調查，以作為暴露評估參考，應先確認【會造成潛在危害的化學、物理、人因或生物性對象物】為何後，並可將收集的相關資料，分為以下面向：

（一）工作場所（配置）。

（二）工作性質。

（三）暴露（潛在）危害物。

（四）其他。

二、對於上述資料除可經由歷史資料、工作現場進行收集外，亦須注意其他有關之製程、工程、毒理…等相關知識，可請教相關部門／人員或參考相關標準、規劃或文獻進行補充或評估；另亦應定期更新或調查，以維持資料是符合度與妥適性。

三、以下以某工廠欲進行作業現場職業衛生調查，並對危害性化學品的暴露評估為例，其調查作業需收集之相關資訊如下列：

（一）工作場所（含配置）：

1. 廠區配置圖

2. 製程簡介、製程方塊流程圖

3. 機台配置圖

4. 作業區域劃分圖

5. 危害性化學品分布圖

6. 通風狀況

7. 工程控制設置情況

（二）工作性質：

1. 人員組織圖（型態）/ 職務

2. 人員作業分布情況 / 數量

3. 人員作業內容 / 流程

4. 人員作業方式（常態與非常態）

5. 人員作業暴露情況

6. 人員作業時間與頻率

7. 人員歷年的健檢資料

8. 人員防護具配戴情況

9. 人員是否疑似或曾發生職業病症

（三）暴露（潛在）危害性化學品：

1. 基本物化特性

2. 成分組成

3. 相關毒理資料

4. 對人體的健康效應

5. 容許暴露濃度

6. 使用情形（如：數量）

7. 其他危害性物質（如：中間產物、製程添加劑…等）

（四）其他面向

1. 歷年的作業環境測定資料

2. 製程產量

3. 製程穩定性情況

請說明職業衛生常見的危害類別為何，並至少舉出 3 個例子。

答

職業衛生常見的危害類別如下：

一、物理性危害

　　（一）噪音。

　　（二）採光照明。

　　（三）高、低溫。

　　（四）（非）游離輻射。

二、化學性危害

　　（一）特定化學物質。

　　（二）有機溶劑物質。

　　（三）毒性物質。

　　（四）粉塵物質。

三、人因性危害

　　（一）設備器具設計不良。

　　（二）不良作業姿勢。

　　（三）重複性作業。

　　（四）不當施力。

四、生物性危害

　　（一）細菌。

　　（二）病毒。

　　（三）寄生蟲。

　　（四）針扎感染。

五、心理性危害

　（一）公司內部壓力，如主管。

　（二）公司外部壓力，如客戶。

　（三）單調性作業。

　（四）輪班性作業。

請問危害性化學物質的毒性資料確認來源通常有哪些？並說明以證據權重及實際執行的優先順序各別為何？

答

一、危害性化學物質的毒性資料確認來源如下說明：

　（一）流行病學研究資料：完整流行病學的研究結果可以在污染物質劑量與健康影響的關聯性中，提供令人信服的證據。

　（二）動物實驗資料：從動物實驗所得的結果推 至人體係毒物學研究之基礎。其精確性主要依據實驗所採的生物觀點與使用的藥劑，在實驗時產生之健康效應是否合乎邏輯。

　（三）短期試驗資料：常用來篩選污染物質是否具有潛在的致癌性，或能引導支持動物實驗與 病學調查結果。

　（四）分子結構的比較：將污染物質的物化特性與已知具致癌性（或健康影響特性）的物質比對，進而了解此污染物質的潛在的致癌性（或健康影響特性）。

二、上述以證據權重及實際執行的優先順序各別如下說明：

　（一）在證據權重面向之優先順序（由高至低）：

　　　流行病學研究 > 動物實驗 > 短期試驗 > 分子結構的比較。

　（二）在實際執行面向之優先順序（由高至低）：

　　　分子結構的比較 > 短期試驗 > 動物實驗 > 流行病學研究。

請問影響高溫作業危害的因素主要有哪些？另請說明高溫作業對人體可能會產生的熱疾病為何。

答

一、影響高溫作業危害的因素主要如下說明：

（一）環境：

1. 溫度：隨著空氣溫度的上升或下降，會影響人體的熱量調節。

2. 濕度：空氣濕度會影響人體的排汗蒸發散熱效果。

3. 輻射熱：隨著輻射熱的增加，會增進熱壓力。

4. 風速：隨著風速的變化，會影響熱的對流與蒸發。

（二）個人因素：

人體對熱的耐受性與熱適應性，會因種族、年紀、身體狀況…等而有所不同。

二、高溫作業對人體可能會產生的熱疾病如下說明：

（一）熱疹：在炎熱潮濕天氣下因過度出汗引起的皮膚刺激。

（二）熱暈厥：因血管擴張，水分流失，血管舒縮失調，造成姿勢性低血壓引發。

（三）熱痙攣：當身體運動量過大、大量流失鹽分，造成電解質的不平衡。

（四）熱水腫：肢體皮下血管擴張，組織間液積聚於四肢而引起的手腳腫脹。

（五）熱衰竭：大量出汗嚴重脫水，導致水分與鹽分缺乏所引起之血液循環衰竭，可視為熱中暑前期。

（六）熱中暑：熱衰竭進一步的惡化，引起中樞神經系統失調（包括體溫調節功能失常），加劇體溫升高，使細胞產生急性反應。

（七）橫紋肌溶解症：因遭受過度熱暴露以及體能耗竭，骨骼肌（橫紋肌）發生快速分解、破裂與肌肉死亡。當肌肉組織死亡時，電解質與蛋白質進入血流，可引起心律不整、痙攣與腎臟損傷。

請說明何謂相似暴露族群，及全盤性暴露評估以此暴露族群的實施步驟及流程圖。

答

一、相似暴露群係指工作型態、危害種類、暴露時間及濃度大致相同，具有類似暴露狀況之一群勞工。

二、全盤性暴露評估的實施步驟及流程圖如下說明：

（一）實施步驟：

1. 工作開始：建置暴露評估策略。

2. 基本資料蒐集：蒐集與整理欲評估工作場所、勞工及環境危害因子等的基本資料。

3. 暴露評估：定義出相似暴露群與暴露剖面，並判定每一相似暴露群的暴露剖面的可接受性；對於評估的結果（不可接受、無法確定與可接受）以風險優先順序，採取相對應的控管措施。

4. 進一步的資料蒐集：評估屬高暴露、高毒性與高不確定的人員或暴露族群，應列為資料蒐集的優先對象；另蒐集資料的形式可包括：產出的毒性資料與流行病學資料、暴露監測、生物偵測與暴露模式等。

5. 健康危害控制：訂定出相關危害的控制計畫與執行，如量測發生源的暴露、評估現有控制措施與確認新控制措施的有效性。

6. 週期性再評估：維持最新的每一相似群的暴露剖面，並週期性或於變更管理時進行重新評估。

7. 溝通及文件化：整個暴露評估的程序，包含後續的建議、溝通與相關追蹤等，都需要進行文件化與妥善的保存。

（二）流程圖：

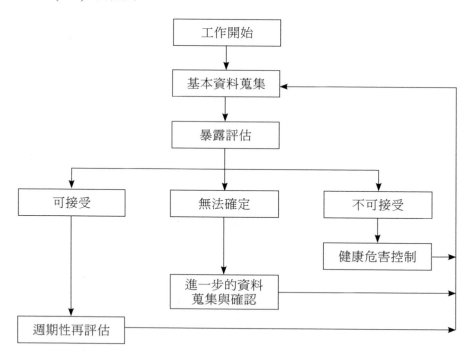

一、 化學品的暴露風險評估技術可依據資料採用及執行方法不同，可分為定性、半定量、定量暴露風險評估與生物偵測；請分別說明何謂定性、半定量、定量暴露風險評估與生物偵測，並舉例其評估模式。

二、 承上題，在技術強度與不確定性的排序又為何？

答

一、有關暴露風險評估類別之說明如下：

（一）定性：較具主觀性的危害鑑別，憑藉分析人員的經驗與直覺或該產業的相關標準，作為風險評估的依據，通常可分級為高、中與低。

常見的評估模式：專業判斷、專家系統、推論和類比。

（二）半定量：參考環境實際濃度值與暴露人員的健康狀況，綜合其定性風險評估（風險發生機率與嚴重程度），進而量化並轉換成等級（訂定權重），並以風險矩陣呈現。

常見的評估模式：我國採用的化學品分級管理（CCB）、英國的物質健康危害控制要點。

（三）定量：經由設備量測或系統化評估，所顯示出實際或接近實際暴露實態之數值化風險分析。

常見的評估模式：作業環境監測、直讀式儀器量測、定量暴露推估模式。

（四）生物偵測：藉以評估生物樣本（生物體的組織、分泌物、排泄物、呼出氣體等）中的有害物及其代謝物質濃度，進而評估體內實際暴露劑量與健康風險。

常見的評估模式：尿液分析、血液分析、毛髮分析與呼吸分析。

二、定性、半定量與定量暴露風險評估的相關排序如下說明：

（一）技術強度排序（由高至低）如下：

生物偵測 > 定量暴露風險評估 > 半定量暴露風險評估 > 定性暴露風險評估

（二）不確定性排序（由高至低）如下：

定性暴露風險評估 > 半定量暴露風險評估 > 定量暴露風險評估 > 生物偵測

一、何謂「化學品分級管理（Chemical Control Banding）」？

二、請敘明我國在執行化學品分級管理（CCB）時，有那些步驟？

答

一、化學品分級管理，係利用化學品的健康危害特性，與考量使用時可能造成勞工的潛在暴露程度（如使用量、散布狀況），並利用半定量或定量的方式來判斷出風險等級及建議管理方法，進而採取相關風險控制措施或參考建議控制表單。

目前國際間常見之化學品評估及分級管理工具，包括：

（一）國際勞工組織化學品控制工具（International Chemical Control Toolkit, ICCT）。

（二）英國物質健康危害控制要點（COSHH Essentials）。

（三）德國工作場所危害物質管控計畫（EMKG）。

（四）新加坡評估職業暴露有害化學品之半定量方法（SQRA）。

（五）日本有害物質之危害指針。

（六）荷蘭物質管理線上工具（Stoffen manager）。

（七）歐洲針對性風險評估（ECETOC TRA）。

上述的荷蘭與歐洲的評估方式，皆有定量暴露評估。

二、針對我國在執行化學品分級管理（Chemical Control Banding, CCB）時，執行步驟如下說明：

（一）劃分危害群組：可分為 A~E（為吸入性危害）與 S（為皮膚及眼睛接觸危害）等危害群組；運用 GHS 健康危害分類，來劃分化學品的危害群組。相關資料可參考該化學品的 SDS。

（二）判定散佈狀況：可分為低、中與高等散步狀況；化學品的物理化學性質會影響到空氣中的散佈情形，通常以固體的粉塵顆粒尺寸大小及液體的揮發情況來進行判定。普遍來說，粉塵顆粒越小或液體沸點越小的化學品，代表越容易逸散於空氣中。

（**若化學品為氣體，請選擇『高揮發度』作為後續評估及分級管理之依據。**）

（三）選擇使用量：可分為小、中與大量等使用量；指製程中使用的每一批材料用量或於連續製程中，一天所需的用量。

（**若化學品為氣體，請選擇『大量』作為後續評估及分級管理之依據。**）

（四）決定管理方法：可分為 4 級；整合前 3 個步驟的評估結果，包括：化學品的危害群組、逸散程度（粉塵度或揮發度）、透過風險矩陣的方式來評定化學品在此設定的環境條件下之風險等級。

（五）參考暴露控制表單：根據步驟（四）判斷出風險等級與管理方法後，按作業型態來選擇適當的暴露控制表單，包括整體換氣、工程控制、隔離與特殊規定等。

請說明危害性化學品評估及分級管理技術指引的定量暴露評估推估模式有哪些。

答

依危害性化學品評估及分級管理技術指引的定量暴露評估推估模式如下說明：

類型	說明
作業場所無通風推估模式	假設化學品全部散布於空氣中，且完全排除因現場通風、表面沉降及參與化學反應等因素而損失的化學品。
飽和蒸氣壓模式	假設此作業場所的條件為化學品的汽化與凝結的速率相同（達到平衡）。
暴露空間模式	將此作業場所模擬成為一個大箱子，其內充滿高度擾動的室內氣流，假設其內空氣均勻混合，運用質量平衡及其他簡化之假設，推導出化學品濃度。
二暴露區模式	將空氣濃度的空間變異性納入考量，並將空間模擬成兩個接鄰的區帶，可評估接近化學品發生源之個體暴露量。
完全混合模式	此作業場所中之環境空氣為「完全均勻混和」，化學品持續逸散並瞬間成為均勻濃度，即表示化學品濃度不隨著任何位置所改變。
渦流擴散模式	此模式考量到化學品散布源周遭的濃度梯度現象，所以越接近散布源（作業點），其化學品在空氣中的濃度越高。
統計推估模式	採用貝氏統計方法，解析相似暴露群的暴露實態。藉由最少的環測數據來提供相關暴露資料的重建、暴露決定因子、改善控制與風險管理所需資訊。
其他	具有相同效力或可有效推估勞工暴露之推估模式。

補充： 在初階評估階段，可先考慮採用作業無通風或飽和蒸氣壓等模式進行暴露評估；若暴露結果接近或高於容許暴露標準時，可再採用進階的其他模式進行評估。

請問何謂生物偵測、常應用於那些範圍與有何應用限制。

答

一、依 NIOSH 與 OSHA 之定義：藉以評估生物樣本（生物體的組織、分泌物、排泄物、呼出氣體等）中的有害物及其代謝物質濃度，進而評估體內實際暴露劑量與健康風險。

二、常應用範圍如下說明：

（一）評估：

1. 工程控制

2. 個人防護具的成效

3. 個人有害物實際暴露量

4. 皮膚暴露狀況

（二）其他：

1. 環境偵測結果的輔證

2. 偵測非職業性的暴露

三、應用的限制如下說明：

（一）無法取代環境偵測的。

如：對確認危害源及評估暴露控制策略，環境偵測較有效與實際。

（二）現階段職業衛生有害物其毒性反應資訊不足。

（三）能建立生物暴露指標的物質有限。

（四）受限樣本採集及分析技術的發展。

（五）職業環境中大多數有害物為混合暴露。

關於暴露於作業場所空氣中有害物質之情境，請說明：

一、 有那些因子會影響工作者吸入劑量（請列舉 3 項）？

二、 量測尿液中生物標記（biomarker）以代表個人總暴露劑量時，一般還會量測何種物質或指標以進行濃度校正？

答

一、會影響工作者吸入劑量的因子如下述（考生自行擇 3 項即可）：

（一） 發生源：有害物質存在形式、刺激性或濃度…等；製程操作形式：密閉、加濕…等。

（二） 傳播路徑：距離、通風換氣的設置情況…等。

（三） 接受者：暴露時間或頻率、防護具使用狀況…等。

二、量測尿液中生物標記後，需要進行校正較可有效的評估實際暴露情況，一般還會量測下列物質或指標以進行濃度校正：

（一） 尿的比重（specific gravity, SG）。

（二） 尿中肌酐酸（urine creatinine, Cr）。

請說明加拿大衛生部對於傳染性生物病原體的生物安全資料表（Pathogen safety data sheet, PSDS）的項目有哪些。

答

PSDS 的項目如下表說明：

項目	名稱	細項
一	傳染性物質	名稱、同義名稱、特性
二	健康危害鑑別	致病性／毒性、流行病學、宿主範圍、感染劑量、傳播方式、潛伏期、可傳播性
三	傳播性	帶菌者、動物疾病、傳染媒介

項目	名稱	細項
四	穩定性與活力	對抗生素的敏感性、抗藥性、對殺菌劑的敏感性、物理環境耐受度、離體環境存活力
五	急救 / 醫療	醫療監控、急救、施打疫苗、預防方法
六	實驗室危害	相關實驗室的感染、來源 / 檢體、主要危害、特殊危害
七	暴露控制 / 個人防護	風險群分類、防護需求、個人防護具、其他防護措施
八	處置 / 儲存	洩漏、廢棄、儲存
九	法規 / 其他資訊	法規資訊、更新日期、製備單位

3

職業衛生暴露風險評估

3-2 作業環境監測規劃與執行

何謂可呼吸性粉塵？（5分）試舉出一種作業環境監測時，採集可呼吸性粉塵的空氣採樣器，並說明其捕集原理與所需用的流量率。（10分）並論述當流量率校正偏離所需用的流量率時，採樣結果可能產生的誤差為何？（5分）　　　　【105-地特三等】

答

一、可呼吸性粉塵（respirable dust）：

　　係指可透過離心式或水平析出式等分粒裝置所測得之粒徑者。粉塵之粒徑在 2 微米以下者，可深入肺部，此種可深入肺部之粉塵，稱為可呼吸性粉塵。

二、採集可呼吸性粉塵的空氣採樣器，其中離心式分粒裝置之原理是利用慣性力及重力的原理（如下圖），大致上含粉塵之空氣由側面進入離心腔，氣流以旋轉方式向下，衝擊至底部後由離心腔中心往上通過濾紙，較大顆粒經由離心及衝擊作用沉積於離心腔底部，而較小顆粒之可呼吸性粉塵則遭預置於上方的濾紙捕集。

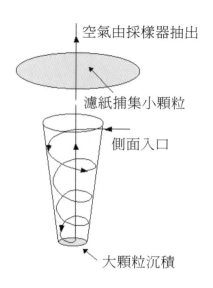

　　　　　　　　　空氣由採樣器抽出

　　　　　　　　　濾紙捕集小顆粒

　　　　　　　　　側面入口

　　　　　　　　　大顆粒沉積

Nylon cyclone+ 濾紙採樣設備，其採樣流量率為 1.7(L/min)

SKC Aluminum cyclone+ 濾紙採樣設備，其採樣流量率為 2.5 (L/min)

IOSH 旋風分粒採樣器 + 濾紙採樣設備，其採樣流量率為 2.5 (L/min)

三、當空氣採樣器流量率校正偏離所需用的流量率時，採樣結果可能產生實際採樣體積的誤差，導致可呼吸性粉塵濃度不足以代表實際採樣之濃度。

一、 請問在個人採樣時，最常見的採樣策略為何？

二、 另雇主實施作業環境監測前，應就作業環境危害特性、監測目的及中央主管機關公告之相關指引，規劃採樣策略，並訂定含採樣策略之作業環境監測計畫，請問該監測計畫須包含哪些事項？

答

一、現行個人採樣最常見的採樣策略主要有 2 種，如下說明：

（一） 最大暴露危險族群：指該場所中，最大可能暴露風險（汙染物毒性、暴露濃度與頻率）的族群；主要用於暴露者的符法性評估。

（二） 相似暴露族群：指工作型態、危害種類、暴露時間及濃度大致相同，具有類似暴露狀況之一群勞工；主要用於評估勞工之長期平均暴露量。

二、依勞工作業環境監測實施辦法第 10-1 條規定，監測計畫，應包括下列事項：

（一） 危害辨識及資料收集。

（二） 相似暴露族群之建立。

（三）採樣策略之規劃及執行。

（四）樣本分析。

（五）數據分析及評估。

請問何謂採樣策略，並說明含採樣策略之採樣計畫架構為何？

答

一、採樣策略：在保障勞工健康及遵守法規相關要求的前提下，運用一套合理的方法與程序，進而決定實施作業環境監測的處所與採樣規劃。

另採樣策略係依據所觀察或蒐集的資料，並依該次實施作業環境採樣之目的，所進行採樣測定相關事項之決定，如：測定項目、方法、對象、樣本數及頻率等，以期許能取得代表性樣本；而在擬定相關採樣策略時，也應符合法令要求及考量相關利害關係人，並具備合理性與考量其風險。

二、含採樣策略之採樣計畫架構如下說明與流程圖：

（一）制定作業環境測定之目標。

（二）建立組織及成員之職責。

（三）觀察與蒐集工廠基本資料。

（四）採樣策略規劃與實施。

（五）測定結果之評估與建議改善措施。

（六）持續改善措施。

（七）計畫經費與時程。

在執行採樣計畫過程中，均有適當的文件記錄與管理。

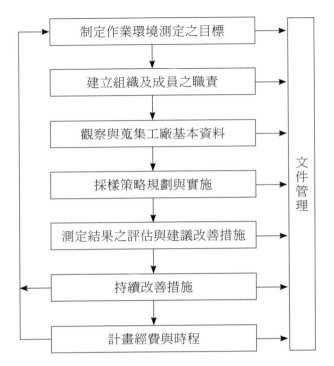

含採樣策略之採樣計畫架構流程圖

一、一般來說，作業環境監測的目的可分為哪兩種採樣測定，並簡易說明。

二、請就我國、美國與日本在作業環境監測的法令依據、採樣策略與測定頻率等方面，進行簡要說明。

答

一、依作業環境監測的目的可分為下列兩種採樣測定：

　　（一）區域採樣測定：主要為掌握環境中有害物質的散布實態。

　　（二）個人採樣測定：主要為評估該場所勞工的暴露實態。

二、我國、美國與日本在作業環境監測的法令依據、採樣策略與測定頻率等方面，其說明如下表：

方面	我國	美國	日本
法令依據	1. 職業安全衛生法 2. 勞工作業環境監測實施辦法	個別化合物（或行業）法規	1. 勞動安全衛生法 2. 有機、特化、粉塵等測定基準評估基準
採樣策略	1. 作業環境監測指引 2. 區域採樣及個人採樣 3. 作業環境監測訓練教材	個人採樣為主	1. 作業環境測定基準 2. 區域採樣
測定頻率	定期測定	依測定濃度決定頻率	定期測定

氣狀有害物一直常存在於作業場所，試問該有害物的主要採樣技術類別與相關概念為何？（至少說明出採樣與捕集方式、原理、使用介質）

答

氣狀有害物的採樣技術說明，如下表所示：

採樣技術類別	主動式		直接式		被動式
捕集方式	固態	液態	直接	檢知管	擴散
採樣原理	試料空氣通過固體粒子層	試料空氣通過液體或液體表面。	直接在現場捕集試料空氣	利用檢知管與試料空氣進行反應，再依顏色及變色長度進行辨別	利用粒子布朗運動方式，被吸附在採樣介質上。
採樣介質	活性碳管、矽膠（常見）	吸收劑	不需要（以捕集瓶或袋直接採樣）	檢知管	活性碳

採樣技術類別	主動式		直接式		被動式
捕集方式	固態	液態	直接	檢知管	擴散
備註	1. 採樣方法會依環境實態與對象物濃度，選擇適當方式。 2. 採樣介質的選用會依對象物而有所不同。 3. 採樣後的介質保存，也須避免遭受汙染或運送不當，進而影響後續分析的問題。				

一、 請從採樣到分析過程中，可能會使用或收集不同的樣本，就使用場所、類別、用途等進行相關說明。

二、 某工廠對某一氣狀有害物進行採樣，請簡述採樣後的吸附管到分析前，需經過哪些程序？（提示：製作、包裝與運送）

答

一、採樣到分析過程中，可能會使用或收集不同的樣本的說明如下表：

場所	樣本類別	用途
作業環境現場	現場樣本	分析現場危害物及其濃度。
	現場空白樣本	判別樣品在採樣過程有無遭受污染。
	原物料樣本	提供分析實驗室篩分現場樣本欲分析的物種，或鑑別作業環境有害物的法規屬性。
	運送空白樣本	判別樣品在運送過程有無遭受到污染。
實驗室	介質空白樣本	分析實驗室用以扣除介質本身基質對樣本中分析對象物干擾之用。
	設備空白樣本	判別採樣設備有無遭受汙染。
	溶劑空白樣本	判別樣品在分析過程有無遭受污染或樣品之背景值。

二、經採樣後的吸附管到分析前，需經過下列程序：

（一）吸附管兩端加蓋。

（二）石臘膜密封蓋口。

（三）貼上標籤（註明採樣者、日期時間、編號與分析物質）。

（四）送至認可實驗室進行分析。

（五）冰箱冷藏。

（六）於樣本保存期限內完成分析。

粒狀有害物不論在生活或是職場上都存在著，並對人體都可能有相關的健康影響；所以有效的採集與分析就顯得相當重要了，請回答下列問題：

一、請問何謂氣動力學直徑？

二、請問決定其捕集機制的因素為何？

三、濾紙的材質與孔徑會影響其哪些特性？

四、在進行全塵量採樣時，有哪些注意事項？

答

一、氣動力學直徑係指相當於具有與該微粒在空氣中於標準狀態（STP）下，有相同終端沉降速度之球形水滴的直徑。其最常使用之單位為 μm。

二、決定粒狀有害物捕集機制的因素如下：

（一）粒狀有害物本身特性，如：化學組成。

（二）濾紙特性，如材質與孔徑。

（三）採樣流率，如高或低流率。

（四）環境因素，如溫、濕度。

三、濾紙的材質與孔徑會影響其下列特性：

  （一）濾紙的採集效率。

  （二）壓降。

  （三）機械性強度。

  （四）吸濕性。

四、進行全塵量採樣時，須注意下列事項：

  （一）為避免濾紙受污染，在置放或取出濾紙時，應使用鉗子或
    鑷子。

  （二）採樣前的濾紙有破損或採樣後濾紙若有遭受巨大震盪，應
    將其採樣樣本丟棄。

  （三）採樣泵流率的容許誤差為 ±5%，當採樣流率超過此範圍
    時，應將其採樣樣本廢棄。

  （四）秤重之天平應有靜電去除裝置，以防止因靜電而引起的量
    測誤差。

一、氣相層析儀（GC）與液相層析儀（LC）常用於有機物的分
  析，試問兩者的同異處為何？

二、請至少寫出在職業衛生三種常見的分析儀器與其主要分析物。

答

一、氣相層析儀（GC）與液相層析儀（LC）的同異處說明如下：

  （一）相同處：均採用層析法原理；層析法係指利用兩相分配的
    差異，將分析物進行分離或純化，其中一相是固定的，而
    另一相依特定方向進行移動，前者為「固定相」，後者則
    為「流動相」。透過固定相和流動相的組合，可使分析人
    員控制分析物質的分離狀況。

(二) 相異處：以氣體作為流動相的層析法，稱為氣相層析法；而以液體作為流動相的層析法，則稱為液相層析法。

綜上，依樣本或分析物的類別及不同的分析目的，而會採用不同的層析法。

二、常見的分析儀器與其主要分析物如下表說明（考生擇 3 種回答即可）：

分析儀器	主要分析物
氣相層析儀（GC）	碳氫化合物、醇類、有機酸類…等有機物
高效液相層析儀（HPLC）	酚類、聯苯類、有機酸類等有機物
原子吸收光譜儀（AA）	一般重金屬
感應耦合電漿原子發射光譜（ICP-AES）	一般重金屬
天平	粉塵秤重
X 射線繞射儀（XRD）	石綿、二氧化矽
位相差顯微鏡（PCM）	石綿鏡檢

請說明何謂最大暴露危險群（maximum exposure risk group）、及最大暴露危險群採樣策略之理論架構與數據分析原理。（20 分）

【107 - 公務高考】

答

一、所謂最大暴露危險群係指距離危害發生源最近、接受暴露情形最嚴重的一群作業勞工。

二、採樣策略則主要是以能辨別作業場所內最大可能暴露群（最高風險群）為根據，將最大可能暴露群的偵測數據與容許濃度比較，若偵測值小於容許暴露濃度，代表廠內其他人員暴露應不致造成工作人員之健康危害，不需再進行測定，但若最高暴露群偵測值

大於容許暴露濃度則必須依序再進行次高暴露群之測定，直到暴露濃度低於容許暴露濃度為止。

三、分析結果之數據整理與評估：由於採樣、分析方法的隨機誤差及現場環境因素的變化，以致環境測定的數據常變異，其變亦係數包括採樣的變異係數及分析的變異係數，即總變異係數為 $CV_T = \sqrt{\left[(CV_s)^2 + (CV_a)^2 \right]}$，其中 CV_s 為採樣變異係數，CV_a 為分析變異係數，分析在推論個人曝露量是否超過法定容許濃度時，其精神在以測定值之單邊 95% 信賴度（Confidence level, CL）。事業單位宜採取可信賴上限值（Upper confidence level, UCL），政府宜採用可信賴下限值（Lower confidence level, LCL）。

（一）何謂「粒徑選擇採樣」（Size-selective sampling）？（5分）

（二）試問評估粉塵暴露對人體健康的影響時，需考量「粒徑選擇採樣」的原因？（5分）

（三）「空氣中粉塵容許濃度」標準中，那一種容許濃度指標為「粒徑選擇採樣」的例子？（5分）

（四）進行上述（第（三）小題）空氣採樣時，為何採樣器之流量率選定與校正至為重要？（10分）　　【107 - 地特三等】

答

一、所謂「粒徑選擇採樣」，係針對為量測空氣中粒狀汙染物具代表性的微粒濃度，所發展可採集特定粒狀汙染物質粒徑的採樣技術。

二、依據粉塵侵入人體呼吸系統的分佈的深淺程度，可分為可吸入性粉塵、胸腔性粉塵及可呼吸性粉塵，因通常粉塵之人體健康危害為考慮粉塵粒徑大小分佈的理化特性，為確實分析評估粉塵暴露的種類，故需考量「粒徑選擇採樣」。

三、因可呼吸性粉塵係指可透過離心式或水平析出式等分粒裝置所測得之粒徑者，其分粒裝置之 50% cut-off size 是 4 μm，故可呼吸性粉塵容許濃度指標為「粒徑選擇採樣」的例子。

四、進行可呼吸性粉塵空氣採樣時，因其氣動直徑約為 4 μm 大小，為能使經過精密計算設計的「分粒採樣裝置」能夠正確的採樣捕集，避免因不適當流量率造成失誤，故採樣器之流量率選定與校正就至為重要。

試說明微粒過濾捕集的捕集機制及常用濾紙的種類與特性。
（25 分）   【109 - 公務高考】

答

一、濾材對粒狀汙染物的去除 5 種機制，說明如下列：

（一）慣性衝擊沉降：當氣流被濾材纖維阻擋而改變向時，某些具有足夠慣性的粒子無法馬上跟著氣流改變向因而撞擊於濾材纖維的表面。

（二）直接攔截捕集：當氣流通濾材時，會分別由纖維上方及下經過，當氣流通濾材的程中，懸浮微粒碰觸到濾材纖維而被捕集。

（三）重力沉降：是指懸浮微粒因本身受到重力之吸引，直接從氣流中向濾材沉積。

（四）擴散沉降捕集：利用濃度高的懸浮微粒擴散至濃度低的方式，而擴散的過程中，使用濾材捕集懸浮微粒。

（五）靜電吸引捕集：若濾材本身含有靜電，而且懸浮微粒正負性相反的靜電，當懸浮微粒隨著氣流通濾材時，靜電的吸附力會將懸浮微粒捕集於濾材上。

二、目前最常用的濾紙材質及其特性分述如下：

(一) 薄膜濾紙：由於可將粒子捕集於濾紙表面，故可用於樣品需以顯微鏡分析時採用。

(二) 纖維濾紙：常見的纖維濾紙有玻璃纖維濾紙及石英纖維濾紙。

(三) 核膜濾紙：其材質為聚碳酸鹽，具高強度、抗高溫及化學侵蝕和透光性之特性，故常被選用做為石綿採樣濾紙。

欲有效評估全部勞工之暴露實態（exposure profile），請說明其採樣策略之流程與步驟。（20 分） 【110 - 地特三等】

答

一、為有效評估全部勞工之暴露實態，應先以全面性評估策略考量，將全廠場各站別使用危害性化學品資料確實蒐集，再藉由工作型態、危害種類、暴露時間及濃度大致相同之作業人員劃分為各相似暴露族群（Similar exposure group, SEG），結合作業環境監測計畫及採樣策略，俾利以最小資源獲取最大評估效益。

二、審視所使用危害性化學品中，是否為職安法所規範之特定物質（例如：有機溶劑、特定化學物質等），或是有明訂容許濃度標準，並有符合國內公告之採樣分析方法，應使用之，採以定量方式評估。其餘危害性化學品則以半定量暴露評估技術，如危害性化學品評估及分級管理辦法所稱化學品評估及分級管理（Chemical Control Banding，以下簡稱 CCB）指引。後續依前開辦法規定，定期實施暴露評估，並採取控制或管理措施。

三、綜上，整體採樣策略流程及步驟如下圖所示：

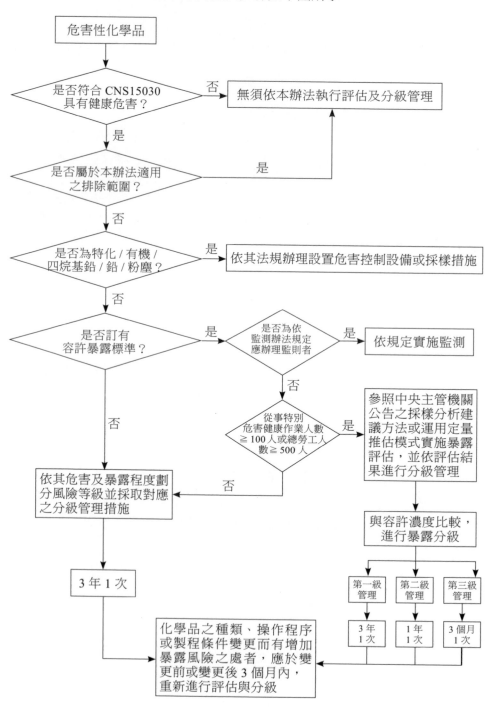

> 請試述直讀式儀器在化學性因子暴露評估中使用之時機。依據勞工作業環境監測實施辦法第 11 條之規定，得以直讀式儀器有效監測之化學性因子包括那些？（25 分）　　【112 - 公務高考】

答

直讀式儀器大致上可分為四類，檢知管、被動式劑量計、微粒偵測器與氣體偵測器等。

一、直讀式儀器在化學性因子暴露評估中使用之時機如下：

（一）作業環境危害物質濃度的初步判定。

（二）作業前的危害評估。

（三）長期的連續偵測（如局限空間）。

（四）作業較無法使用環境採樣器材之情況。

（五）其他認有有必要使用之時機。

二、依勞工作業環境監測實施辦法第 11 條之規定，得以直讀式儀器有效監測之化學性因子如下述：

（一）二氧化碳。

（二）二硫化碳。

（三）二氯聯苯胺及其鹽類。

（四）次乙亞胺。

（五）二異氰酸甲苯。

（六）硫化氫。

（七）汞及其無機化合物。

（八）其他經中央主管機關指定公告者。

依據勞工作業環境監測實施辦法與作業環境監測指引之規範，雇主訂定作業環境監測計畫時應包含那些項目及內容？某一化學物依據危害性化學品評估及分級管理之規範，須參照中央主管機關公告之採樣分析建議方法或運用定量推估模式實施暴露評估。若雇主選擇以採樣分析方法實施暴露評估，請問雇主應如何就評估結果擬定定期評估策略？（25 分）　　　　　　　　　　　【112 - 公務高考】

答

一、依勞工作業環境監測實施辦法與作業環境監測指引之規範，雇主訂定作業環境監測計畫時應包含下列項目及內容：

作業環境監測計畫項目	內容
一、 事業單位基本資料	-
二、 危害辨識及資料收集	一、 物理性危害因子：噪音、綜合溫度熱指數。 二、 化學性危害因子： 　（一）製造、處置或使用之化學品清單。 　（二）化學品主要運作區域或部門。 　（三）化學品名稱、主要成分（CAS No）。 　（四）基本物化特性。 　（五）GHS 危害分類。 　（六）其他健康危害。
三、 相似暴露族群（Similar Exposure Group, SEG）之建立	一、 部門／製程／工作區名稱。 二、 製程／工作區工作人數。 三、 製程／工作流程說明。 四、 化學品使用情形（運作量、運作方式、人員配置及位置）。 五、 現場危害控制方式。

作業環境監測計畫項目	內容
四、 採樣策略之規劃及執行	一、 優先監測之相似暴露族群。 二、 監測處所。 三、 樣本數目。 四、 監測人員資格及執行方式 五、 勞動部公告之採樣分析建議方法或其他有科學根據之方法。
五、 樣本分析	一、 物理性因子分析項目。 二、 化學性因子得以直讀式儀器有效監測項目。 三、 勞動部公告之採樣分析建議方法或其他有科學根據之方法。
六、 數據分析及評估	一、 統計分析。 二、 歷次監測結果比較。 三、 監測成效評估。

二 某一化學物依據危害性化學品評估及分級管理之規範，雇主選擇以採樣分析方法實施暴露評估，雇主應依前開法令第 8 條規定，就評估結果擬定定期評估策略。

雇主應就前項暴露評估結果，依下列規定，定期實施評估：

（一）暴露濃度低於容許暴露標準 1/2 之者，至少每 3 年評估 1 次。

（二）暴露濃度低於容許暴露標準但高於或等於其 1/2 者，至少每年評估 1 次。

（三）暴露濃度高於或等於容許暴露標準者，至少每 3 個月評估 1 次。

化學品之種類、操作程序或製程條件變更，有增加暴露風險之虞者，應於變更前或變更後 3 個月內，重新實施暴露評估。

若要進行職場作業環境測定，要如何決定採樣時間多久或採樣體積？（20分）　　　　　　　　　　　　【112 - 地特三等】

答

職場作業環境測定除須考量作業性質與環境特性外，另須確保取得【具代表性樣本】，且採樣時間應依勞動部【公告之採樣分析建議方法】之採樣體積、採樣流率…等限制執行。

所以進行職場作業環境測定，可依下列原則決定採樣時間多久或採樣體積：

一、作業性質：

（一）常態性作業。

（二）非經常性作業，如設備故障之維護。

（三）作業短暫且暴露立即性刺激或危害之物質。

二、作業環境特性：

（一）季節，如冬天因天氣冷而關窗，增高環境危害物的暴露濃度。

（二）製程操作，屬連續性作業或是批次性作業，亦會影響環境危害物的暴露濃度。

三、需具代表性：

（一）需涵蓋作業勞工的採樣時的所有作業暴露態樣。

（二）預期包含作業勞工的最高暴露時段。

（三）作業勞工。

四、公告之採樣分析建議方法：（以某採樣物質為例）

（一）採樣介質：如採樣的活性碳管前後段容量為 100 mg/50 mg。

（二）採樣流率：如 20~200 mL/min。

（三）採樣體積：如最小與最大值（2 L~8 L）。

（四）採樣分析：如儀器分析的偵測極限。

補充：

一、各種物質的採樣必須在預期危害物濃度最高的時間區段內進行，才可獲得有意義的數據。

二、若欲了解勞工 8 小時時量平均暴露濃度時，採樣時間以勞工工作班次全程時間為原則；另考量採樣人員準備與收樣時間的限制，及勞工吃飯用餐時間外，採樣測定時間不得少於 6 小時。

3-3 職業衛生危害因子之測量與評估

粒狀污染物之過濾捕集的採樣裝置包括那些單元？過濾捕集法中濾紙對粒子的捕集機制為何？試舉三種常用的濾紙並說明其使用時機。（20分）　　　　　　　　　　【104 - 公務高考】

答

一、粒狀污染物之過濾捕集的採樣裝置包括以下單元：

（一）濾紙：用以捕集粒狀污染物。

（二）濾紙固定器或採樣頭：用以承裝濾紙，並在保持氣密的情況下使被捕集的粒子能均勻地進入採樣口並被捕集在濾紙上。

（三）採樣泵：用以提供動力以吸入大氣中的粒狀污染物。

（四）連接導管：用以連接採樣頭及採樣泵。

二、濾紙對粒狀物的捕集機制主要有：

（一）慣性衝擊沉降。

（二）攔截捕集。

（三）重力沉降。

（四）靜電捕集。

（五）擴散捕集。

三、

濾紙種類	可使用之採樣場合
纖維素酯薄膜	石綿計數、微粒計數、金屬燻煙及其氧化合物、酸霧滴。
鐵氟龍薄膜	鹼性粉塵、有機粒狀物、酸霧滴、煤焦油瀝青揮發物、高溫粒狀物。
聚氯乙烯薄膜	總粉塵量、游離二氧化矽、油霧滴、農藥、殺蟲劑。
銀膜	氯、溴、以 X 光繞射法測定游離二氧化矽。
玻璃纖維	總粉塵量、有機粒狀物、煤焦油瀝青揮發物、油霧滴。

試評估某一勞工之噪音暴露：上午 8:00~12:00 暴露之噪音壓級 85dBA；下午 13:00~17:00 暴露之噪音壓級 90dBA。

一、計算其暴露劑量。（10 分）

二、計算其八小時日時量平均音壓級。（10 分）　　【105 - 公務高考】

答

一、08:00~12:00　$T = 8/2[(L-90/5)]$

$T = 8/2[(85-90/5)] = 8/2[(-5/5)] = 8/2-1 = 8/0.5 = 16$

13:00~17:00　$T = 8/2[(L-90/5)]$

$T = 8/2[(90-90/5)] = 8/2[(0/5)] = 8/20 = 8/1 = 8$

$D=(t_1/T_1 + t_2/T_2)$

$D=(t_1/T_1 + t_2/T_2) \times 100\%$

$\text{Dose} = 4/16 + 4/8 = 0.25 + 0.5 = 0.75$

二、噪音暴露八小時日時量平均音壓級

$L_{TWA8} = 16.61 \log 0.75 + 90 \fallingdotseq 87.9 \text{ dBA}$

某一作業環境其自然濕球溫度經測出為攝氏 25 度，乾球溫度經測出為攝氏 30 度，黑球溫度經測出為攝氏 34 度，若此作業環境為一戶外且有日曬之場所，試求算該作業環境之綜合溫度熱指數。（10 分）若此作業環境為一室內且無日曬之場所，試求算該作業環境之綜合溫度熱指數。（10 分）　　　　【105 - 公務高考】

答

一、戶外有日曬環境時，綜合溫度熱指數（WBGT）計算公式如下：

$$WBGT = 0.7T_{nwb} + 0.2T_g + 0.1T_a$$

（T_{nwb}：自然濕球溫度、T_g：黑球溫度、T_a 乾球溫度）

$$WBGT = (0.7 \times 25^{\circ}C) + (0.2 \times 34^{\circ}C) + (0.1 \times 30^{\circ}C)$$

$$= (17.5+6.8+3)^{\circ}C = 27.3^{\circ}C$$

經計算後得知該作業環境之綜合溫度熱指數為 $27.3^{\circ}C$。

二、室內無日曬環境時，綜合溫度熱指數（WBGT）計算公式如下：

$$WBGT = 0.7T_{nwb} + 0.3T_g（T_{nwb}：自然濕球溫度、T_g：黑球溫度）$$

$$WBGT = (0.7 \times 25^{\circ}C) + (0.3 \times 34^{\circ}C) = (17.5+10.2)^{\circ}C = 27.7^{\circ}C$$

經計算後得知該作業環境之綜合溫度熱指數為 $27.7^{\circ}C$。

美國職業安全衛生研究所（NIOSH）有鑑於工作上抬舉作業對下背部會造成嚴重的傷害，在 1991 年提出新的「抬舉工作指引」，請寫出計算重量極限值（recommended weight limit, RWL）的乘數（multiplier）和常數（constant）並加以說明。（提示：共 7 個）（25 分） 　　　　　　　　　　　　　　　　　　【105 - 公務高考】

答

NIOSH（1991）抬舉指引：RWL（recommended weight of limit, 建議重量極限值）

$= LC \times HM \times VM \times DM \times AM \times FM \times CM$

$= 23 \times (25/H) \times (1\text{-}0.003 \times |V\text{-}75|) \times (0.82+4.5/D) \times (1\text{-}0.0032A) \times FM \times CM$

  LC：負荷常數（Load Constant）

  HM：水平距離乘數（multiplier）

  VM：起始點的垂直高度乘數

  DM：抬舉的垂直移動距離乘數

  AM：身體扭轉角度乘數

  FM：抬舉頻率乘數（Frequency Multiplier）

  CM：握把乘數（Coupling Multiplier）

  A：身體扭轉角度（相對於矢狀面，sagittal plane）

1. HM $= 25 \diagup$ H（單位：公分）

   H $\leqq$ 25, HM $= 1$; H > 63, HM $= 0$; H > 63, HM $= 0$; 0.4 $\leqq$ HM $\leqq$ 1

2. VM $= 1 - 0.003 \mid$ V $- 75 \mid$（單位：公分）

   0 $\leqq$ V $\leqq$ 175; V > 175, VM $= 0$; 0.7 $\leqq$ VM $\leqq$ 1, V $= 0$, VM $= 0.78$

3. DM ＝ 0.82 ＋（4.5 ／ D）（單位：公分）

   25 ≦ D ≦ 175; D ＜ 25, DM ＝ 1; D ＞ 175, DM ＝ 0;

   0.85 ≦ DM ≦ 1

4. AM ＝ 1 － 0.0032A（單位：度）

   0 ≦ A ≦ 135; A ＞ 135, AM ＝ 0; A ＝ 90, AM ＝ 0.71;

   0.57 ≦ AM ≦ 1

5. FM, CM 查表可得

某一有機溶劑作業場所內勞工暴露甲、乙、丙三種物質，其中甲物質與乙物質屬中樞神經毒性，丙物質屬肝臟毒性，今執行勞工個人空氣採樣後所得各物質濃度（ppm）如下表（假設環境條件為常溫常壓）。

時間	甲物質	乙物質	丙物質
08:00~11:00	30	3	0.5
11:00~12:00	80	10	0.8
13:00~14:00	60	12	0.6
14:00~17:00	40	2	0.2

假設甲、乙、丙三種物質八小時時量平均容許濃度分別為 100 ppm、10 ppm、1 ppm，試以計算式說明該名勞工之暴露是否合乎法令？（20 分）

【105 - 地特三等】

答

$$TWA(\text{ppm}) = \frac{C_1 \times t_1 + C_2 \times t_2 + ... + C_n \times t_n}{t_1 + t_2 + ... + t_n}$$

TWA(ppm) ＝時量平均濃度

C(ppm) ＝時量濃度

t(hr) ＝採樣時間

$$TWA_{甲}(ppm) = \frac{(30 \times 3) + (80 \times 1) + (60 \times 1) + (40 \times 3)}{3 + 1 + 1 + 3(hr)} = \frac{350}{8} = 43.75(ppm)$$

$$TWA_{乙}(ppm) = \frac{(3 \times 3) + (10 \times 1) + (12 \times 1) + (2 \times 3)}{3 + 1 + 1 + 3(hr)} = \frac{37}{8} = 4.625(ppm)$$

$$TWA_{丙}(ppm) = \frac{(0.5 \times 3) + (0.8 \times 1) + (0.6 \times 1) + (0.2 \times 3)}{3 + 1 + 1 + 3(hr)} = \frac{3.5}{8} = 0.4375(ppm)$$

$$Dose = \left[\frac{TWA_{甲}}{PEL - TWA_{甲}} \right] + \left[\frac{TWA_{乙}}{PEL - TWA_{乙}} \right] + \left[\frac{TWA_{丙}}{PEL - TWA_{丙}} \right]$$

Dose = 暴露劑量

TWA(ppm) = 時量平均濃度

PEL-TWA(ppm) = 時量平均容許濃度

$$Dose = \left[\frac{43.75(ppm)}{100(ppm)} \right] + \left[\frac{4.625(ppm)}{10(ppm)} \right] + \left[\frac{0.4375(ppm)}{1(ppm)} \right]$$

$$= 0.4375 + 0.4625 + 0.4375 = 1.3375$$

經計算後得知勞工之暴露劑量 Dose 1.3375 > 1，不符合勞工作業場所容許暴露標準規定。

一、 請說明常見的高溫危害評估方式。

二、 請依高溫作業勞工作息時間標準說明時量平均綜合溫度熱指數分配作業及休息時間？

答

一、常見的高溫危害評估方式如下表：

方式	說明	備註
有效溫度（ET）	了解人體在某環境風速、溫度與濕度條件下，所感受的溫度。	查圖可得知
修正有效溫度（CET）	在有效溫度加上對熱輻射作用的影響，進行修正與評估。	查圖可得知
熱危害指數（HSI）	為評估人體熱平衡之方式，當 HSI 值大於 40 已屬高度熱危害，數值愈高熱危害愈大，其評估公式如下。 $HSI = (E_{req}/E_{max}) \times 100$，其中 $E_{req} = M \pm R \pm C$，	E_{req}：人體為維持與周圍環境熱平衡所需的蒸發熱散失率。 E_{max}：在該環境情況下，所允許的最大蒸發熱散失率。 M：新陳代謝產熱量、 R：輻射熱、 C：對流熱
綜合溫度熱指數（WBGT）	綜合溫度熱指數（WBGT）：組合了輻射熱、環境風速、空氣與濕度等因素進行評估，其評估公式如下：室內或無日曬時，$WBGT = 0.7T_{nwb} + 0.3T_g$ 室外有日曬時，$WBGT = 0.7T_{nwb} + 0.2T_g + 0.1T_a$	T_{nwb}：自然濕球溫度、 T_g：黑球溫度、 T_a：乾球溫度

二、高溫作業勞工如為連續暴露達 1 小時以上者，以每小時計算其暴露時量平均綜合溫度熱指數，間歇暴露者，以 2 小時計算其暴露時量平均綜合溫度熱指數，並依下表規定，分配作業及休息時間。

時量平均綜合溫度熱指數值 °C	輕工作	30.6	31.4	32.2	33.0
	中度工作	28.0	29.4	31.1	32.6
	重工作	25.9	27.9	30.0	32.1
時間比例每小時作息		連續作業	25% 休息 75% 作業	50% 休息 50% 作業	75% 休息 25% 作業

請回答有關振動的下列題目：

一、 請問人體暴露在振動的影響反應因素為何？

二、 振動可分為全身與局部振動，請問測定方式為何？

三、 評估振動值時，通常對人體影響會將其分為 3 種暴露等級，請說明之。

答

一、人體暴露在振動的影響反應因素如下說明：

（一）強度。

（二）頻率。

（三）方向。

（四）暴露時間。

（五）暴露部位。

二、全身與局部振動的測定方式，說明如下：

（一）全身振動：將轉換器固定在交通工具的座位或地板，再由放大器經記錄器將人體所承受的振動表示出來，並分別量測三個方向的加速度值。

量測位置：任何姿勢都須以心臟為原點。

1. X 方向：背→胸部 ($\pm A_X$)

2. Y 方向：右→左邊 ($\pm A_Y$)

3. Z 方向：腳→頭部 ($\pm A_Z$)

（二）局部振動：將轉換器固定在手工具的手把上，或使用特殊手套將轉換器固定在作業人員的手上。

量測位置：以第三掌股的頭為原點。

1. X 方向：手臂→手指 ($\pm A_{Xh}$)

2. Y 方向：右→左邊 ($\pm A_{Yh}$)

3. Z 方向：腳→頭部 ($\pm A_{Zh}$)

三、評估振動值時，通常對人體影響會分為下列暴露等級：

暴露等級	維持基準	振動值
暴露限值	維持健康或安全的基準	2 倍疲勞值（或疲勞值 +6 dB）
疲勞 - 降低效率界線	維持工作效率的基準	疲勞值（dB）
減低舒適界線	維持舒適的基準	疲勞值 / 3.15（或疲勞值 -10 dB）

某電子元件加工廠使用甲苯進行溶劑調和與硫酸進行酸洗，請回答下列問題：

一、 請依勞動部公告的採樣分析建議方法，說明採集甲苯與硫酸時，常用的介質、流速範圍設定及後續實施分析的儀器與脫附劑為何？

二、 承上，甲苯在採樣過程中，於發生破出，試問何謂破出？其破出體積為何？又建議最大的採樣體積為多少？（提示，實驗室測試破出條件為溫度：30℃、相對濕度：80%、濃度：200 ppm、採樣流率：200 mL/min、發生破出時間為 267 分鐘時）

答

一、 依勞動部勞動及職業安全衛生研究所標準分析參考方法說明如下表：

採樣物質	常用介質	流速範圍	分析儀器	脫附劑
甲苯	活性碳管（100 mg/50 mg）	20 ～ 200 mL/min	GC/FID	二硫化碳（CS2）
硫酸	矽膠管（400 mg/200 mg）	200 ～ 500 mL/min	IC/ECD	Na2CO3/NaHCO3

二、（一）破出（breakthrough）：指採樣時，採集的介質無法有效的採集到空氣中有害物質之現象。

補充：在勞研所的分析方法中，常以後段有害物質的含量大於前段的 10% 時，定義之。

（二）破出體積為破出時間乘以採樣流率，

所以破出體積 = 267 min × 200 mL/min = 53400 mL = 53.4 L

（三）建議最大的採樣體積為破出體積再乘以安全係數 0.67 而得，所以建議最大的採樣體積 = 53.4 L × 0.67 = 35.78 L

某工廠製程會顯著產生粉塵且老舊設施存有石綿之問題，請回答下列問題：

一、 請依勞動部公告的採樣分析建議方法，說明採集厭惡性粉塵與石綿時，常用的介質、流速範圍設定及後續實施分析的儀器與所需前處理為何？

二、 承上，石綿纖維進行樣品計數時，其纖維長度是否有其限制？另在計數時，易受那些干擾呢？

答

一、依勞動部勞動及職業安全衛生研究所標準分析參考方法說明如下表：

採樣物質	常用介質	流速範圍	分析儀器	前處理
厭惡性粉塵	濾紙匣＋37mm PVC濾紙	1.0～2.0 L/min	天平稱重	-
石綿	具導電石綿濾紙匣＋25mm 纖維素酯濾紙	0.5～16.0 L/min	PCM	丙酮／三醋酸甘油酯（加熱裱敷）

二、（一）依勞工作業場所容許暴露標準的附表二規定，石綿粉塵係指纖維長度在 $5\ \mu m$ 以上，長寬比在 3 以上之粉塵。

（二）在石綿計數時，易受下列干擾因素：

1. 顯微鏡的精密度。

2. 環境亮度。

3. 觀看時間。

4. 觀看人員的年紀。

5. 觀看人員的經驗。

6. 石綿濃度。

> 請說明細菌生物氣膠的採樣機制有哪些？而其採樣器的整體採樣效率取決於何因素？並請說明細菌生物氣膠採樣的策略又為何？

答

一、細菌生物氣膠的採樣機制說明如：

（一）慣性衝擊。

（二）抽氣。

（三）過濾。

（四）靜電沉積。

（五）液體衝擊。

前 1～4 項的採樣機制和粒狀物類似；而液體衝擊的採樣機制則與氣狀有害物的液體吸收瓶類似。

二、生物氣膠採樣器的整體採樣效率取決如下因素：

（一）進氣口採樣效率：採樣器進氣口從環境中補捉的微粒是否能夠具代表性，包括微粒的粒徑形狀、大小與氣動特性等。

（二）生物性恢復效率：從採樣器將生物氣膠傳遞到分析系統中，而不改變其重要生物特性（如：活動力、活性與完整性等）。

（三）微粒移除效率：從採樣器將微粒至採集氣分離出，並使其沉降在採樣介質之能力。

三、細菌生物氣膠採樣策略的說明如下：

（一）採樣點與採樣時機的擬訂。

（二）細菌濃度和採樣時間之評估。

（三）細菌採樣的偵測上限及下限。

（四）可培養細菌之採樣分析所需設備。

（五）可培養細菌之採樣所需的試劑和配製。

（六）可培養細菌之採樣與樣本保存。

（七）細菌之採樣品質管制。

（八）二重複採樣之數據統計檢定。

請說明何謂 airborne nanoparticles？並請說明量測之暴露指標與方式說明。

答

一、airborne nanoparticles，氣懸奈米微粒；係指粒徑小於 100 奈米（nm）的所有可以懸浮在氣體中的膠體，包含固態、液態、混合固液氣態的物質。

二、量測的暴露指標與方式說明如下：

暴露指標	量測方式	常見單位
重量濃度	利用微孔均勻沉積衝擊器（MOUDI）使大氣微粒通過濾紙收集後秤重	$\mu g/m^3$
數目濃度	通常藉由凝核微粒計數器（CPC）與超細凝核微粒計數器（UCPC）計算微粒的數目	$\#/cm^3$
生物毒性指標	利用螢光顯微鏡觀察生物效應指標（自體吞噬，AO）及特定的死亡模式（細胞凋亡，DAPI 染色質濃縮）表現	-

答

工作疲勞係為持續工作而引起工作能力的自然下降，且會導致作業效率降低與影響產品品質。

常用的疲勞指標與相關事項如下表（考生擇 3 個回答即可）：

項目	疲勞指標	使用之儀器設備	量測方式
1	心理學指標（自覺症狀調查法）	無	利用自覺疲勞問卷調查表供測試者填寫，若填寫之表中各指標，症狀總數越多，疲勞程度越深。
2	生理指標（如心電圖）	心電圖儀	利用心電圖機記錄出來的心臟電變化曲線，反映心臟興奮的產生、傳導和恢復情況，疲勞可使心電圖出現異常變化，如 T 波下降或倒置。
3	生理心理機能指標	觸覺計	透過觸覺計測出皮膚所能區別之兩點之最短距離。在疲勞時，其空間閾值會變大。
4	生化指標（如血尿素）	血液分析儀	以抽血之方式，當工作負荷量越大時，血尿素增加越明顯，並與正常值作為判斷其疲勞程度。
5	動作時間研究指標	攝影器材	透過長時間、持續而客觀的記錄工作人員的動作，作為疲勞判定之資料。

補充：

1. 除考量上述主觀及客觀疲勞量測方式外，也需了解勞工之工作與平時生活條件。

2. 將上述幾項指標組合起來並進行綜合判斷，如此才可得知較準確之工作疲勞原因而進行改善。

為評估工作內容對勞工肌肉骨骼負荷的影響，德國國家職業安全衛生研究所設計的 KIM 是常用的肌肉骨骼危害因子的評估方法，其中共有三項內容，請敘述 KIM 之各項評估方法的主要適用情境為何？並說明其重要評估參數及評估方式。（20 分）　　【109 - 公務高考】

答

一、KIM 之各項評估方法的主要適用情境如下列：

（一）KIM-LHC：適用抬舉（Lifting）、握持（Holding）、攜行（Carrying）

（二）KIM-PP：適用推（Pushing）、拉（Pulling）

（三）KIM-MHO：適用手工作業（Manual Handling Operation）

二、KIM 之各項評估方法的重要評估參數如下列：

風險值＝時間評級 ×（荷重評級 + 姿勢評級 + 工作情況評級 + …）

簡單地說，KIM 把一個工作特性，拆解為姿勢、荷重和頻率來進行評估，而最終總結會得到一個分數，對應到肌肉骨骼傷害風險的等級。

三、KIM 之各項評估方法的評估方式如下列：

（一）KIM-LHC：風險值＝時間 ×（荷重＋姿勢＋工作情況）

步驟一：決定時間評級點數

步驟二 (A)：決定荷重評級點數

步驟二 (B)：決定姿勢評級點數

步驟二 (C)：決定工作狀況評級點數

步驟三：評估風險值

（二）KIM-PP：風險值＝時間 ×（重量＋定位準確＋姿勢＋工作情況）

步驟一：決定時間評級點數

步驟二 (A)：決定重量評級點數

步驟二 (B)：決定定位準確評級點數

步驟二 (C)：決定姿勢評級點數

步驟二 (D)：決定工作情況評級點數

步驟三：評估風險值

（三）KIM-MHO：時間 ×（施力方式＋抓握條件＋工作協調＋工作條件＋身體姿勢＋手 / 臂位置及動作）

步驟一：決定時間評級點數

步驟二 (A)：決定施力方式評級點數

步驟二 (B)：決定抓握條件＋工作協調＋工作條件評級點數

步驟二 (C)：決定身體姿勢評級點數

步驟二 (D)：決定手 / 臂位置及動作評級點數

步驟三：評估風險值

請列舉兩種常用於生物偵測的檢體種類，並評論適用該檢體分析之化學物特性，以及在檢體採樣或分析時可能遭遇的限制。另請比較環境測定與生物偵測兩種暴露評估方式間之優缺點。（25 分）

【112 - 公務高考】

答

一、生物偵測指藉由評估生物體的組織、分泌物、排泄物、呼出氣體等生物樣本中，有害物及其代謝物的濃度，以評估體內實際暴露劑量與健康風險。

生物偵測常用的檢體種類有血液、尿液、呼出氣體、毛髮與唾液等，以下以尿液與毛髮為例：

檢體種類	尿液 (Urine)	毛髮 (Hair)
適用分析之化學物特性	大部分有機溶劑。	重金屬（如鉛、鎘等）。
檢體採樣或分析時可能遭遇的限制	單次樣本的變異性可能過大，而長期的完整樣本在收集上亦有實際的難度。	生物樣本的清洗方式，尚無法剔除外因性的污染。

二、環境測定與生物偵測等暴露評估方式之優缺點如下表所示。

項目	環境測定	生物偵測
優點	1. 可評估環境有害物濃度 2. 較為簡便、快速 3. 測定結果較具特異性	1. 可測得危害物在人體實際濃度值 2. 可了解暴露者的危害程度 3. 可作為短、中、長期暴露的評估
缺點	1. 無法測得某危害物在暴露者體內濃度值 2. 僅能反應當下環境狀態	1. 人體敏感度不同，變異性較大 2. 樣本收集較為繁雜

3-4 暴露風險分級與管理

我國化學品分級管理（Chemical Control Bandung, CCB）工具利用化學品之散布特性，配合化學品在作業現場的使用量資訊，評估化學品之潛在暴露等級。請敘述化學品分級管理工具評估化學品散布狀況之機制。（25 分）　【112 - 公務高考】

答

依職安署化學品分級管理運用手冊，CCB 分為五步驟，劃分危害群組、判定散步狀況、選擇使用量、決定管理方法、參考暴露控制表單。其中評估化學品散布狀況之機制如下說明：

一、確定化學品的物理狀態（外觀），因其狀態會影響散布至空氣中的情況。

（一）固體，考量粉塵度。

（二）液體，考量揮發度。

（三）氣體，以高揮發度做為評估依據。

二、確認化學品散布至空氣中情況。

（一）製程於常溫下進行，可參考下表判定。

散布狀況	固體粉塵度	常溫下的液體揮發度
低	為不會碎屑的固體小球。使用時可以看到細小的粉塵。如：PVC 小球。	沸點 > 150°C
中	晶體狀或粒狀固體。使用中可以看到粉塵，但很快就下沉，使用後粉塵留在表面。如：肥皂粉。	50°C < 沸點 < 150°C

散布狀況	固體粉塵度	常溫下的液體揮發度
高	細微、輕重量的粉末。使用時可以看到塵霧形成，並在空氣中保留數分鐘。如：水泥、碳黑與粉筆灰。	沸點 < 50°C

（二）製程非於常溫下進行，液體部分可利用製程溫度及沸點並參考下圖判定化學品的揮發度。

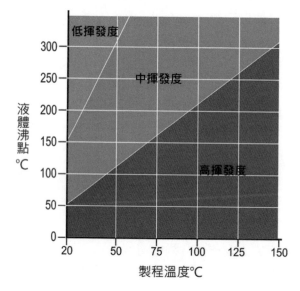

（三）注意事項：

1. 化學品的物理狀態及沸點的資訊，可透過該化學品安全資料表（SDS）的第 9 項（物理化學性質）得知。

2. 使用上圖進行判別化學品（液體）的揮發度時，若製程溫度及化學品沸點相交點剛好落在分界線上，建議選擇較高的揮發度。

> 請說明具有健康危害之化學品分級管理之流程。（20 分）
>
> 【112 - 地特三等】

答

依據「危害性化學品評估及分級管理技術指引」規定，對符合國家標準 CNS 15030 化學品分類，具有健康危害者，但不包括如有害事業廢棄物、菸草或菸草製品、食品、飲料、藥物、化妝品、製成品、非工業用途之一般民生消費商品、滅火器、以及在反應槽或製程中正進行化學反應之中間產物。其化學品分級管理之流程如下圖所示。

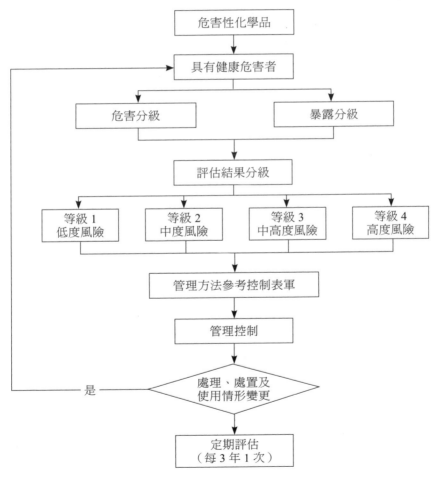

資料來源：勞動部職業安全衛生署「危害性化學品評估及分級管理技術指引」

169

職場根據相似暴露族群（SEG）進行作業環境評估後，如何進行後續的風險管理程序？（20 分）　　　　　【112 - 地特三等】

答

依據「危害性化學品評估及分級管理技術指引」第 3 點所載，所謂相似暴露族群（SEG）係指工作型態、危害種類、暴露時間及濃度大致相同，具有類似暴露狀況之一群勞工。

SEG 進行作業環境評估後，後續的風險管理程序進行如下說明與參考流程圖：

一、結果比較：將評估（環境監測、直讀式儀器、暴露推估…等）結果與容許暴露標準比較。

二、結果分級：可依 1 項比較情況分為 3 級。

三、分級管理：依比較結果情況採取適當管理。

　　（一）第 1 級管理：可接受風險。

　　（二）第 2 級管理：強化現場管理及設備維護。

　　（三）第 3 級管理：改善；再重新選擇 SEG 執行暴露評估與上述 2 步驟，直到符合第 1 或第 2 級管理。

四、變更與定期再評估：

　　若有處理、處置及使用情形之變更，須重新實施暴露評估。

　　第 1 或第 2 級管理須定期實施再評估。

五、資料回饋：第 4 項步驟執行後，再回饋至後續執行作業場所及資料蒐集之用。

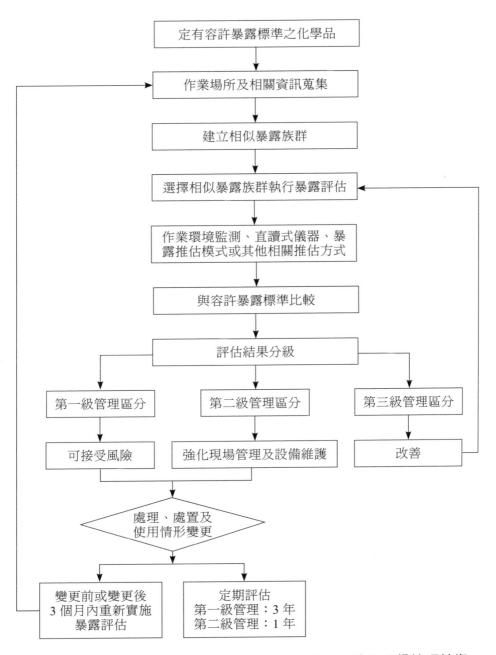

資料來源：勞動部職業安全衛生署「危害性化學品評估及分級管理技術指引」

何謂 Chemical Control Banding（CCB）？（10分）、當職場使用
CCB 評估結果為管理方法第四級時應該如何處理？（10分）

【112 - 地特三等】

答

一、Chemical Control Banding（化學品分級管理），係利用化學品的
健康危害特性，與考量使用時可能造成勞工的潛在暴露程度（如
使用量、散布狀況），並利用半定量或定量的方式來判斷出風險
等級及建議管理方法，進而採取相關風險控制措施或參考建議控
制表單。我國在執行化學品分級管理（Chemical Control Banding,
CCB）時，其執行步驟如下列：

（一）劃分危害群組。

（二）判定散佈狀況。

（三）選擇使用量。

（四）決定管理方法。

（五）參考暴露控制表單。

二、依據「職安署化學品分級管理運用手冊」所載，當職場使用 CCB
評估結果為管理方法第 4 級時，應該採取之原則為「特殊規
定」。

特殊規定，代表需要一個比這個暴露控制表單更進一步且專業
的建議過程。這些建議可能來自於國際勞工組織（International
Labour Organization, ILO）或是參考其他國家已建立完成的職業
衛生相關文件資料，或者可能需要透過會處理該化學品或過程之
專家指導；可能也需要供應商協助收集這些資訊。

以吸入性危害的暴露為例，若有以下情況時，應參考管理方法 4
來使用此份暴露控制表單：

（一）對於正在處理危害群組 E 的化學品，這些化學品可能會造成嚴重的健康影響，例如癌症或是氣喘，且暴露的安全程度很難劃分。對此危害群組的不同化學品要進行不同種類的管理方法。

（二）當正在處理的化學品容易在空氣中傳播並造成嚴重的健康影響，在處理這些化學品時，都要考慮多於這份暴露控制表單所有提供的各項細節層面。

補充：對於風險等級 4 的管理方法採取時，可先確認化學品的處置使用是否有符合管理方法 3 的隔離原則（將化學品置於密閉系統中進行處置使用），或是諮詢專家應採行的控制設施，另亦搭配其他行政管理措施。

請依職安署訂定的化學性皮膚防護具選用參考指引回答下列問題：何謂皮膚有害物，以及雇主在選用化學性皮膚防護具應採取哪些措施，並須做成執行紀錄留存備查？

答

一、依化學性皮膚防護具選用參考指引所稱之皮膚有害物，指符合下列情形之一者：

（一）依「勞工作業場所容許暴露標準」附表一之空氣中有害物容許濃度表，其符號欄註記「皮」字之有害物。

（二）符合國家標準 CNS 15030 化學品分類，具有皮膚急毒性、腐蝕或刺激皮膚及皮膚過敏物質。

二、雇主應採取下列措施選用化學性皮膚防護具，並作成執行紀錄留存備查：

（一）危害辨識。

（二）皮膚接觸暴露評估。

（三）化學性皮膚防護具之選擇及使用。

（四）化學性皮膚防護具之維護及管理。

（五）化學性皮膚防護教育訓練。

（六）成效評估及改善。

某油漆製造工廠（員工人數 670 人）的混合攪拌製程，使用了下列化學品進行混合攪拌作業，其化學品資料如下表所示，請建議該工廠應如何進行此製程的化學品風險評估與分級管理？

化學品	容許濃度	備註
A	100 ppm	屬第二種有機溶劑，且須定期實施環境監測
B	無	人員有呼吸暴露的可能
C	1000 ppm	

答

一、建議該廠混合攪拌作業之化學品，應依危害性化學品評估及分級管理辦法，並參考其技術指引採取下列風險評估：

危害物質	評估方式	備註
A	依監測辦法規定實施作業環境監測，必要時並得輔以其他半定量、定量之評估模式或工具。	化學品之種類、操作程序或製程條件變更而有增加暴露風險之虞者，應於變更前或變更後 3 個月內，重新進行評估與分級。
B	依其危害及暴露程度劃分風險等級並採取對應之分級管理措施。	
C	依有科學根據之之採樣分析方法或運用定量推估模式，實施暴露評估。	

二、上項暴露評估的結果，應依下列風險等級，分別採取控制或管理措施：

（一）危害物質 A 與 C：依危害性化學品評估及分級管理辦法第 10 條，說明如下：

危害物質	與 PEL 比較	控制或管理措施原則	定期評估
第 1 級	X < 0.5 PEL	1. 維持現有控制或管理措施。 2. 製程或作業內容變更時，採行變更管理措施。	1 次 / 每 3 年
第 2 級	0.5 PEL ≦ X < PEL	1. 對製程設備、作業程序或作業方法實施檢點。 2. 採取必要之改善措施。	1 次 / 每 1 年
第 3 級	X ≧ PEL	1. 立即採取必要之控制措施。 2. 完成改善後重新評估，確保 X 低於 PEL。	1 次 / 每 3 個月
備註	X：暴露濃度，PEL：容許暴露標準		

（二）危害物質 B：依我國的化學品分級管理（CCB）工具，說明如下：

風險等級 （查表得出）	控制或管理措施原則	定期評估
等級 1	整體換氣	1 次 / 每 3 年
等級 2	工程控制	
等級 3	隔離	
等級 4	特殊規定：如諮詢專家及搭配其他行政管理措施	

試依職安法第 11 條與第 12 條相關條文，說明危害性化學品暴露風險分級管理應如何實施？（提示：請就評估類別、方法、監測頻率與管理措施等層面進行說明）

答

危害性化學品暴露風險分級管理之實施，如下圖所示：

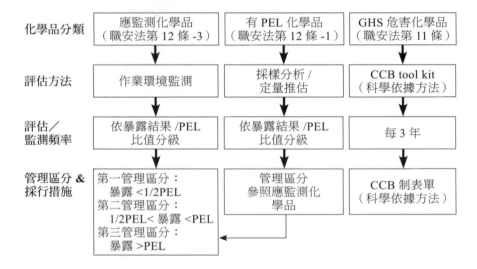

化學品分類	應監測化學品（職安法第 12 條 -3）	有 PEL 化學品（職安法第 12 條 -1）	GHS 危害化學品（職安法第 11 條）
評估方法	作業環境監測	採樣分析 /定量推估	CCB tool kit（科學依據方法）
評估／監測頻率	依暴露結果 /PEL比值分級	依暴露結果 /PEL比值分級	每 3 年
管理區分 &採行措施	第一管理區分：暴露 <1/2PEL第二管理區分：1/2PEL< 暴露 <PEL第三管理區分：暴露 >PEL	管理區分參照應監測化學品	CCB 制表單（科學依據方法）

勞工小明於夏季期間從事戶外作業，請回答下列問題：

一、 勞工小明於某一直接日曬的地點進行作業，其乾球溫度為 38°C、自然濕球溫度 32°C、黑球溫度 48°C，請計算該地點的 WBGT。

二、 請就相關法令規範說明雇主應採取的危害預防措施。

答

一、 戶外且有日曬情形之 WBGT 計算公式為 $0.7T_{nwb} + 0.2T_g + 0.1T_a$，

其中，T_{nwb}：自然濕球溫度、T_g：黑球溫度、T_a：乾球溫度。

將乾球溫度為 38°C、自然濕球溫度 32°C、黑球溫度 48°C 代入上式，

WBGT $= 0.7 \times 32 + 0.2 \times 48 + 0.1 \times 38 = 35.8°C$

二、依職業安全衛生設施規則第 324-6 條，雇主使勞工從事戶外作業，為防範環境引起之熱疾病，應視天候狀況採取之下列危害預防措施：

（一）降低作業場所之溫度。

（二）提供陰涼之休息場所。

（三）提供適當之飲料或食鹽水。

（四）調整作業時間。

（五）增加作業場所巡視之頻率。

（六）實施健康管理及適當安排工作。

（七）採取勞工熱適應相關措施。

（八）留意勞工作業前及作業中之健康狀況。

（九）實施勞工熱疾病預防相關教育宣導。

（十）建立緊急醫療、通報及應變處理機制。

一、請問權衡電網（weighting network）在量測環境噪音前須進行設定，其原因與目的為何？

二、某勞工於作業場所一日之噪音暴露情形為 70dB 1 小時，85dB 2 小時，90dB 2 小時，95dB 1 小時，100dB 1 小時，請計算其噪音暴露劑量？（需列出計算式）

三、承上題，若暴露劑量超過法規規定，請就工程改善及行政管理兩面向，各列舉三項措施。

答

一、設定權衡電網的原因與目的如下說明：

（一）原因：為人耳對聲音頻率有不同的靈敏度。

（二）目的：為了模擬人耳對噪音的主觀感受。

二、噪音暴露劑量 $(D) = \left(\dfrac{t_1}{T_1} + \dfrac{t_2}{T_2} + \cdots + \dfrac{t_n}{T_n} \right) = \left(\dfrac{2}{16} + \dfrac{2}{8} + \dfrac{1}{4} + \dfrac{1}{2} \right) = 1.13$

（小於 80 dBA 不列入計算。）

經上述計算後得知，其噪音暴露劑量為 1.13 或 113％。

三、經評估後，噪音暴露劑量為 1.13 ＞ 1，所以雇主應就工程改善與行政管理等面相進行相關改善措施：

（一）工程改善：

　　1. 改善製造型態。

　　2. 作業程序的變更。

　　3. 設置消音器。

　　4. 設置隔音屏障。

（二）行政管理：

　　1. 降低勞工作業時間。

　　2. 降低勞工暴露頻率。

　　3. 訂定並實施聽力保護計畫。

　　4. 使勞工配戴聽力防護具。

某一鋼鐵加工廠因製程特性常會發出高分貝噪音，雖該廠廠務人員定期會持噪音計進行量測，但近期仍有多名員工陳情主管，請概略說明此工廠應如何進行初步測量與評估。

答

建議此工廠應可依下列步驟執行初步測量與評估：

一、資料收集

（一）作業場所的機具設備配置平面圖。

（二）以往的噪音測定紀錄。

（三）健康檢查及管理資料。

（四）聽力保護相關資料（如計畫、文件…等）。

（五）教育訓練紀錄。

（六）其他利於本案參考資料。

二、現場調查與採樣對象的決定

（一）至現場進行勘查。

（二）找出具代表性的勞工（如暴露高風險或有反應不適人員…
　　　等）

三、測定的機具

噪音劑量計，選用適當 type2 以上且使用前需經校正。

四、測定的實施方式

（一）將微音器配戴在勞工肩部以上（不受身體反射之位置），
　　　並靠近耳朵。

（二）請勞工依一般情況執行作業。

（三）量測時間以全程工作日為原則。

五、測定結果之評估

結果評估與說明如下表：

測量結果	相關改善／管理作為
$L_{TWA8} < 85$ dBA	1. 需不定時量測噪音值。 2. 對噪音敏感性勞工要進行相關健康管理。 3. 辦理教育訓練，並與勞工進行適當溝通。
$L_{TWA8} \geqq 85$ dBA	1. 實施特殊健康檢查與管理：特別危害健康作業人員。 2. 實施作業環境監測： 應每 6 個月監測噪音 1 次以上。

職業衛生暴露風險評估

測量結果	相關改善／管理作為
L_{TWA8} > 85 dBA 或 D > 50%	1. 同前項 2. 訂定聽力保護措施（勞工人數達 100 人以上，須訂定聽力保護計畫）。 3. 應使勞工戴用有效之耳塞、耳罩等防音防護具。
備註	1. L_{TWA8}：工作日 8 小時日時量平均音壓級、D：暴露劑量 2. 若平時量測發現工作場所噪音超過 90 dBA，應採取下列措施： (1) 工程控制 (2) 減少勞工噪音暴露時間 (3) 標示並公告噪音危害之預防事項，使勞工周知。

一、在環評時常會執行健康風險評估，請說明終身的致癌性風險如何評估與管理方式。

二、請問依國際癌症研究機構（IARC）對人體之致癌性物質分類為何？

答

一、終身的致癌性風險評估方式與管理如下說明：

（一）評估方式

　　1. 致癌風險 ＝ $LADD_{total} \times SF$

　　　　$LADD_{total}$：在各暴露途徑加總後，所得的終生平均每日總暴露劑量 (mg/kg/day)；SF，斜率因子 $(mg/kg/day)^{-1}$。

　　2. 致癌風險 ＝ C×Unit Risk（適用於有濃度值之風險計算）

　　　　C：環境介質中的致癌性物質之濃度 (mg/Nm3，mg/L，mg/kg)

Unit Risk：單位風險度，暴露於每濃度單位的致癌物質會導致癌症之風險。

除非有明確的證據顯示，多種的致癌物質具有交互作用，否則各種的致癌物質應該各自計算其致癌風險度後，再加總為總致癌風險。

（二）管理方式

1. 總致癌風險 Risk $\leq 10^{-6}$，為可接受。

2. 總致癌風險 Risk $> 10^{-6}$，須提出最佳可行風險管理策略，並經環評審查委員會認可。

二、依 IARC 對人體之致癌性物質分類（最新版）如下表：

Group	分類標準
1	確定對人類致癌
2A	很有可能對人類致癌
2B	可能對人類致癌
3	未分類對人類的致癌性

一、 依勞動部職業安全衛生署公告之人因性危害預防計畫指引，其危害預防應包含哪些工作項目及其負責人員分別為何？

二、 承上，請依職業安全衛生設施規則訂定出人因性危害預防計畫。

答

一、依人因性危害預防計畫指引，應包含之工作項目以及其負責之人員分別如下：

（一）肌肉骨骼傷病及危害調查（以下簡稱傷病調查）：醫護人員及安全衛生管理人員。

（二）作業分析及危害評估：安全衛生管理人員（宜經適當訓練）。

（三）改善方案：安全衛生管理、部門主管、廠務等人員。

（四）管控追蹤：安全衛生管理人員及醫護人員。

二、依職業安全衛生設施規則第 324-1 條規定，雇主使勞工從事重複性之作業，為避免勞工因姿勢不良、過度施力及作業頻率過高等原因，促發肌肉骨骼疾病，應採取下列危害預防措施，作成執行紀錄並留存 3 年：

（一）分析作業流程、內容及動作。

（二）確認人因性危害因子。

（三）評估、選定改善方法及執行。

（四）執行成效之評估及改善。

（五）其他有關安全衛生事項。

請依呼吸防護相關指引，回答下列問題：

一、 有關配戴呼吸防護具密合度測試（Fit Test）之時機為何？

二、 請說明呼吸防護具（罩）之面體與顏面間的定性密合檢點方式。

三、 請說明呼吸防護具選用步驟為何？

答

一、依呼吸防護計畫及採行措施指引第 7 點，戴用緊密貼合式面體的勞工，在下列情形出現時進行密合度測試：

（一）首次或重新選擇呼吸防護具時。

（二）每年至少測試一次。

（三）勞工之生理變化會影響面體密合時。

　　　（補充：如明顯的體重變化、臉部有疤痕、矯正牙齒、掉齒或整形等。）

(四) 勞工反映密合有問題時。

二、依呼吸防護計畫及採行措施指引第 8 點，密合檢點可分為正壓檢點及負壓檢點：

(一) 負壓檢點：遮住吸氣閥並吸氣，面體需保持凹陷狀態。

(二) 正壓檢點：遮住呼氣閥並呼氣，面體需維持膨脹狀態。

三、依呼吸防護計畫及採行措施指引之附件，呼吸防護具選用步驟如下：

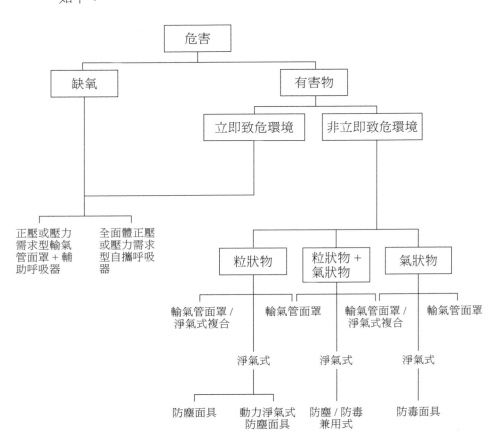

> 工作職場中的高齡及中齡者有增多之趨勢，惟因其身體機能下降可能影響工作績效，甚至引發職業災害。如發現上述人員有不適任特定工作情形時，應以改善作業環境為優先考量，除工作安全因素外，請回答下列問題：
> 一、　尚可針對哪 5 大類作業環境進行改善？
> 二、　請就上述 5 大類作業環境分別舉例說明改善方法？

答

一、依中高齡及高齡工作者作業安全衛生指引（2022.02.23），可對下述 5 大類作業環境進行改善，分別如下：

（一）照明。

（二）噪音。

（三）人因危害。

（四）環境溫度。

（五）緊急應變。

二、上述改善方法如下：

（一）照明：對於工作場所之採光照明，以自然採光為佳，必要時可輔以人工照明，並提供適當之照度，須注意光線分佈之均勻度、適當之明暗比，避免產生眩光。

（二）噪音：對於工作場所之噪音，應優先採取工程控制措施，以消除或減低噪音源，其次為採取行政管理措施，以減少噪音暴露時間，必要時，應提供有效防音防護具。

（三）人因危害：提供防止肌肉骨骼危害之省力機械、設備或裝置等。

（四）環境溫度：（考生擇 1 項內容撰寫即可）

1. 對於工作場所因人工引起之高溫或低溫危害，如高溫作業，仍應以製程改善為主，工作輪替等行政管理措施為輔，並提供勞工必要之防護設備及飲水等方法因應。低溫作業則應提供勞工帽子、手套或絕緣手套、防護衣、絕緣防水鞋等防護具。

2. 對於高氣溫戶外作業引起之熱危害預防，可參照本署訂定之高氣溫戶外作業勞工熱危害預防指引辦理，以強化相關熱危害預防措施。

3. 對於戶外低溫環境引起之危害，應參考交通部中央氣象局發布之低溫特報資訊，提供多層次保暖、透氣之工作服，並注意其身體健康狀況，避免長時間從事戶外作業。

（五）緊急應變：（考生擇 1 項內容撰寫即可）

1. 針對警報訊息除了聽覺外，亦可配合警示燈閃爍俾利察覺，並盡量以視覺設計為主，減少過度依賴聽覺信號。

2. 中高齡及高齡工作者身體機能逐年退化，造成反應時間延長及敏捷性降低，爰雇主應確保逃生路徑保持暢通，避免有突出物或地面濕滑致逃生時發生跌倒之情事，並考量該等族群行走速度及所需避難時間，據以規劃工作區域及逃生路徑。

3. 確保逃生通道上之緊急照明應符合相關規定，並在走廊曲折點處，增設緊急照明燈。

4. 作業前召開工具箱會議，確保中高齡及高齡工作者明瞭逃生動線，包含臨時人員或承攬人工作者。

5. 指派專人引導協助中高齡及高齡工作者疏散至出口，降低該等族群逃生時之資訊負荷，避免發生不必要之突發狀況。

6. 對於中高齡及高齡工作者之緊急應變訓練，宜較年輕工作者增加 1.5 至 2 倍時間，並定期演練，留存紀錄。

補充：除上述作業環境之改善作為外，高齡及中齡者工作者的緊急應變能力後續輔以健康保護、教育訓練等預防及改善措施，再行成效評估及改善，更可大大強化防止高齡及中齡者工作者職業災害之發生。

3-5 參考資料

說明／網址	QR Code
全國法規資料庫 *https://law.moj.gov.tw/Index.aspx*	
勞動部 勞動法令查詢系統 *https://laws.mol.gov.tw/FLAW/index-1.aspx*	
勞動部勞動及職業安全衛生研究所 *https://www.ilosh.gov.tw/*	
《勞工作業環境監測及暴露評估訓練教材》中華民國工業安全衛生協會 編印 *http://www.isha.org.tw/books.html*	
《甲級物理性與化學性因子 勞工作業環境測定人員訓練教材》勞動部（前行政院勞工委員會）（已絕版） *https://www.osha.gov.tw/*	

說明 / 網址	QR Code
《職業衛生認知、評估與控制》中國醫藥大學（已絕版） *https://www.cmu.edu.tw/*	
行政院環境保護署 環境檢驗所 *https://www.epa.gov.tw/niea/A048BA729D1F7D58*	
《專技高考：職業衛生技師歷屆考題彙編》，蕭中剛、余佳迪、 劉鈞傑、鄭技師、徐英洲、徐強、葉日宏、章家銘等人編著 *https://www.books.com.tw/products/0010887170?sloc=main*	
《國營事業考試 - 職業安全衛生類別歷屆考題彙編》，蕭中剛、 陳俊哲、許曉鋒、王偉傑、張嘉峰等人編著 *https://www.books.com.tw/products/0010899922?sloc=main*	
《公務人員考試 - 職業安全衛生類別 高等考試＋地特三等歷屆 考題彙編》，蕭中剛、陳俊哲、徐強、許曉鋒、王偉傑、張嘉峰 等人編著 *https://www.books.com.tw/products/0010888155?sloc=main*	

安全工程 4

4-0　重點分析

　　113 年起公務人員高考及地特三等考試之考科以刪減 2 科為原則，職業安全衛生類科調整了部分科目，而本章的安全工程被完整地保留下來，命題大綱未有大變動，仍分為「安全工程之理論與實務」、「設計安全工程考量」、「安全投資效益分析」、「火災爆炸評估與相關工程技術」及「營造業常用之安全工程」5 大項。所以讀者仍可以本科的歷屆考題為借鏡，練習答題技巧。

　　雖然考科有所刪減，但本章科目的範圍涵容較廣，包括「機械安全」及「防火防爆」的題型皆隱含在內，與本章科目之命題大綱息息相關。本書因為「機電防護與防火防爆」考科刪除後，會一併去除該科目以往的擬答，但考量該科目與本考科之命題大綱有部分的重疊，該科目的試題對於讀者有極大的參考價值，所以將該科目的試題擬答悉數調整併入本考科中，以便讓讀者有更多的練習機會。

　　安全工程中不乏大量計算題，讀者在面對這類計算題時，切忌注意單位間的轉換，由歷屆考題觀之，幾乎都存在單位轉換的考點。另一部分題型著重於名詞解釋及安全技術原理，這些都毋須死記硬背，應以理解內化的方式，這樣在面對衍伸的相關題目時，方可得心應手回答。

關於機械、設備、器具、起重吊掛及營造等相關的試題，要準備的方向有三：一、基本防護原理：可以見諸各專家學者的著作，從中整理出一些基本原理／原則；二、法令規定：需熟讀「職業安全衛生設施規則」、「機械設備器具安全標準」、「危險性機械及設備安全檢查規則」、「起重升降機具安全規則」、「鍋爐及壓力容器安全規則」、「高壓氣體勞工安全規則」及「營造安全衛生設施標準」等與設備相關之法規。另外，由於與機器人協同作業等新型態的作業模式興起，「工業用機器人危害預防標準」亦配合修正相關規定，考生也要涉獵；三、計算題：主要見諸「職業安全衛生設施規則」及「機械設備器具安全標準」的相關規定，另外基本物理觀念及力學原理均應了然於胸。

關於火災爆炸、製程安全等相關的試題，亦可分為三個部分：一、火災爆炸原因、預防及滅火方式：需釐清火災種類、場所特性、火災偵測（警報）機制及火場逃生原則及滅火原理（含計算），其中預防管理原則可參考設施規則及防爆區劃指引；二、特殊火災爆炸現象：例如「BLEVE」、「Boilover」、區分「濺溢」和「沸溢」、「爆轟」和「爆燃」等；三、消防相關法規：消防考試用書「各類場所消防安全設備設置標準」的內容均可參考。最後，時時關切新修法規和新聞時事，及後續會有許多專家學者發表相關的評論，臨場拿來發揮，都是很好的素材。

建議讀者在準備安全工程這門考科時，除了熟讀這本題解以外，尚須親自動手練習擬答，使之與長期記憶連結，加深印象，必可在考場上游刃有餘地答題。另外，還可以閱讀張教授一岑編著的「安全工程」、黃教授清賢編著的「工業安全與管理」等參考書籍及勞動部勞動及職業安全衛生研究所出版的相關研究報告，瞭解安全工程的基本原理，擴充與安全工程有關的知識，作為解題的基石，遇上各種五花八門的題目時也可迎刃而解。

4-1 安全工程之理論與實務

電氣設備防爆構造之種類可分為那幾類？（20分）

【104 - 公務高考】

答

電氣設備防爆構造之種類及防爆原理分述如下：

一、耐壓型防爆電氣設備：

耐壓型防爆電氣設備構造是將有明顯的或是潛在的點火源之電氣設備，全體或是部分放入具有耐壓防爆特別性能之「容器」內，即使爆炸性氣體進入該「容器」內部而引起爆炸時，也不會波及「容器」外部周圍的爆炸性氣體。所以耐壓防爆構造之容器，必須能充分承受爆炸性氣體之爆炸壓力之強度，且必須經過精密設計、製造，並維持自容器之接合面之間隙等不會有電氣火花逸走之虞，此外容器外部的最高表面溫度不得超過規定的容許溫度，其記號為 Ex'd'。

二、油浸型防爆電氣設備：

油浸型防爆電氣設備構造係將有明顯或潛在點火源之電氣設備，以其整體或部分浸泡在保護液體中（礦物油等），使其與點火源周圍之爆炸性氣體隔離，其記號為 Ex'o'，適用於變壓器、開關裝置、斷路器等器具。

三、正壓型防爆電氣設備：

正壓型防爆電氣設備構造係將有明顯的或是潛在的點火源之電氣設備全體或是部分以容器包圍，在該容器內部加壓灌注保護氣體（空氣或惰性氣體），使該點火源與周圍的爆炸性混合氣體隔離，其記號為 Ex'p'，一般適用於大型回轉機器、控制盤等。

四、增加安全型防爆電氣設備：

增加安全型防爆電氣設備構造通常僅是使具有潛在點火源之電氣設備，增加對電氣、機械及溫度方面之安全度考量，使其不會產生明顯的點火源等故障。因此增加安全型防爆構造在正常的使用狀態下，電氣設備不會產生如同電氣火花或高溫等可能成為爆炸性氣體之點火源，其記號為 Ex'e'。

五、本質安全型防爆電氣設備：

本質安全型防爆電氣設備構造係利用有關的電氣回路限制能量消耗，使電氣機器不僅是在正常狀態，而且設想發生異常故障狀態下，產生的電氣火花及高溫，對爆炸性氣體不會成為明顯的或潛在的點火源。

另根據其容錯安全等級之高低可分為 ia 及 ib 兩級，其記號為 Ex' ia' 或 Ex' ib'，一般適用於量測、控制、通信、警報等的電氣設備。

六、填粉型防爆電氣設備：

填粉型防爆電氣設備構造主要是對有潛在點火源之電氣設備中可能成為點火源之部分，以石英粉或是玻璃顆粒等完全填粉、包覆，防止周圍之爆炸性氣體著火，其記號為 Ex'q'，一般適用於變壓器與電感器。

七、模鑄型防爆電氣設備：

模鑄型防爆電氣設備構造主要是對有明顯的或潛在的點火源之電氣設備中可能成為點火源之部分，以電氣絕緣性複合物來包覆，防止周圍之爆炸性氣體著火，其記號為 Ex'm'，適用於發熱量少之電氣零件。

八、 n 型防爆電氣設備：

n 型防爆電氣設備構造是以在第 2 種場所設置為前提，依各種概念發展而成之防爆構造之總稱，其技術有：(a) 不會發生電氣火

花之電氣機器，(b) 限制通氣之容器，(c) 限制能量，(d) 接點是以限制通氣容器以外之方法來保護「作動時產生電弧火花或是高溫表面的電氣設備」，其記號為 Ex'n'。

九、特殊型防爆電氣設備：

特殊型防爆電氣設備構造對於爆炸性氣體具有防爆性能，並且經過試驗加以確認之構造，為上列一、至八、以外之保護方法者，其記號為 Ex's'。

請說明安全防護的原則。（25 分）　　　　　　**【104 - 公務高考】**

答

一、消除危險：消除危險是指利用設計及製造的方法，將造成危險的各項因子予以消除，以達到安全防護的目的，也就是本質安全的機器。

二、遠離危險：將危險能量與接受者之間，以空間距離的形式隔絕，使得危險能量無法傳遞到接受者，而達到安全防護的目的。

三、隔離危險：指將危險能量限制在一個範圍之內，而接受者無法在危險區域內具有危險能量時進入此範圍內。

四、危險預警：當接受者進入危險區域之內時，即利用視覺、聽覺或是其他型式的警報系統，警告接受者已處於危險的狀態之下，進而採取必要的防護措施。

五、避開危險：指接受者在機器的危險行程時，處於危險區域之外；而在機器的非危險行程中，進入危險區域內。

六、失效安全：指機器或其零組件發生故障或失效時，也不會造成接受者的危險。

七、避免受傷：指接受者配置各種安全防護器具，當危險能量傳遞到接受者時，由防護器具將全部或大部分的能量吸收，而接受者所接受到的危險能量也就相對的降低。

職業安全衛生設施規則所規定之特高壓、高壓與低壓之定義為何？請依據此規則說明雇主對於勞工使用高壓或特高壓器具或電路之防護措施。（25 分）

【104 - 公務高考】

答

一、依據「職業安全衛生設施規則」第 3 條規定，本規則所稱特高壓，係指超過 22,800 伏特之電壓；高壓，係指超過 600 伏特至 22,800 伏特之電壓；低壓，係指 600 伏特以下之電壓。

二、雇主對於勞工使用高壓或特高壓器具或電路之防護措施如下：

（一）依據「職業安全衛生設施規則」第 258 條規定：

1. 使作業勞工戴用絕緣用防護具，並於有接觸或接近該電路部分設置絕緣用防護裝備。

2. 使作業勞工使用活線作業用器具。

3. 使作業勞工使用活線作業用絕緣工作台及其他裝備，並不得使勞工之身體或其使用中之工具、材料等導電體接觸或接近有使勞工感電之虞之電路或帶電體。

（二）依據「職業安全衛生設施規則」第 259 條規定：

雇主使勞工於接近高壓電路或高壓電路支持物從事敷設、檢查、修理、油漆等作業時，為防止勞工接觸高壓電路引起感電之危險，在距離頭上、身側及腳下 60 公分以內之高壓電路者，應在該電路設置絕緣用防護裝備。但已使該作業勞工戴用絕緣用防護具而無感電之虞者，不在此限。

（三）依據「職業安全衛生設施規則」第 260 條規定：

1. 使勞工使用活線作業用器具，並對勞工身體或其使用中之金屬工具、材料等導電體，應保持所定接近界限距離。

2. 使作業勞工使用活線作業用裝置，並不得使勞工之身體或其使用中之金屬工具、材料等導電體接觸或接近於有使勞工感電之虞之電路或帶電體。

（四）依據「職業安全衛生設施規則」第 261 條規定：

雇主使勞工於接近特高壓電路或特高壓電路支持物從事檢查、修理、油漆、清掃等電氣工程作業時，應有下列設施之一。但接近特高壓電路之支持礙子，不在此限：

1. 使勞工使用活線作業用裝置。

2. 對勞工身體或其使用中之金屬工具、材料等導電體，保持前條第 1 款規定之接近界限距離以上，並將接近界限距離標示於易見之場所或設置監視人員從事監視作業。

（五）依據「職業安全衛生設施規則」第 262 條規定：

雇主於勞工從事裝設、拆除或接近電路等之絕緣用防護裝備時，應使勞工戴用絕緣用防護具、或使用活線用器具、或其他類似器具。

某工廠進行空調風管更新工程，疑似承攬商以離子切割機切割既有風管，引燃風管內的 PE 保溫材料，導致火焰於風管中蔓延，一發不可收拾，最後造成整個廠房燒毀。請針對此案例之災害可能發生原因進行探討，並且論述相關的防災對策。（25 分）

【104 - 公務高考】

答

一、依題旨切割保溫材，引燃火災分析，燃燒要素（氧、可燃物、熱能、連鎖反應）：

（一）危害源：

1. 可燃物：PE 保溫材。

---

2. 明火：切割機、鐵粉、熱能等。

（二）分析原因：

1. 直間原因：鐵粉熱引燃 PE 材。

2. 間接原因：空調管通風使助燃轉成全面大火。

3. 基本原因：施工時，未實際封管排氣斷電確認。

（三）其他：

1. 未按標準作業程序。

2. 未設防火設備。

3. 人員操作失誤。

二、防災對策如下：

（一）評估作業環境預先發現危害。

（二）針對密閉環境場所，評估防火材料。

（三）作業前確認斷電、電氣開關上鎖。

（四）作業時設置防火設施。如：防火毯。

（五）作業時隔離 PE 保溫材。

（六）訂定標準作業程序。

一般具有控制器的機械設備皆可使用近接感應裝置，做為操作點安全防護。因此廣泛的見於一般作業場所中，如金屬加工業，木竹加工業，甚至可使用此裝置做為廠區保全使用。近接感應裝置的物理位置應依據距離操作點的最小距離。此安全距離能使得近接感應裝置偵測到物體進入感應場，並且送出訊號到控制線路，在進入的物體到達操作點之前停止操作的動作。

請描述計算最小安全距離的公式，說明各變數的單位及定義。請舉一例，自行假設數據，運用公式，說明最小安全距離的計算。

（20 分）

【104 - 地特三等】

答

一、近接感應裝置大多使用於偵測物體的物理空間位置，相對於特定區域的位置。當使用近接感應裝置做為安全防護裝置時，通常將近接感應裝置安裝於危險區域的邊界，當防護對象進入危險區域時，將啟動近接感應裝置，並由近接感應裝置啟動後續的安全防護措施（如停機、警報或警示燈號等），以確保防護對象的安全。一般配置控制器的機械設備都可使用近接感應裝置，做為安全防護裝置。

以衝床防護手部為例，決定最小安全距離的公式：

$Dm = 1.6 \times Ts$

其中：

Dm 為最小安全距離（毫米）

1.6 毫米 / 毫秒為平均可能的人手移動速度（此為一常數）

Ts 為從感應場收到訊號到滑塊動作停止所量測的滑塊停止時間，單位為毫秒。此時間包括感應裝置控制器、衝床控制系統、離合器 / 剎車排氣的操作時間和滑塊的剎車時間。

二、例如：剎停總時間 Ts 是 500 毫秒，再乘以 1.6 毫米 / 毫秒，即可得到約 800 毫米的最小安全距離。

某從事石油產品之裂解反應之石化工廠之工作場所，已通過危險性工作場所評估後，經過五年時間，將採取那些措施以符合法令要求？其製程安全評估報告書應具有那些項目並說明之。（20 分）

【104 - 地特三等】

答

一、依據製程安全評估定期實施辦法第 4 條第 1 項規定，從事石油產品之裂解反應，以製造石化基本原料之工作場所，事業單位應每 5 年就下列事項，實施製程安全評估：

（一）製程安全資訊，如附表一。

（二）製程危害控制措施，如附表二。

實施前項評估之過程及結果，應予記錄，並製作製程安全評估報告及採取必要之預防措施。

二、依據「製程安全評估定期實施辦法」第 4 條第 2 項規定，評估報告內容如下列：

（一）實施評估過程之必要文件及結果。

（二）勞工參與。

（三）標準作業程序。

（四）教育訓練。

（五）承攬管理。

（六）啟動前安全檢查。

（七）機械完整性。

（八）動火許可。

（九）變更管理。

（十）事故調查。

（十一）緊急應變。

（十二）符合性稽核。

（十三）商業機密。

危險性工作場所，非經勞動檢查機構審查或檢查合格，事業單位不得使勞工在該場所作業，請說明危險性工作場所。（20 分）

【104 - 地特三等】

答

依據「勞動檢查法」第 26 條規定，下列危險性工作場所，非經勞動檢查機構審查或檢查合格，事業單位不得使勞工在該場所作業：

一、從事石油裂解之石化工業之工作場所。

二、農藥製造工作場所。

三、爆竹煙火工廠及火藥類製造工作場所。

四、設置高壓氣體類壓力容器或蒸汽鍋爐，其壓力或容量達中央主管機關規定者之工作場所。

五、製造、處置、使用危險物、有害物之數量達中央主管機關規定數量之工作場所。

六、中央主管機關會商目的事業主管機關指定之營造工程之工作場所。

七、其他中央主管機關指定之工作場所。

雇主為防止電氣災害，應依何種規定辦理？（20 分）

【104 - 地特三等】【105 - 公務高考】

答

依據「職業安全衛生設施規則」第 276 條規定，雇主為防止電氣災害，應依下列規定辦理：

一、對於工廠、供公眾使用之建築物及受電電壓屬高壓以上之用電場所，電力設備之裝設及維護保養，非合格之電氣技術人員不得擔任。

二、為調整電動機械而停電，其開關切斷後，須立即上鎖或掛牌標示並簽章。復電時，應由原掛簽人取下鎖或掛牌後，始可復電，以確保安全。但原掛簽人因故無法執行職務者，雇主應指派適當職務代理人，處理復電、安全控管及聯繫等相關事宜。

三、發電室、變電室或受電室，非工作人員不得任意進入。

四、不得以肩負方式攜帶竹梯、鐵管或塑膠管等過長物體，接近或通過電氣設備。

五、開關之開閉動件應確實，有鎖扣設備者，應於操作後加鎖。

六、拔卸電氣插頭時，應確實自插頭處拉出。

七、切斷開關應迅速確實。

八、不得以濕手或濕操作棒操作開關。

九、非職權範圍，不得擅自操作各項設備。

十、遇電氣設備或電路著火者，應用不導電之滅火設備。

十一、對於廣告、招牌或其他工作物拆掛作業，應事先確認從事作業無感電之虞，始得施作。

十二、對於電氣設備及線路之敷設、建造、掃除、檢查、修理或調整等有導致感電之虞者，應停止送電，並為防止他人誤送電，應採上鎖或設置標示等措施。但採用活線作業及活線接近作業，符合第 256 條至第 263 條規定者，不在此限。

針對一可燃物於開放空間中被引燃，若以溫度（或熱釋放率）為縱軸，時間為橫軸，請繪出其火災歷程的溫度（或熱釋放率）隨時間變化關係，並於圖中標示及說明火災歷程的三個時期。進一步利用溫度（或熱釋放率）隨時間變化關係，說明建築物火災中的閃燃（flashover）現象和復燃（backdraft）現象。（20 分）

【105 - 公務高考】

答

一、火災歷程的三個時期如下圖：

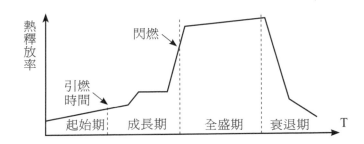

（一）成長期（Fire growth）

一旦材料被引燃著火形成局部之強烈火焰，其可藉輻射、對流、傳導等熱傳方式使整個房間的溫度上昇。

（二）全盛期（Fully developed fire）

自閃燃起始之後，火勢旺盛、溫度持續在高溫領域的時期，稱為火災全盛期。

（三）衰減期（Fire decay or propagation）

當可燃物逐漸燃燒殆盡，火勢即逐漸轉弱，此即進入衰減期，火勢變小，溫度逐漸降低，最後至完全熄滅為止。

二、（一）閃燃（Flash over）：

所謂閃燃乃是從火災之「成長期」移向「全盛期」之短時間現象。室內起火後，火勢逐步擴大過程中，因燃燒所生成之可燃性氣體蓄積於天花板附近，當此氣體和空氣混合

後，濃度達到燃燒範圍時，因引火而造成巨大火苗，使室內瞬間產生火海之狀態現象。

（二）復燃（Back Draft）：

火災之「衰減期」，熱悶燒之產物，遇上所導入的新鮮氣體，彼此相混合達燃燒範圍內，原有之微火源瞬間引燃混合氣而爆炸，火舌衝出開口現象。

請說明自動撒水設備的種類及其操作原理。（20 分）

【105 - 公務高考】

答

自動撒水設備係於防護區域上方，依規定之距離設置撒水頭，並藉適當管線系統，將所有撒水頭連接，配以適當之流水檢知裝置，以及各種控制閥、加壓送水裝置、水源、緊急電源等機件組成。由探測器（或感知撒水頭）感應而啟動加壓送水裝置，遂由撒水頭噴出水流，以防止火勢蔓延，撲滅初期火災之固定式滅火設備。自動撒水設備的種類及其操作原理簡述如下列：

一、密閉濕式撒水設備：

平時管內貯滿高壓水，撒水頭動作時即撒水。（適用於多種場所）

二、密閉乾式撒水設備：

平時管內貯滿高壓空氣，撒水頭動作時，先排空氣，繼而撒水。（適用於結冰之虞處所）

三、開放式撒水設備：

平時管內無水，作用時由探測器或感知撒水頭自動或手動啟動一齊開放閥，繼即整個放水區域同時撒水。（適用於有迅速擴大火勢之場所）

四、預動式撒水設備：

平時管內儲滿低壓空氣，以感知裝置（火警探測器）啟動流水檢知裝置，讓水流入二次側配管待命，俟撒水頭動作時，立即撒水。（可用於易於水損場所）

有一質量為 1,500 kg 的迴轉機械以每分鐘 900 轉的轉速運轉，每轉一圈便會產生一個垂直正弦（Sinusoid）強制力。若欲以 4 個彈性體將其支撐，使振動傳達率降至 1/5，請問每一個彈性體的彈性係數 k 應為多少 MN/m ？（假設此撓性支撐沒有阻尼）（15 分）

【105 - 公務高考】

答

$$TR = \frac{1}{1-\left(f/f_n\right)^2} \quad , \quad 令 \left(f/f_n\right)^2 = a$$

$$\left|\frac{1}{5}\right| = \frac{1}{1-a} \quad , \quad \begin{array}{l} 1-a=5 \\ 1-a=-5 \end{array} \quad , \quad a=6$$
$$\qquad\qquad\qquad (a>0)$$

$$f_n = \frac{1}{2\pi}\sqrt{\frac{k}{m}}$$

依題意 $f = 900\left(1/min\right) = 15\left(Hz\right)$ ， $m = 1500 \div 4 = 375\left(kg\right)$

$$\left(\frac{15}{\frac{1}{2\pi}\sqrt{\frac{k}{375}}}\right)^2 = 6$$

$$k = \left(\frac{15 \times 2\pi}{\sqrt{6}}\right)^2 \times 375$$

$$\cong 555165.25\left(N/m\right)$$

$$= 0.55516525\left(MN/m\right)$$

電氣防爆之防爆方式中，屬於預防方式（Active type of protection）的有正壓防爆（type p），屬於局限方式（Passive type of protection）的為耐壓防爆（type d）。請分別說明這兩種防爆的原理及其主要構造要件。（20分）　　　　　　　　　　　【105 - 公務高考】

答

電氣防爆主要目的在於防止電氣火花之表面高溫成為點火源，故依據其防爆原理可分為局限式及預防式。局限式之原理係利用器殼將火源局限於器殼內，使引燃之火焰不致與外面之可燃或易燃性氣體接觸，達到防爆效果。而預防式之原理為透過抑制點火能力、隔離火源或增加安全度等，減低成為點火源之機率。

一、正壓防爆原理：正壓防爆又可稱為內壓防爆，其原理係將有明顯或潛在點火源之電氣設備，全體或是部分以容器包圍，在該容器內部加壓灌注保護氣體（空氣或惰性氣體），使該點火源與周圍的爆炸性混合氣體隔離，達防爆之功能，屬於較積極之方法隔離點火源。

典型正壓防爆主要構造要件有以下幾項：

（一）保護用氣體供應源。

（二）保護性氣體供應管件及管線。

（三）保養用手動閥。

（四）器殼保護系統。

（五）電氣警報配線導管與密封。

（六）裝置螺栓。

（七）器殼端氣體供應管線、參考基準管線、連接管線。

（八）受保護之器殼，如電氣箱。

（九）器殼保護通氣孔。

（十）標示牌。

二、耐壓防爆原理：將有明顯或是潛在點火源之電氣設備，全體或是部分放入具有耐壓防爆特別性能之「容器」內，即使爆炸性氣體進入該「容器」內部而引起爆炸時，也不會波及「容器」外部周圍的爆炸性氣體。所以耐壓防爆構造之容器，必須能充分承受爆炸性氣體之爆炸壓力之強度，且必須經過精密設計、製造，並維持自容器之接合面之間隙等不會有電氣火花逸走之虞，而達到防爆之效果，是一種允許爆炸發生於容器內部之設計，此外容器外部的最高表面溫度不得超過規定的容許溫度。

耐壓防爆主要構造要件有以下幾項：

（一）耐壓器殼。　　　　　　　（四）電磁閥。

（二）耐壓金屬管路。　　　　　（五）電纜系統。

（三）無熔絲開關。　　　　　　（六）接合面。

請說明機械防護方式中，連鎖法之條件及各式連鎖法作用之原理。（20 分）　　　　　　　　　　　　　　【105 - 地特三等】

答

一、機械防護方式中，連鎖法之條件如下列：

（一）在機器操作之前，能防護危險的部分。

（二）除非危險部位停下來，否則防護具永遠關閉，不能打開。

（三）連鎖裝置一旦失效，機器即不能操作。

二、機械防護方式中，各式連鎖法作用之原理如下列：

（一）機械連鎖：利用連桿、彈簧等控制離合器、油壓管路等動力傳遞的裝置。

（二）電氣連鎖：利用某部分位移，切斷電力供應的裝置。

（三）光電連鎖：利用光電感應，控制動力的裝置。

（四）電容連鎖：利用電容量變化，控制動力的裝置。

矽甲烷（SiH_4）、磷化氫（PH_3）、砷化氫（AsH_3）為半導體光電產業常使用的特殊氣體，說明上述三種特殊氣體的危害性？半導體光電產業中的那一個產業（半導體、面板業（TFT-LCD）、發光二極體（LED）、太陽能電池）沒有使用到砷化氫？相對於矽甲烷的使用量，半導體光電產業中的那一個產業砷化氫、磷化氫的使用量較高？（25分）　　　　　　　　　　　　【106 - 公務高考】

答

一、三種特殊氣體的危害性：

（一）矽甲烷（SiH_4）為自燃性氣體，當該氣體與空氣混合達爆炸界限時，於室溫下不需外部火源，即可自行燃燒，且其與氧氣反應後，會分解產生二氧化矽粉末，對呼吸道具有刺激性。

（二）磷化氫（PH_3）為易燃性氣體，無色，極為不安定，在空氣中可能產生自燃，且具有毒性，吸入後嚴重刺激呼吸道。

（三）砷化氫（AsH_3）為易燃性氣體，無色無味，常溫下砷化氫很穩定，但溫度高於攝氏230度時，分解成氫與砷之速度非常快，其與空氣氧化會產生類似大蒜的氣味，致命濃度遠低於能聞到蒜頭氣味的濃度，砷化氫氣體可引起溶血，再嚴重時則產生急性腎管狀細胞壞死，最後可能導致腎衰竭。

二、半導體光電產業中半導體業、面板業及發光二極體業皆有使用砷化氫，僅太陽能電池業沒有使用砷化氫。

三、半導體光電產業中面板業相對於矽甲烷的使用量，砷化氫及磷化氫的使用量較高。

當壓力疏解閥和破裂片並聯使用時，設定壓力如何設定？為什麼（小幅壓力上升和壓力急速上升如何排放）？（25分）

答

一、以壓力疏解閥為洩壓裝置（一級洩壓裝置）主要是洩放操作條件下可能發生的超壓，破裂片裝置則作為在意外情況下主要的洩壓裝置（二級洩壓裝置）。

二、例如液氧、液氮的低溫儲存容器設置壓力疏解閥和破裂片並聯使用時，由壓力疏解閥防止灌充過量或環境溫度過高引起之超壓，從壓力疏解閥洩放內容物。當發生火災或遇到外來熱源加熱儲存容器，導致發生超壓時，則需要快速洩壓，且洩壓面積大，主要由破裂片輔以壓力疏解閥共同洩放壓力。

三、破裂片的設定壓力一般高於壓力疏解閥的設定壓力，而二者的洩放能力應大於最嚴重情況下的容器安全洩放需求，其設定壓力皆不宜超過容器的設計壓力。

4

安全工程

設備完整性（mechanical integrity）為製程安全管理（process safety management）中重要的單位，依美國職業安全衛生署（OSHA）高危害化學製程安全管理（process management of highly hazardous chemicals）法規 29CFR1910.119 的規定，設備完整性所涵蓋的製程設備範圍為何？那些屬於製程防護的第一道防線（the first line of defense）？那些屬於第二道防線（the second line of defense）？（25分）

答

一、設備完整性所涵蓋的製程設備適用範圍如下：

（一）壓力容器與儲槽。

（二）管線（包括管線組件如法蘭、閥、軟管、膨脹接頭、及保溫／保冷等設施）。

（三）釋放及排放系統。

（四）緊急停車系統。

（五）控制系統（包括監測設備、感應器、警報和連鎖系統）。

（六）泵浦（包括其他轉動設備，如製程用送風／鼓風機、螺旋輸送機、空壓機、攪拌機、冷凍機等）。

二、防線分述如下：

（一）製程防護的第一道防線（the first line of defense）：

　　1. 壓力容器與儲槽。

　　2. 管線（包括管線組件如法蘭、閥、軟管、膨脹接頭、及保溫／保冷等設施）。

　　3. 泵浦（包括其他轉動設備，如製程用送風／鼓風機、螺旋輸送機、空壓機、攪拌機、冷凍機等）。

（二）製程防護的第二道防線（the second line of defense）：

　　1. 釋放及排放系統。

　　2. 緊急停車系統。

　　3. 控制系統（包括監測設備、感應器、警報和連鎖系統）。

災因模式係指描述意外傷亡事故發生、發展的過程，用來預測和預防意外事故發生之模型。請繪圖並說明關於危害屏障理論（Hazard Barrier Target Theory）的相關內容。（25 分）　　【107 - 公務高考】

答

一、危害屏障理論認為意外事故的發生，為非預期的能量釋放、安全屏障失效或未設置安全屏障、受害者／物三者所構成，表示圖形如下：

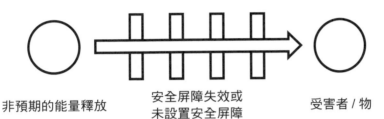

非預期的能量釋放　　安全屏障失效或未設置安全屏障　　受害者／物

二、危害屏障理論的相關內容如下述：

意外事故的發生多半是一項以上基本原因所構成，因此應重複檢視多重能量轉移，及避免各屏障失效導致最終的意外事故發生。安全屏障包括個人防護具、自動防護系統等，然而屏障不單只指物理性防護設備，也包含工作程序、訓練、監督、空間、時間、管理和組織控制等行政管理措施，如設計安全審查和風險評估，通常物理性屏障較容易辨識，而管理系統屏障由於不甚顯著，不易辨識，二者舉例如下：

（一）物理性屏障：

溝渠、防溢堤、設備和工程設計、柵欄、籬笆、防護欄杆、扶手、防護衣、安全設備、盾、罩、屏風、警報裝置等。

（二）管理系統屏障：

危害分析、知識／技能、現場主管監督、訓練、工作計畫、作業程序等。

請說明極早型偵煙探測器（VESDA）之原理及優缺點。（25分）

【107-公務高考】

答

一、極早型偵煙探測器是高靈敏度的空氣取樣式煙霧偵測系統。它的偵測原理是靠著主機內部的抽氣泵，透過取樣管路的延伸將空氣樣品抽回主機內部進行分析比對，如同人類嗅覺一樣，當空氣中的煙霧濃度到達一定程度時，系統則會即時發出警報。若能在火災醞釀階段即時產生告警訊號，將能提供更多的時間來控制火災的發展。

二、（一）優點：

1. 能夠達到極早期偵測的能力、比「傳統局限型偵煙探測器」更早偵測到極早期火災的現象。

2. 適用高速氣流環境（1.5m/sec 以上）、挑高天花板（高度 25m 以上）及大型空間（火警分區 2,000m² 以上）者。

3. 更靈敏且更廣的偵測範圍。

4. 結實耐用，設置在天花板上幾十年如一日。

（二）缺點：

探頭傳信號不精確、不夠穩定，誤報頻繁；只能報警，不能連動。

請依我國危險場所區域等級之劃分，說明下列事項：

一、 各區之原理。（15 分）

二、 影響危險場所區域範圍的因素有那些？（10 分）

答

一、危險區域依其爆炸性氣體環境發生之頻率和期間分成 0 區、1 區 及 2 區，定義如下：

（一）0 區（Zone 0）：0 區係指下列任一場所：

1. 爆炸性氣體環境連續存在之場所。

2. 爆炸性氣體環境長時間存在之場所。

（二）1 區（Zone 1）：1 區係指下列任一場所：

1. 爆炸性氣體環境在正常操作時可能存在之場所。

2. 因為修護、保養作業或洩漏而使爆炸性氣體環境經常存 在之場所。

3. 設備操作或運作中，因其特性在設備停機或錯誤操作 時可能造成爆炸性氣體環境洩漏，並同時造成電氣設 備之失效而成為引火源之場所。

（三）2 區（Zone 2）：2 區係指下列場所：

爆炸性氣體環境在正常操作下不太可能存在，如果存在， 也只存在一段短時間之場所。

二、影響危險區域範圍的因素如下列：

（一）氣體或蒸氣的洩漏頻率

1. 洩漏源的幾何形狀。

2. 洩漏速度。

3. 濃度。

4. 易燃性液體的揮發性。

5. 液體之溫度。

（二）爆炸下限。

（三）通風量。

（四）氣體或液體洩漏時期相對密度。

1. 相對密度低於 0.8 將被當作比空氣輕。

2. 密度高於 1.2 將被當作比空氣重。

3. 密度介於兩數值之間，兩者都應該考量。

（五）其他。

1. 天氣狀況。

2. 地形地勢。

立即對生命健康危害（Immediately Dangerous to Life and Health, IDLH）濃度是評估化學物質危害程度的重要指標。在氯氣下，普羅比（Probit）關係式為：Y = −8.29 + 0.92ln（ΣC²·⁰T），其中：C 為暴露的濃度（ppm）、T 為暴露的時間（分鐘），Y 為普羅比的數值。若已知氯氣的 IDLH 濃度為 10 ppm，請計算暴露在此濃度下，經過多少時間後個體的死亡機率將高於 1%？（普羅比數值與發生死亡機率之換算如附表所示）。（25 分）

【107 - 公務高考】

附表　機率與普羅比（Probit）換算表

%	0	1	2	3	4	5	6	7	8	9
0	—	2.67	2.95	3.12	3.25	3.36	3.45	3.52	3.59	3.66
10	3.72	3.77	3.82	3.87	3.92	3.96	4.01	4.05	4.08	4.12
20	4.16	4.19	4.23	4.26	4.29	4.33	4.36	4.39	4.42	4.45
30	4.48	4.50	4.53	4.56	4.59	4.61	4.64	4.67	4.69	4.72
40	4.75	4.77	4.80	4.82	4.85	4.87	4.90	4.92	4.95	4.97
50	5.00	5.03	5.05	5.08	5.10	5.13	5.15	5.18	5.20	5.23
60	5.25	5.28	5.31	5.33	5.36	5.39	5.41	5.44	5.47	5.50
70	5.52	5.55	5.58	5.61	5.64	5.67	5.71	5.74	5.77	5.81
80	5.84	5.88	5.92	5.95	5.99	6.04	6.08	6.13	6.18	6.23
90	6.28	6.34	6.41	6.48	6.55	6.64	6.75	6.88	7.05	7.33
%	0.0	0.1	0.2	0.3	0.4	0.5	0.6	0.7	0.8	0.9
99	7.33	7.37	7.41	7.46	7.51	7.58	7.65	7.75	7.88	8.09

答

$$\text{Pr} = -8.29 + 0.92\ln\left(\sum C^{2.0}T\right)$$

Pr = Probit 值，Probit 值與機率百分比之換算（機率為 1% 時，Probit 值 = 2.67）

$$2.67 = -8.29 + 0.92\ln\ (10^2 \times T)$$

$$2.67 = -8.29 + 0.92\ln\ (100 \times T)$$

$$2.67 + 8.29 = 0.92\ln\ (100 \times T)$$

$$10.96 = 0.92\ln\ (100 \times T)$$

$$10.96/0.92 = \ln\ (100 \times T)$$

$e^{11.91} = (100 \times T)$

$1,492,000 = 100 \times T$

$1,492,000/100 = T$

$T = 1,492 \ min$

故得知氯氣洩漏造成 1% 人數死亡之曝露時間 T 為 1492 分鐘。

一、勞動部於中華民國 107 年 7 月 1 日訂定何項設施列入職業安全衛生法第 8 條第 1 項之形式驗證？（5 分）

二、請圖解說明上述裝置之原理。（10 分）

三、對於型式驗證，因產品構造規格特殊致驗證有困難時，應如何處理？（5 分）　　　　　　　　　　　　　　　【107 - 地特三等】

答

一、依勞動部勞職授字第 10702004912 號公告，訂定「指定交流電焊機用自動擊防止裝置列入職業安全衛生法第 8 條 1 項之型式驗證設備」，並自中華民國 107 年 7 月 1 日生效。

二、自動電擊防止裝置原理：

自動電擊防止裝置（如下圖 1）原理是利用一輔助變壓器輸出安全低電壓，在沒有進行焊接時取代電焊機變壓器之輸出電壓。由電流或電壓檢測單元偵測是否正進行焊接工作，將所獲得之信號送至自動電擊防止裝置之控制電路，再由控制電路決定開關之切換，使電焊機輸出側輸出適當之電壓（如下圖 2）。

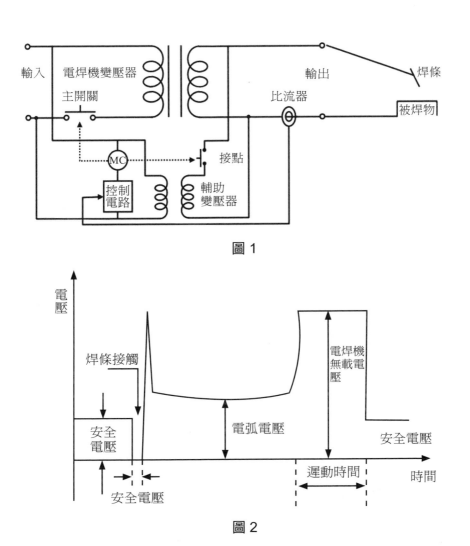

圖 1

圖 2

三、依據「職業安全衛生法」第 8 條第 3 項規定，型式驗證因產品構
　　造規格特殊致驗證有困難者，報驗義務人得檢附產品安全評估報
　　告，向中央主管機關申請核准採用適當檢驗方式為之。

工程中常見移動式起重機從事吊掛作業，請說明移動式起重機安全裝置之種類及其功能。（20 分） 【107 - 地特三等】

答

依據「危險性機械及設備安全檢查規則」第 28 條移動式起重機定期檢查結果報告表所載，移動式起重機安全裝置之種類及其功能如下列：

一、過捲預防或警報裝置：使用鋼索或吊鏈之吊升裝置、起伏裝置及伸縮裝置，應設置過捲預防裝置或預防過捲警報裝置。

二、過負荷預防或警報裝置：使用液壓或氣壓為動力之移動式起重機之吊升裝置、起伏裝置或伸縮裝置，應設置防止壓力過度升高之安全閥及設置防止液壓或氣壓異常下降，致吊具等急劇下降之逆止閥。

三、伸臂背向止動裝置：伸臂式移動式起重機之起伏裝置，應設置防止伸臂過度抬舉至背向之停止裝置。

四、角度計、荷重計：具有起伏動作之移動式起重機，應於操作人員易見處，設置伸臂傾斜角之指示裝置，以防止過負荷操作。

五、防止脫落裝置：吊鉤應設置防止吊掛用鋼索等脫落之阻擋裝置。

六、其他：移動式起重機，應依公路監理有關規定設置各種燈具、照後鏡、喇叭等裝置。

韓立奇（Heinrich）在 1930 年代提出下列三項在安全管理上有名的論述，即 (1) 骨牌理論（Domino theory）(2) 韓立奇三角錐 300：20：1 比 值（Heinrich's pyramid, also known as 300：20：1 ratios）(3) 因果理論 88：10：2 比值（Causation theory, also known as 88：10：2 ratios）。請就上述韓立奇的每一項論述，說明其內涵及在預防意外之發生有何意義，並說明其看法應用於現今工作場所安全管理，尤其是系統安全，有那些不適用之處？（25 分）　　　　　　　　　　　　　　　　【108 - 公務高考】

答

一、骨牌理論：

　　工業意外事故的發生，好像骨牌的傾倒一般，是一連串緊接的事件造成的。防止災害發生應從「人為或機械的危險因素」著手，如同從一連串骨牌中抽出一張，使傾倒中的骨牌中斷傾倒，將不致發生連鎖反應而造成意外事故。

二、韓立奇三角錐理論（300：20：1）：

　　重傷害通常是在許多次小事故及虛驚事故之後發生的，韓立奇透過統計分析發現這些事件會以固定比率發生，每 300 次不安全行為，就會發生 20 起小事故和 1 起重大事故，說明不安全行為與事故之間的關係。

三、因果理論（88：10：2）：

　　係指所有工作場所事故和傷害或疾病有 88% 的事故是由人的不安全行為引起的，另有 10% 的事故是由不安全的環境引起的，剩餘 2% 是不可避免的原因引起的。

四、系統係由較小及相關且具有相同功能目的之次系統組合而成，系統中人為或物質因素失去其應有功能時，意外事故就會發生。當上述韓立奇的論述應用於系統安全時，低嚴重度事故和高嚴重度事故之間的比例關係並非是線性關係，尤其是傷害事故與系統

失誤相比，系統失誤發生原因不全然是不安全的行為及不安全環境，尚包括機械設備的隨機失效，這些都必須以可靠度為觀點，方可進行安全管理。

請說明機械安全防護的目的及優點。（25 分）　　　　　【108 - 公務高考】

答

一、機械安全防護的目的如下列：

（一）防止人體與機械動作部分直接接觸。

（二）防止工作中被飛片擊傷、機件碰傷。

（三）防止機械失效時（如衝床回衝）所造成的傷害。

（四）防止電氣失效時（如掀鈕）所造成的傷害。

（五）防止操作人員操作不當之傷害。

（六）防止操作人員人為因素（如醉酒、過度疲勞等）所造成之過失傷害。

二、機械安全防護的優點如下列：

（一）掃除工作人員恐懼機械之心理。

（二）根除操作人員人為因素之過失。

（三）避免因災害所產生之直接損失及間接損失。

（四）提高生產效率與品質。

請回答下列粉塵爆炸相關問題：

（一）請說明影響粉塵爆炸之因素。（16 分）

（二）爆炸性粉塵環境之電氣防爆，其危險場所的區分等級。

（9 分）　　　　　　　　　　　　　　　【108 - 公務高考】

答

一、影響粉塵爆炸之因素。

（一）物理化學性質：

粉塵之化學組成，對於爆炸具有莫大之影響。如爆炸性物質中氧的平衡一樣，已氧化者，其反應性較小，而有機過氧化物或硝化物等因分子已有活性氧，雖無外部氧之供給，亦能產生激烈爆炸，且爆炸力甚強。

（二）顆粒大小：

粉塵爆炸之燃燒反應係生於粒子之表面，其比表面積（表面積與質量比）愈大，表面能量愈大，反應也容易。

（三）粉塵爆炸界限：

粉塵爆炸與可燃性氣體一樣具有爆炸界限。

（四）可燃性氣體之共存：

粉塵若與可燃性氣體在空氣中共存時，其爆炸下限將下降。

（五）發火溫度：

粉塵無法長時間浮游空氣中，因此以一定時間內浮游之粉塵，其發火之最低溫度作為其發火溫度。

（六）最小發火能量：

粉塵爆炸與可燃性氣體之情形一樣，亦有最不發火能量之存在，其值亦以火花放電能量求之，約為 10~100mJ。

（七）溫度及壓力：

粉塵與空氣之混合物，其爆炸界限當然受溫度與壓力所影響，通常壓力、溫度上昇時，爆炸界限亦變廣，最小發火量值變小，危險性亦增。

二、爆炸性粉塵環境之電氣防爆，其危險場所的區分等級如下：

（一）20 區（zone 20）：係指爆炸性粉塵環境連續存在或長時間存在或經常性短暫時間存在之場所。

（二）21 區（zone 21）：係指爆炸性粉塵環境在正常操作下，可能會有存在之場所。

（三）22 區（zone 22）：係指爆炸性粉塵環境在正常操作下不太可能存在，如果存在，也只有存在一段短暫時間之場所。

有一個 5 m³ 儲槽於一大氣壓、25℃ 條件下內含空氣（氧氣濃度為 20.9%），今欲將槽內之氧氣濃度以真空吹驅（vacuum purging）方式降至 20 ppm 以下。因此先將儲槽抽真空至 150 mmHg 後，再將純氮氣灌入儲槽中使其回復至一大氣壓。請問：

一、 需以此方式重複循環多少次，方能將槽內之氧氣濃度降至 20 ppm 以下？（15 分）

二、 每次灌入之氮氣為多少公斤？（10 分）　　【108 - 公務高考】

答

一、槽內氧氣濃度 20.9 % 相當於 209,000 ppm。

每次抽真空至 150 mmHg，再回復至 760 mmHg，令槽內剩 X_1 體積比。

$X_1 = 150／760 \cong 0.1974 = 19.74$ %

第 1 次吹驅後，槽內氧氣濃度 = 209,000×19.74 % = 41,256.6 ppm。

第 2 次吹驅後，槽內氧氣濃度 = 41,256.6×19.74 % = 8,144.05 ppm。

第 3 次吹驅後，槽內氧氣濃度 = 8,144.05×19.74 % ≅ 1,607.64 ppm。

第 4 次吹驅後，槽內氧氣濃度 = 1,607.64×19.74 % ≅ 317.35 ppm。

第 5 次吹驅後，槽內氧氣濃度 = 317.35×19.74 % ≅ 62.64 ppm。

第 6 次吹驅後，槽內氧氣濃度 = 62.64×19.74 % ≅ 12.37 ppm < 20 ppm。

故重複吹驅至第 6 次後，槽內氧氣濃度降至 20 ppm 以下。

二、每次灌入氮氣占儲槽體積比為 X_2，體積為 V。

$X_2 = 1 - X_1 = 0.8026 = 80.26 \%$

$V = 5 \ m^3 \times 80.26 \% = 4.013 \ m^3$

在 25°C，一大氣壓時，一莫耳理想氣體的體積為 24.45 公升。

$M_{N2} = 4.013 \times 10^3 \div 24.45 \cong 164.13 \ mole$

1 莫耳氮氣重量約為 28 公克。

$M_{N2} = 164.13 \times 28 \times 10^{-3} = 4.59564 \ kg$

> 一、除符合國家標準或職業安全衛生相關法令之規定外，請說明機械安全防護物設計之原則。（10 分）
>
> 二、機械之操作點為高危害處所，請說明機械操作點之安全防護方法。（10 分）　　　　　　　　　　　　　　　【108 - 地特三等】

答

一、機械安全防護物設計之原則如下列：

（一）一般性原理：設定之安全裝置非有關人員不得進入，有關作業人員必須有特別防護措施，方可進入。

（二）非依存性原理：作業過程中之安全措施操作及控制，不應依存於作業人員的注意力及不懈精神。

（三）機械化原理：應用機械化或自動化，能減少災害發生。

（四）經濟性原理：安全裝置不可阻礙工作或增加工時。

（五）關閉原理：危險區域或危險時間，應予閉鎖，非有關人員不得進入。

（六）保證原理：高信賴度，效能維持長久。

（七）全體性原理：一次安全裝置後，不得引起相關危害。

（八）複合原理：在搬運、組合、拆卸、保養、修護間也應同時考慮安全。

（九）輕減原理：不可因採取安全措施使作業者之勞動量超過生理正常負荷。

（十）結合原理：將機械起動裝置與安全裝置強制結合，安全裝置發生效用後，機械始可動作。

二、機械操作點之安全防護方法如下列：

（一）護罩、護圍 – 固定式、移動式 / 閘門、可調式 / 自行調整式。

（二）安全裝置 – 連鎖防護式安全裝置 – 雙手操作式（安全一行程 / 雙手起動）、光電感應式、自動法（掃除 / 拉開）。

（三）改善進出料方式：

改善進料 – 工具代替手、半自動式、全自動式。

改善出料 – 震動法、吹出法、重力法。

從事機械之掃除、上油、檢查、修理或調整而有危害之虞時，請說明應採取之措施。（20分）　　　　　　　　　　【108 - 地特三等】

答

依據「職業安全衛生設施規則」第 57 條規定，雇主對於機械之掃除、上油、檢查、修理或調整有導致危害勞工之虞者，應停止相關機械運轉及送料。為防止他人操作該機械之起動等裝置或誤送料，應採上鎖或設置標示等措施，並設置防止落下物導致危害勞工之安全設備與措施。

前項機械停止運轉時，有彈簧等彈性元件、液壓、氣壓或真空蓄能等殘壓引起之危險者，雇主應採釋壓、關斷或阻隔等適當設備或措施。

第一項工作必須在運轉狀態下施行者，雇主應於危險之部分設置護罩、護圍等安全設施或使用不致危及勞工身體之足夠長度之作業用具。對連續送料生產機組等，其部分單元停機有困難，且危險部分無法設置護罩或護圍者，雇主應設置具有安全機能設計之裝置，或採取必要安全措施及書面確認作業方式之安全性，並指派現場主管在場監督。

一局限空間中發生火災時，其火災成長趨勢可分為起始期、成長期、全盛期與衰退期，請說明前述各階段之防火目標、火災控制機制（Controlling Mechanisms）、感應（Detection）方式、被動式（Passive）防火方法、主動式（Active）防火方法及人類行為。（25 分）

【109 - 公務高考】

答

火災歷程及各階段之防火目標、火災控制機制、感應方式、被動式防火方法、主動式防火方法及人類行為如下表：

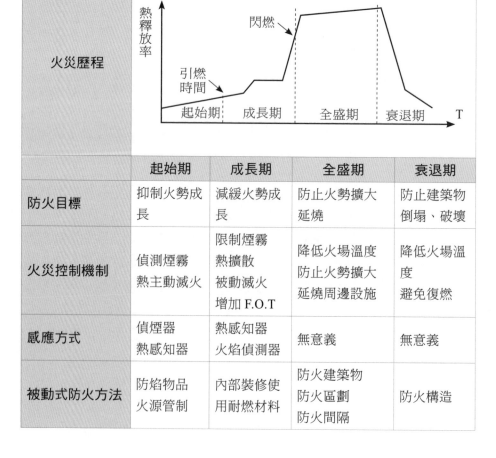

火災歷程				
	起始期	**成長期**	**全盛期**	**衰退期**
防火目標	抑制火勢成長	減緩火勢成長	防止火勢擴大延燒	防止建築物倒塌、破壞
火災控制機制	偵測煙霧熱主動滅火	限制煙霧熱擴散被動滅火增加 F.O.T	降低火場溫度防止火勢擴大延燒周邊設施	降低火場溫度避免復燃
感應方式	偵煙器熱感知器	熱感知器火焰偵測器	無意義	無意義
被動式防火方法	防焰物品火源管制	內部裝修使用耐燃材料	防火建築物防火區劃防火間隔	防火構造

	滅火設備、警報設備	供消防搶救之必要設施與設備
主動式防火方法	防排煙設備、避難逃生設備	全棟避難設施、煙控及排煙
人類行為	避難逃生	就地避難、人員死亡

請詳述細水霧滅火系統（Water Mist Fire protection System）之主要滅火原理及優缺點。（25 分）　　　　　【109 - 公務高考】

答

一、細水霧滅火系統之主要滅火原理：

（一）因為水霧滅火設備將高壓力之水，自水霧特殊噴頭噴出之霧化為細小水粒，會均勻噴撒在燃燒物表面，吸收熱量，具冷卻之作用。

（二）當火焰接觸高溫時，會快速形成水蒸氣，使體積膨脹1,700 倍，遮斷氧氣供應，使濃度降低，達到窒息作用之目的。

（三）霧化之水在可燃性油類表面會形成不燃性之乳化層，阻止可燃氣蒸發，阻絕氧氣之接觸，達到滅火之效果，故水霧滅火設備可用於油類火災。

（四）對水溶性物質降低濃度之稀釋作用達滅火目的。

二、細水霧滅火系統之優缺點如下列：

（一）優點：細水霧在冷卻、窒息和隔絕熱輻射的三重作用下達到控制火災、抑制火災和撲滅火災的目的，細水霧滅火系統具有水噴淋和氣體滅火的雙重作用和優點，既有水噴淋系統的冷卻作用，又有氣體滅火系統的窒息作用。

（二）缺點：細水霧所引入之水質，其要求較高，否則有堵塞高壓噴水頭之顧慮。而且，細水霧滅火系統作動時，會阻礙

噴灑範圍之能見度；若是火勢猛烈，還會產生大量水蒸氣，使得含氧量降低（空氣中氧氣濃度低於 17 ％，人體即會發生缺氧現象），故人員應遠離其施放區域。

請說明二氧化碳滅火設備滅火之原理，並說明全區放射式二氧化碳滅火設備使用時安全裝置之注意事項。（25 分）　　【109 - 公務高考】

答

一、二氧化碳滅火設備原理主要依靠窒息作用和冷卻作用來滅火。

由於液態二氧化碳密度較高，在常壓下，液態的二氧化碳會立即汽化（一般 1kg 的液態二氧化碳可產生約 0.5 立方米的氣體）。滅火時，液態二氧化碳汽化產生的氣體可以排除原本空氣，降低可燃物周圍的氧濃度，產生窒息作用來滅火（火在有氧環境下才可燃燒）。

至於冷卻，二氧化碳汽化時，會從周圍吸收熱量，使周圍空氣迅速降溫，達到冷卻的作用。

二、依據「各類場所消防安全設備設置標準」第 93 條規定，全區放射方式之安全裝置，依下列規定設置：

（一）啟動裝置開關或拉桿開始動作至儲存容器之容器閥開啟，設有 20 秒以上之遲延裝置。

（二）於防護區域出入口等易於辨認處所設置放射表示燈。

請說明與比較：

一、 危害（hazard）與風險（risk）。（5分）

二、 系統安全（system safety）與安全系統（safety system）。（10分）

三、 事件樹（event tree）與故障樹（fault tree）。（10分）

【109 - 公務高考】

答

一、（一）危害（hazard）：係指系統中可能造成人員受傷或疾病、財產損失、工作場所環境損害或前列各項之組合的潛在狀態／因素。

（二）風險（risk）：係指一個特定危害事件發生之可能性及後果的組合，可能性即指特定危害事件發生的頻率或機率；而後果則代表其影響的嚴重性。

（三）風險（Risk）與危害（Hazard）並不相同，舉例而言，存在於蘋果中的蠹蛾是一種危害，會造成蘋果的傷害，但是風險則是這樣的危害發生的機率，例如當一隻蠹蛾因為蘋果進口而進入蘋果林後，對於整體蘋果生產所造成的危害程度的機率。

二、（一）系統安全：以科學、技術及管理技巧等方法進行危害辨識及分析為基礎的風險管理策略，並且以其基礎來消除或控制系統中的危害。

（二）安全系統：系統中，目的為保護人員、機械設備、環境等不受危害之子系統，其不是為了控制系統本身。如程序控制由程序控制系統進行，會和安全系統互鎖（interlock），在程序控制系統失效時，安全系統可以採取緊急措施。

（三）二者差別在於安全系統係系統中次系統之一，其目的在維護系統正常運作，使系統趨於安全。

三、（一）事件樹：它是一種圖形模式，由初始危害事件逐步推論可能衍生的後果，從而進行危險源辨識的方法。

（二）故障樹：又可稱失誤樹（Fault Tree Analysis, FTA）係一種系統化歸納事件發生原因的圖形模式，由頂上事件反向逐次分析其基本原因的方法，分析結果是一個完整的失誤組合清單，藉由求出發生頂上事件的發生頻率，以作為安全管理的依據。

（三）事件樹與故障樹二者差別說明如下：

1. 事件樹是由下而上式的方法，前向（Forward）發展模式，歸納（Inductively）或引導原因（Cause）至其後果（Effects）。

2. 故障樹是由上而下式的方式，回溯（Backward）發展模式，演繹（Deductively）或推論後果（Effect）至其原因（Causes）。

交流電焊機為利用電弧使金屬熔接之常用設備，因使用不當或未設置自動電擊防止裝置，造成感電傷害事故屢有所聞。請說明電弧如何產生？何種作業使用之交流電焊機應有自動電擊防止裝置？請說明交流電焊機用之自動電擊防止裝置其功能如何發生作用？依照職業安全衛生法，交流電焊機用之自動電擊防止裝置需進行何種管理？（25分）　　　　　　　　　　　　　　　【109 - 地特三等】

答

一、電弧係指在電荷放電，離開荷物時產生的微小間隙，所放出的紋條狀的電流。此時人體觸及，即有感電之危險。

二、依據「職業安全衛生設施規則」相關規定，勞工於良導體機器設備內之狹小空間，或於鋼架等致有觸及高導電性接地物之虞之場所，作業時所使用之交流電焊機，應有自動電擊防止裝置。但採自動式焊接者，不在此限。

三、自動電擊防止裝置作用說明如下：

（一）焊物與母材接觸啟動，由 25V 安全電壓轉為負載電壓。

（二）焊物與母才分開後，回到無載電壓。

（三）經過遲動時間，又回到安全電壓。

四、（一）輸入、製造、供應者為報檢義務人，經過合格驗證機構驗
證合格後，取得已登錄之驗證合格證明書。

（二）業者印製合格標章，並張貼於產品明顯易見處。

動力衝剪機械依據源頭管理理念該如何進行管理？動力衝剪機械所使用之雙手操作式安全裝置可分為安全一行程式與雙手起動式，請說明該兩種安全裝置應具備之機能？若某一動力衝剪機械裝設安全一行程式安全裝置，其操作至快速停止機構之開始動作時間為 120毫秒；快速停止機構開始動作至滑塊等之停止時間為 150 毫秒，請計算其安全距離（請列出計算式並以毫米單位表示）。（25 分）

【109 - 地特三等】

答

一、對於動力衝剪機械源頭管理方式如下：

（一）應符合安全標準。

（二）應於中央主管機關指定之資訊申報網站登錄。

（三）應於產品明顯處張貼安全標示，以供識別。

二、依「機械設備器具安全標準」，安全一行程式、雙手起動式兩種
具備之機能作用，如下說明：

（一）安全一行程式：在手指按下起動按鈕、操作控制桿或操作
其他控制裝置（以下簡稱操作部），脫手後至該手達到危
險界限前，能使滑塊等停止動作。

（二）雙手起動式：以雙手作動操作部，於滑塊等閉合動作中，手離開操作部時使手無法達到危險界限。

三、承上，依題旨條件，計算「安全一行程式」之安全距離，如下說明：

公式：$1.6 \times (T_1 + T_2)$

其中：

（一）T_1：手指離開安全一行程雙手操作式安全裝置之操作部至快速停止機構開始動作之時間 (ms)

（二）T_2：快速停止機構開始動作至滑塊等停止之時間 (ms)

計算：$D = 1.6 \times (150 + 120)$

$= 1.6 \times 270$

$= 432mm$

臺中市於 110 年 8 月 4 日上午發生 5 名工人在中區涵洞中進行天然氣管線修漏作業時，發生職業災害，經送醫急救，請詳細說明如何防止此類型職業災害再度發生？（25 分）　　　【110 - 公務高考】

答

該職業災害肇因為勞工從事缺氧危險作業時，發生天然氣由管線破口外洩，造成作業人員及後續救援人員吸入缺氧空氣而昏迷，預防此類職業災害再度發生之相關措施如下：

一、從事拆卸或安裝輸送氣體配管作業時，應確實遮斷氣體，設置雙重關閉或設置盲板，並對維修段進行迫淨（Purge）之作業，使其不致流入拆卸或安裝作業之場所。

二、應置備測定空氣中氧氣濃度的必要測定儀器，並採取隨時可確認空氣中氧氣濃度、硫化氫等其他有害氣體濃度的措施。

三、應予適當通風換氣,以保持該作業場所空氣中氧氣濃度在 18%以上,且不得以純氧換氣。

四、如未能依規定實施換氣時,應置備適當且足夠的空氣呼吸器等呼吸防護具,有因缺氧致墜落之虞時,應供給梯子、安全帶或救生索,並使勞工確實使用。

五、須進行人員管理,對進出各該場所勞工,應予確認或點名登記;禁止非從事缺氧危險作業之勞工,擅自進入缺氧危險場所,並將禁止規定公告於顯而易見處。

六、指定缺氧作業主管從事指揮、監督,並確認防護之器具或設備之狀況及使用情形(如:換氣裝置、測定儀器、呼吸防護具等)。

七、應指派 1 人以上之監視人員,隨時監視作業狀況,發覺有異常時,應立即與缺氧作業主管及有關人員聯繫,並採取緊急措施。

八、應置備呼吸防護具、梯子、安全帶或救生索等設備,供勞工緊急避難或救援人員使用;在無適當之防護措施下,不要貿然進行搶救。

九、於新僱勞工或變更在職勞工從事缺氧作業前,應依職業安全衛生教育訓練規則所定課程、時數,使其接受適於各該工作必要之一般安全衛生教育訓練,並增列至少 3 小時與缺氧作業有關之課程;在職勞工每 3 年接受至少 3 小時與缺氧作業有關之在職教育訓練。

十、擔任缺氧作業主管之勞工應依職業安全衛生教育訓練規則之規定,接受 18 小時之缺氧作業主管安全衛生教育訓練,並每 3 年接受至少 6 小時與缺氧作業主管工作有關之在職教育訓練。

試解釋下列各名詞之意涵，並請各舉一個實例說明之。（每小題 5 分，共 25 分）

一、餘備（Redundancy）

二、多樣性（Diversity）

三、防愚（Fool-Proof）

四、失靈安全（Fail-Safe）

五、本質較安全（Inherently Safer） 　　　　【110 - 地特三等】

答

一、餘備（Redundancy）：

餘備又稱冗餘，係指在系統之關鍵性設備或功能，提供相同功用之設備或功能，以提升系統之安全性與可靠性。

如：當放熱反應超過一定溫度時，將會造成失控反應，所以設計二組並聯溫度計，避免單一組溫度計失效後無法偵測製程溫度之情形發生。

二、多樣性（Diversity）：

當設計冗餘防護措施時，有時會因共因模式而無法提高系統可靠度，此時可加入不同種類的防護措施，增加其多樣性，提供不同手段而達成安全的目標。

如：勞工使用起重機之搭乘設備時，除該設備需有一定強度與適當高度之護欄外，人員尚需勾掛安全帶，且其勾掛點應在搭乘設備外的伸臂上，避免整座搭乘設備掉落之共因失效。

三、防愚（Fool-Proof）：

防愚又稱錯誤校對，係指運用防止錯誤發生的限制方法，讓操作者不需要花費注意力、也不需要經驗與專業知識，憑藉直覺即可準確無誤地完成的操作。

如：缺氧危險作業中，預防錯誤將惰性氣體當空氣供給作業者，將惰性氣體及空氣管線接頭設計成不同形式，以防接錯供氣管線。

四、失靈安全（Fail-Safe）：

失靈安全又稱失效安全，係指機器或其他零組件發生故障或失效時，可使其狀態處於安全狀態，不會有因為失效而造成人員受傷或設備損壞之疑慮。

如：迴路電流過載時，保險絲將會熔斷，使系統保持安全狀態，但須將保險絲修復後，才可重新啟動電力系統。

五、本質較安全（Inherently Safer）：

本質較安全係指避免危害而非控制危害，特別是指移除或減少工廠內危害物質的量或危害操作作業的數目，旨在去除或減少製程中的危害，以提升製程本質的安全程度。

如：硝化甘油的製作過程改進攪拌作業，使用較小的、充分攪拌混合的連續式反應器取代傳統的批式反應器，讓庫存量因而減少，降低新製程的爆炸威力。

一、 請舉例說明並比較安全工程（Safety Engineering）與工程安全（Engineering Safety）兩者間的差異與彼此的關係？（10分）

二、 請舉例說明並比較並聯（parallel）與備援（stand-by）兩者間的差異及彼此的關係？（15分）　　　　【110 - 地特三等】

答

一、安全工程與工程安全差異及關係如下：

（一）差異：安全工程的目標係管理風險，消除風險或降低風險到可以接受的水準；工程安全旨在透過危害辨識、評估與控制來防止或減少工作場所發生事故。

（二）關係：安全工程設法減少失效的頻率，並確保一旦失效發生時，其後果不致於造成人員傷亡，所以可透過安全工程的設計達到工程安全。

二、並聯與備援差異及關係如下：

（一）差異：並聯系統中，只要有一個分系統正常，全系統即正常，也就是要每一個分系統都失效，全系統才算失效；備援系統係設計另一個一樣的系統，當原系統失效時，另一備援系統能夠接手，避免事故發生。

（二）關係：備援的設置是基於並聯的設計上，只是並非所有並聯皆屬於備援。

請說明除塵裝置與廢氣處理裝置等二種空氣清淨裝置的作用原理。
（25 分）　　　　　　　　　　　　　　　　　　【110 - 地特三等】

答

一、列舉除塵裝置作用原理如下：

（一）重力沉降室：以重力方式使粉塵自然墜落。

（二）慣性集塵機：將含有粉塵之空氣衝擊於板上，利用粉塵慣性集塵。

（三）離心分離機：利用離心力分離不同粒徑之粉塵。

（四）濕式集塵機：利用液體噴射於含有粉塵之空氣，使其濕潤凝結後，用分離方式去除。

（五）靜電集塵機：以電極板之靜電吸引粉塵，使其附著於電極板上。

（六）袋式集塵機：透過濾袋過濾一定粒徑之粉塵。

二、列舉廢氣處理裝置作用原理如下：

(一) 吸收塔：以吸收液噴淋或填料吸收方式，吸收或中和廢氣中有害污染物。

(二) 焚燒爐（燃燒塔）：在燃燒室內直接燃燒可燃性廢氣或以觸媒降低廢氣分解溫度，高溫分解廢氣中有害污染物，使其變成二氧化碳、水等安定無害之成分。

(三) 吸附塔：利用固體吸附劑表面之作用力，吸附廢氣中有害污染物。

> 請說明機械裝置在振動防止、動力遮斷裝置、緊急制動裝置與動力傳動之轉軸有那些法定的安全要求？（25分）　【110 - 地特三等】

答

依據職業安全衛生設施規則說明：

一、振動防止：

- 雇主對於原動機或動力傳動裝置，應有防止於停止時，因振動接觸，或其他意外原因驟然開動之裝置。

- 雇主對於機械之設置，應事先妥為規劃，不得使其振動力超過廠房設計安全負荷能力；振動力過大之機械以置於樓下為原則。

二、動力遮斷裝置：

- 雇主應於每一具機械分別設置開關、離合器、移帶裝置等動力遮斷裝置。但連成一體之機械，置有共同動力遮斷裝置，且在工作中途無須以人力供應原料、材料及將其取出者，不在此限。

- 前項機械如係切斷、引伸、壓縮、打穿、彎曲、扭絞等加工用機械者、雇主應將同項規定之動力遮斷裝置，置於從事作業之勞工無須離開其工作崗位即可操作之場所。

- 雇主設置之第一項動力遮斷裝置，應有易於操作且不因接觸、振動等或其他意外原因致使機械驟然開動之性能。

三、緊急制動裝置：

- 雇主對於滾輾橡膠、橡膠化合物、合成樹脂之滾輾機或其他具有危害之滾輾機，應設置於災害發生時，被害者能自己易於操縱之緊急制動裝置。

- 雇主對於使用動力運轉之機械，具有顯著危險者，應於適當位置設置有明顯標誌之緊急制動裝置，立即遮斷動力並與制動系統連動，能於緊急時快速停止機械之運轉。

- 雇主對於具有顯著危險之原動機或動力傳動裝置，應於適當位置設置緊急制動裝置，立即遮斷動力並與剎車系統連動，於緊急時能立即停止原動機或動力傳動裝置之轉動。

- 雇主應禁止勞工攀登運轉中之立式車床、龍門刨床等之床台。但置有緊急制動裝置使搭乘於床台或配置於操作盤之勞工能立即停止機器運轉者，不在此限。

- 雇主對於滾輾橡膠、橡膠化合物、合成樹脂之滾輾機或其他具有危害之滾輾機，應設置於災害發生時，被害者能自己易於操縱之緊急制動裝置。

四、動力傳動之轉軸：

- 雇主對於機械之原動機、轉軸、齒輪、帶輪、飛輪、傳動輪、傳動帶等有危害勞工之虞之部分，應有護罩、護圍、套胴、跨橋等設備。

- 雇主對用於前項轉軸、齒輪、帶輪、飛輪等之附屬固定具，應為埋頭型或設置護罩。

- 雇主對於傳動帶之接頭，不得使用突出之固定具。但裝有適當防護物，足以避免災害發生者，不在此限。

- 動力傳動裝置之轉軸，應依下列規定裝設防護物：

  - 離地 2 公尺以內之轉軸或附近有勞工工作或通行而有接觸之危險者，應有適當之圍柵、掩蓋護網或套管。

  - 因位置關係勞工於通行時必須跨越轉軸者，應於跨越部分裝置適當之跨橋或掩蓋。

- 雇主於施行轉軸之重量超越 1 公噸，且轉軸之週邊速率在每秒 120 公尺以上之高速回轉體之試驗時，應於事先就與該軸材質、形狀等施行非破壞檢查，確認其無破壞原因存在時始為之。

消防工作上常以水作為滅火藥劑，請回答下列以水作為滅火方法的相關問題：

一、請說明水的滅火原理。（12 分）

二、請說明消防水滅火的限制。（9 分）

三、請說明可以使用消防水霧來撲滅電器火災的原因。（4 分）

【110 - 地特三等】

答

一、水的滅火原理：係指水對於火源以「冷卻」、「斷連鎖」、「抑制法」原理達到滅火之目的。

二、消防水滅火的限制：在 B、C、D 類火災中，油類 (B) 輕於水且不溶於水的可燃液體火災，如油脂、酒精，若用水滅火，可燃液體會浮在水面上，隨水流散，促使火勢蔓延；電氣類 (C) 在沒有良好的接地設備或沒有切斷電源的情況下，用水撲救著火電氣設備，可能造成觸電或者對設備造成極大損害；金屬類 (D) 係有禁水性物質限制。

三、細水霧系統，係指經高壓產生精細水霧，可達稀釋氧氣，熱膨脹效應水吸熱後轉化成水蒸氣，體積膨脹約 1,700 倍，可稀釋火源周圍之氧氣濃度，減少持續燃燒之氧氣供應。瞬間蒸發，可立即降低火場溫度及熱輻射，則可保護設備。

說明與比較下列各組名詞：（每小題 5 分，共 25 分）

一、 閉鎖與連鎖

二、 游離輻射之吸收劑量與等效劑量

三、 傳音性聽力損失與感音性聽力損失

四、 步間電壓與接觸電壓

五、 衝剪機械安全裝置之安全一行程式安全裝置與雙手起動式安全裝置 　　　　　　　　　　　　　　　　　　　　　　　　【110 - 地特三等】

答

一、（一）閉鎖：在機械滑塊運行中，遇緊急時可停止。

　　（二）連鎖：在機械滑塊運行中，未接合特定元件不得運作。

二、（一）游離輻射：指直接或間接使物質產生游離作用之電磁輻射或粒子輻射。

　　（二）吸收劑量：是藉由輻射方式傳到單位質量物質的能量。符號為 D，定義為 $D = dE/dM$，其 SI 單位是戈雷（gray，縮寫為 Gy），1 焦耳的輻射能量被 1,000 克的質量吸收為 1 戈雷。

　　（三）等效劑量：為國際放射防護委員會所定義的單位，在 1991 年的報告中等效劑量（Dose equivalent）的定義為吸收劑量（D）乘上品質因子（Q）的值，符號為 H，定義為 $H = D \times Q$，單位為西弗（sievert，縮寫為 Sv）。

三、（一）傳音性聽力損失：在受到外力噪音影響造成永久性或暫時性聽力損失。

（二）感音性聽力損失：因耳內柯氏受器及各器官老化，漸漸地造成聽力損失。

四、（一）步間電壓：人體兩腳之間跨距 1 公尺的地面電位差。兩腳間跨距因人略有差異，為求一致之標準，採用 1 公尺之跨距定義步間電壓。即便身體未碰觸任何帶電金屬，兩腳之間亦會有一步間電壓存在。

（二）接觸電壓：係指人站在發生接地短路故障設備旁邊，距設備水平距離 0.8 米，這時人手觸及設備外殼（距地面 1.8 米的高處），手與腳兩點之間呈現的電位差，叫做接觸電壓。

五、依據機械設備器具安全標準：

（一）安全一行程式安全裝置：在手指按下起動按鈕、操作控制桿或操作其他控制裝置（以下簡稱操作部），脫手後至該手達到危險界限前，能使滑塊等停止動作。

（二）雙手起動式安全裝置：以雙手作動操作部，於滑塊等閉合動作中，手離開操作部時使手無法達到危險界限。

> 空氣清淨裝置依所處理之污染物予以分類，可分為除塵裝置與廢氣處理裝置，在選擇除塵裝置時，有那些方面需要注意，試說明之。（25 分）　　　　　　　　　　　　　　　　　　　【111 - 地特三等】

答

一、除塵裝置適用於粒狀汙染物，依作用原理約可分為重力沉降室、旋風集塵器（離心分離機）、袋式集塵器、靜電集塵器及濕式洗塵器，選擇除塵裝置時應考慮污染物性質、除塵效率及壓力損失等，而除塵效率會受污染物粒徑分布影響，且與壓力損失有關。

二、各除塵裝置說明如下：

（一）重力沉降室利用降低流速使粉塵沉降，可去除空氣動力直徑 40 至 60 微米以上的大微粒，適用於前處理。

（二）旋風集塵器利用離心力收集粉塵，在 5 微米以下的微粒去除效果不佳，適用於粗大粉塵、高濃度粉塵或除塵效率要求不高時。

（三）袋式集塵器利用濾布過濾粉塵，除空氣動力直徑 0.1 至 10 微米的微粒較不好收集外，其他粒徑皆有良好的去除效率，適用於氣體體積流量不大或除塵效率要求很高時。

（四）靜電集塵器利用電暈放電使粉塵帶電進而捕捉收集，對於空氣動力直徑 1 微米以下的小微粒去除效率很高，適用於粉塵需回收、高溫粉塵、粉塵不具爆炸性的狀況、氣體體積流量很大或小微粒除塵效率要求很高時。

（五）濕式洗塵器利用液體接觸粉塵而被去除，對於空氣動力直徑 1 微米以下的小微粒去除效果不佳，適用於粉塵需降溫、可燃性或爆炸性粉塵或同時去除氣狀污染物之情況。

三、綜合以上說明，處理高濃度粉塵時，可設置二段除塵裝置，第一段採重力沉降室或旋風集塵器去除大粒徑粉塵，第二段以袋式集塵器或靜電集塵器去除小粒徑粉塵。若粉塵環境高溫時，選擇袋式集塵器有熔破濾袋之虞，應選擇靜電除塵器或濕式洗塵器為佳。

> 在釋壓裝置的種類中，破裂盤（rupture disk）為其中之一，請解釋其功用及原理（5 分）。通常破裂盤會與彈簧釋壓設備串聯或並聯使用，其目的為何？（20 分）　　　　【111 - 地特三等】

答

一、破裂盤又稱破裂片，其原理為使用夾持器夾住一片金屬薄片，平時抵抗壓力容器的內部操作壓力，在破裂盤兩側達到設定的壓力差值後，破裂盤會破裂爆開快速釋放內部壓力；其功用為一次性的快速洩壓裝置。

二、破裂盤與彈簧釋壓設備並聯使用目的：以二者的釋壓特性將彈簧釋壓設備作為一級釋壓裝置，作用在壓力容器操作過程中可能發生的超壓；將破裂盤作為二級釋壓裝置，作用在壓力容器反應失控或外部火災等壓力快速升高的超壓，以應對小幅壓力上升和壓力急速上升的情況。

三、破裂盤與彈簧釋壓設備串聯可依先後配置分為以下二種情況：

（一）破裂盤串聯安裝於彈簧釋壓設備出口側：目的係防止排放管線有腐蝕性氣體腐蝕彈簧釋壓設備的可能及防止排放管線背壓對彈簧釋壓設備的影響。

（二）破裂盤串聯安裝於彈簧釋壓設備入口側：目的係透過破裂盤保護彈簧釋壓設備，防止壓力容器內部有聚合反應或黏性物質影響彈簧釋壓設備開啟或腐蝕性物質腐蝕彈簧釋壓設備。

對於危險性設備中壓力容器製造或使用階段中的檢查，主要是以非破壞性檢測（NDE or NDT）技術為主，最常用的非破壞性檢測技術有那些？（25 分）　　　　　　　　　　　　　　　　【111 - 地特三等】

答

常用的非破壞性檢測技術如下：

一、目視檢測（Visual Inspection, VT）：指「以眼睛或加上輔助工具、儀器等進行直接或間接的偵查及檢視各種物件表面的瑕疵」，經常應用於被檢物表面腐蝕情況、焊道尺寸量測或內部破孔瑕疵檢測等。

二、超音波檢測（Ultrasonic Testing, UT）：指「以低能量高頻率的超音波，對物件（內部）瑕疵加以檢測」，一般超音波檢測所使用頻率範圍由 0.1 MHz 至 25 MHz，依據超音波回波訊號判定內部缺陷位置與尺寸，可檢測大部分的金屬、非金屬、陶瓷或其他材料，優點為穿透率高，可檢測厚物件，對人體無害，可立即研判內部缺陷，經常應用於銲道檢測、鋼材內部品質檢驗。

三、射線檢測（Radiographic Testing, RT）：指「以具有穿透能力的射線（如 X 射線、伽瑪射線）穿透試件，再達於底片或螢幕等介質，以生成影像之紀錄，進而判斷被檢物內部狀況」，適用於金屬、陶瓷等多種材質，內部瑕疵檢測結果可作永久紀錄，檢測時需考量安全防護。

四、磁粒檢測（Magnetic particle Testing, MT）：指「將磁粒適當地施用於經過磁化物件表面，當材料表面或次表面有瑕疵時，則會形成磁漏現象，吸引細小磁粉堆積而形成顯示」，由於必須將物件適當地磁化，方能實施，因此磁粒檢測只適用於鐵磁性材料的試件，如碳鋼等，其他非鐵磁性材料如沃斯田鐵不銹鋼、鋁、銅等由於無法強烈磁化，因此不適用磁粒檢測，經常用於鋼結構、天車銲道等檢測。

五、液滲檢驗（Penetrant Testing, PT）：指「以特定的滲透液對物件表面瑕疵加以檢測」，透過滲透液以毛細作用滲入物件表面空隙或裂縫，然後藉染色或螢光等以辨別瑕疵，可對表面開口性瑕疵、氣孔、疲勞裂痕等缺陷進行瑕疵定位，經常用於鋁胚、工輥檢測。

六、渦電流檢測（Eddy current Testing, ET）：指「以電磁感應原理，檢測被檢物內部渦電流變化，進一步判斷瑕疵位置」，利用渦電流對導電材料表面距離差異靈敏的特性，適用於導電材料表面及近表面探傷，例如熱交換管、輥面或葉片檢測。

瞭解機械設備的危險部位或區域為機械安全防護之首要，當作業人員進入危險區域時即可能增加風險而發生職災事故，若能控制機械設備的危害位置，將可建立機械安全防護。請說明一般機械設備的危險部位或區域包含那些？（20 分）　　　　【111 - 地特三等】

答

依題旨，一般機械設備的危險部位或區域，係指在機械作業中有致人員危害之虞的部位，說明如下：

一、傳動部位：包含軸承、傳動帶、輸送帶等具捲入危害之傳動裝置。

二、操作部位：如金屬加工更換切削刀具人員操作。

三、帶電部位：設備在運轉中係有致帶電漏電之虞，致人員感電之部位。

四、動力位置：設備行駛動力傳動，係能量位能危害之虞，如油壓手臂操作過程。

致命事故率（Fatal accident rate, FAR）是廣泛用於工業界的死亡事故率的表達方式。根據英國的統計資料顯示 1990 年在英國煤礦挖掘產業的 FAR=7.3，若當時煤礦挖掘工人每年工作時間為 2,400 小時，請問當年從事煤礦挖掘工作的人，每年在職場上的死亡機率為若干？（25 分）　　　　　　　　　　　　　【112 - 地特三等】

答

$$每年死亡機率 = \frac{致命事故率}{10^8} \times 平均每年每人工作時數$$

$$= \frac{7.3}{10^8} \times 2,400$$

$$= 0.0001752$$

$$= 1.752 \times 10^{-4}$$

經計算後得知每年在職場上的死亡機率為 1.72×10^{-4}。

電氣防爆之設計有多種保護形式，請舉出下列設計之防爆原理：（每小題 5 分，共 25 分）

一、耐壓型防爆

二、油入型防爆

三、本質安全防爆

四、填充型防

五、模鑄耐壓防爆　　　　　　　　　　　　　　【112 - 地特三等】

答

一、耐壓型防爆：將一般電氣設備（含潛在點火源）外加硬殼保護，以將爆炸局限於硬殼內而達到防爆之目的。

二、油入型防爆：利用礦物油等不燃且不易氣化物質，將電氣設備浸泡於其中，使爆炸在內部形成阻隔。

三、本質安全防爆：電路設備不致產生或所產生之電弧火花和熱，不致引燃周邊之可燃性物質。

四、填充型防爆：以填充材料完全包覆線路，以避免電路之火花或熱引燃周邊之可燃性物質。

五、模鑄耐壓防爆：將電氣元件以複合物（compounds）密封，使不致引燃周邊之可燃性物質。

請試述下列名詞之意涵：

一、 積汙導電（6分）

二、 水蒸氣爆炸（6分）

三、 防火區劃（6分）

四、 爆燃（backdraft）（7分）　　　　　　【112-地特三等】

答

一、積污導電：電氣裸露接頭或插座附近累積之灰塵，吸收環境中之水分致導電之現象。

二、水蒸氣爆炸：水在液態時，如遇高熱量時，水分子瞬間汽化，改變相態變化產生昇華現象。瞬時體積可達 1,700 倍以上，產生物理性爆炸。

三、防火區劃：按照消防法規及建築技術規則規定，將建築物內之空間以具有一定防火時效之防火構造、材料或防火設備，如：防火牆、防火門窗、防火樓板、防火閘門或閘板及其他貫穿處之防火填塞等所 進行安全區隔。一但建築物內發生火災時，防火區劃得以將火勢局限於空間內 以避免建築物遭受延燒損害，且有效阻止火、煙之擴散，藉以爭取時間以利人員之逃生避難及滅火工作。細分面積區劃、垂直區劃、用途區劃、樓層區劃。

四、爆燃（backdraft）：在現場通風不良之密閉空間內，當火勢已維持了一段時間，空氣內氧濃度遞減，因燃燒產生的未完全燃燒的碳粒子、一氧化碳等可燃性氣體積聚，當足夠的空氣引入火場，與濃烈的可燃性氣體混合，並達燃燒界限範圍內，則在原有火源瞬間引燃下，燃燒猛烈地發生，並引發出一股爆發性的火焰擴散，朝空氣入口處衝出室外的現象，又稱復燃或回燃。

為達成國家綠色能源目標，鋰電池已廣泛使用，請以火災之角度敘述鋰電池致災之因素。（25 分） 【112 - 地特三等】

答

鋰電池火災原因，以火災角度說明如以下：

一、鋰電池負極容量不足：

當鋰電池正極部位的負極部位容量不足時，充電時所產生的鋰原子無法插入負極石墨的間層結構中，會沉澱在負極的表面，形成結晶。在鋰電池中長期形成結晶會導致短路，這時電芯急劇放電，會產生大量的熱，燒壞隔膜。高溫會使電解液分解成氣體，當壓力過大時，電芯就會爆炸。

二、水分含量過高：

充電時，水分和鋰發生反應，生成氧化鋰，使電芯的容量損壞。水分的分解電壓較低，充電時很容易分解生成氣體，當這一系列生成的氣體會使電芯的內部壓力增大，當電芯的外殼無法承受時，電芯就會爆炸。

三、內部短路：

內部電芯短路造成大電流放電，產生大量的熱，燒壞隔膜，而造成更大的短路現象，會使電解液分解成氣體，內部壓力過大，電芯就會爆炸。

四、鋰電池過充：

電芯過充電時，正極的鋰過度放出會使正極的結構發生變化，而放出的鋰過多也容易無法插入負極中，也容易造成負極表面結晶鋰，而且，當電壓達到 4.5V 以上時，電解液會分解生產大量的氣體，所以上面種種狀況均可能造成爆炸。

五、外部短路：

外部短路可能由於正負極接錯所導致，由於外部短路，電池放電電流很大，會使電芯的發熱，高溫會使電芯內部的隔膜收縮或完全損壞，內部短路造成鋰電池爆炸。

在建築物或設備中若有可能發生粉塵爆炸，試說明防止可燃性粉塵爆炸危害的方法。（25 分） 【112 - 地特三等】

答

依題旨建築物或設備，防止可燃性粉塵爆炸危害的方法如下列：

一、濕度：提高濕度到 65% 以上。

二、溫度：維持或控制內部溫度。

三、游離化：將內部散佈物料游離化。

四、限制速度：限度作業傳送物料粉塵之速度。

五、管制火源：管制明火發生及火源點火源。

六、加強通風：室內通風量提高，減少粉塵積蓄。

七、設備接地：電器設備接地，保持中性電位。

八、惰氣化設計：設備中灌入保護氣體隔離保護。

九、開窗：非密閉建築內空間，保持對外部通風。

十、隔離可燃物：將可燃物分類放置。

4-2 設計安全工程考量

一燃料儲槽區有二個儲槽，儲槽一直徑 40 公尺高 13 公尺，儲槽二直徑 12 公尺高 4.5 公尺，二槽距離 16 公尺，現欲建造容納至少大槽 110% 容量防溢堤，且每一槽需離防溢堤至少 7.5 公尺，下列四者那一個是最佳選擇？請說明原因。假設防溢堤無斜度。（20 分）

(A) 1.25 公尺防溢堤高度（67×34 公尺）

(B) 2.70 公尺防溢堤高度（82×73 公尺）

(C) 1.50 公尺防溢堤高度（120×87 公尺）

(D) 1.80 公尺防溢堤高度（120×85 公尺）　【104 - 公務高考】

答

儲槽容積 = 底面積 × 高

儲槽一容積 = 40 m × 40 m × $\frac{\pi}{4}$ ×13m ≅ 16,336 m³

儲槽二容積 = 12 m × 12 m × $\frac{\pi}{4}$ ×4.5m ≅ 509 m³

儲槽一為大槽，防溢堤應至少容納具 110% 容積：16,336 × 110% = 17,970 m³

防溢堤之長度應大於 7.5 + 40 + 16 + 12 + 7.5 = 83 m，
　　　　寬度應大於 7.5 + 40 + 7.5 = 55 m

(A) 及 (B) 防溢堤長寬不足，不符合規定。

(C) 防溢堤容量 = 1.50 m × 120 m × 87 m = 15,660 m³，容量不足，不符合規定。

(D) 防溢堤容量 = 1.80 m × 120 m × 85 m = 18,360 m³，長度、寬度及容量皆符合規定，故 (D) 為最佳選擇。

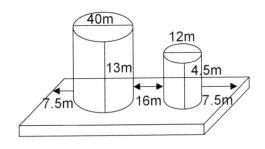

依據「機械設備器具安全標準」之規定，圓盤鋸應於明顯易見處標示那些事項？（20分）　　　　　　　　　　【104 - 地特三等】

答

依據「機械設備器具安全標準」第116條規定，圓盤鋸應於明顯易見處標示下列事項：

一、製造者名稱。

二、製造年月。

三、額定功率或額定電流。

四、額定電壓。

五、無負荷回轉速率；具有變速機構之圓盤鋸者，為其變速階段之無負荷回轉速率。

六、適用之圓鋸片之直徑範圍及種類；具有變速機構之圓盤鋸者，為其變速階段可使用之圓鋸片直徑範圍及種類。

七、撐縫片適用之圓鋸片之直徑、厚度範圍及標準鋸台位置。

八、鋸齒接觸預防裝置，標示適用之圓鋸片之直徑範圍及用途。

雇主對於經中央主管機關指定具有危險性之機械或設備，非經勞動檢查機構或中央主管機關指定之代行檢查機構檢查合格，不得使用；其使用超過規定期間者，非經再檢查合格，不得繼續使用。應檢查項目分別為何？以「鍋爐」為例，若在鍋爐的生命週期中，應搭配檢查項目為何並說明之。（20 分）　　　　　【104－地特三等】

答

一、設計階段：

　　型式檢查－鍋爐設計階段對於製造者能力及機械設備資格審查。

二、製造階段：

　　熔接檢查－焊接過程焊道的檢查。

　　構造檢查－整體構造的檢查，包含人孔、清掃孔、檢查孔、牽管及煙管等的大小、數量及位置，並實施整體耐壓試驗。

三、安裝階段：

　　竣工檢查－由製造工廠運至設置處的安裝檢查，包含安全閥數量、容量、吹洩試驗、水位計數量、位置、給水裝置之容量、數量、排水裝置之容量、數量、水處理裝置、鍋爐之安全配置、鍋爐房之設置、基礎、出入口、安全裝置、壓力表之數量、尺寸及其他必要之檢查，然後核發合格證。

　　重新檢查－鍋爐自國外進口者。

四、使用階段：

　　定期檢查－定期對於鍋爐內部之表面檢查及厚度、腐蝕、裂痕、變形、污穢等之檢測，及外部之腐蝕、裂痕、變形、污穢、洩漏之檢測、必要時實施之非破壞檢查、易腐蝕處之定點超音波測厚、附屬品及附屬裝置檢查。

重新檢查－鍋爐從國外進口，或閒置 1 年以上，擬恢復使用，亦或是變更位置、壓力及傳熱面積，特殊狀況下所採取的檢查項目。

變更檢查－鍋爐經修改本體、過熱器、燃燒裝置及安裝基礎等，針對變更所實施的檢查。

請說明在粉塵作業時需設置局部排氣裝置之規定有那些？
（20 分） 【105 - 公務高考】

答

一、依據「粉塵危害預防標準」第 15 條規定，雇主設置之局部排氣裝置，應依下列之規定：

（一）氣罩宜設置於每一粉塵發生源，如採外裝型氣罩者，應盡量接近發生源。

（二）導管長度宜盡量縮短，肘管數應盡量減少，並於適當位置開啟易於清掃及測定之清潔口及測定孔。

（三）局部排氣裝置之排氣機，應置於空氣清淨裝置後之位置。

（四）排氣口應設於室外。但移動式局部排氣裝置或設置於附表一乙欄 (七) 所列之特定粉塵發生源之局部排氣裝置設置過濾除塵方式或靜電除塵方式者，不在此限。

（五）其他經中央主管機關指定者。

二、依據「粉塵危害預防標準」第 16 條規定：

（一）局部排氣裝置或整體換氣裝置，於粉塵作業時間內，應不得停止運轉。

（二）局部排氣裝置或整體換氣裝置，應置於使排氣或換氣不受阻礙之處，使之有效運轉。

> 評估靜電引起之火災爆炸危害的風險時應考慮那些因素？（10分）
> 又，為防止靜電的產生或/及累積，在採取對策時應注意那些原則
> 以及具體保護對策？（15分）　　　　　　【105-公務高考】

答

一、評估靜電引起之危害時，應考量以下各類製程之靜電產生型態：

（一）由摩擦及剝離產生之靜電帶電：薄膜、紙、布搬送時會用到滾輪，物體在通過滾輪時經摩擦及剝離會發生靜電。

（二）物體之剝離帶電：薄膜、紙、布等緊密結合狀態下，二薄片狀帶電物體剝離時產生之現象。

（三）由液體、固體的移動替換之帶電：液體從有絕緣的容器充填至其他絕緣容器或合成容器時會產生的靜電現象。

（四）由管路移送之帶電：絕緣液體或粉粒體，在導管中移送時，物體與管壁摩擦所引起之衝突，或物體與物體所引起之衝突時，產生靜電帶電現象。

（五）由液體或粉體噴射的帶電：從噴嘴把液體或粉體噴出時，噴嘴會發生靜電，引發帶電。

（六）靜電塗裝之帶電現象：從靜電塗裝槍將帶電塗料噴射至被塗裝物體有接地的場合，帶電塗料從噴嘴被分出時，同時靜電容量產生變化，電位高速上升到達飽和狀態，即產生帶電現象。

（七）感應帶電分二種：

1. 靜電感應之表面帶電，如：在帶電物體的對象設置有被絕緣之導體時，絕緣導體與帶電物體之極性為相反極性之電位感應帶電。

2. 由接地感應電荷之散逸，而導致物體帶電，進而放電的形式，如：物體因接地而釋放電荷，物體帶有相反電荷而帶電之狀態。

二、防止靜電之對策：

(一) 接地：將物體與大地以電線連接，理想上使二者間電位差為零。

(二) 加濕：濕度增加時，靜電的帶電量將減少，當環境相對濕度高時，吸濕性物體的自然阻抗會降低，電荷容易往大地移動。

(三) 工程改善：降低物體移送速度。

(四) 靜電消除器：將因空氣電離而產生的離子，藉由異性離子相互吸引，使帶靜電物體的電荷中和，達到消除靜電的目的。

近年來工業非常關注有機物質反應性危害（Chemical Reactive Hazard）之議題。反應性危害可以區分成化學物質自反應性（Self-reacting）危害與不同化學物質彼此間的不相容性（Incompatibility）危害。某企業欲引進使用一種新的有機物質：

一、 請問必須考慮那些因素以確認此新物質是否具有自反應性危害？（15分）

二、 如果擔心此新物質與企業現有的化學物質有彼此間不相容之危害，應考慮那些因素以確認不相容之危害？（10分）

【105 - 地特三等】

答

一、 依 CNS 15030-8 Z1051-8 第 2、3 節說明，自反應物質係指縱使沒有氧或空氣之滲入，也能發生激烈放熱分解之不穩定液態或固態物質或者混合物，但分解熱小於 300 J/g 或所包裝之物品為 50 kg，自加速分解溫度（self-accelerating decomposition temperature, SADT）大於 75°C 者，不歸類於自反應物質中。

二、不同類別化學品依特性須將會造成反應之化學品做適當區隔，防止洩漏時造成更大危害。故需建立自廠使用化學品之不相容表，製作方式可依公司內使用之化學品之安全資料表 SDS、已知化學品特性分類模式、廠商提供之資料及以往意外事件所造成之影響（如鉻蝕刻液洩漏，造成氯氣和鹽酸（氯化氫）偵測器警報作動，經實驗可知此類蝕刻液因氧化性強，造成 PVC 管路釋出含氯氣體，故存放及供應除了不可接觸金屬，易劣化之塑膠容器亦不可與之集中存放），該表需包含新物質與現有化學物質及新物質與現有設備材質之不相容性。

請說明從事觸及低壓電作業時，引起觸電災害的原因及防止誤觸低壓電引起感電之對策。（20 分）　　　　　　　　【105 - 地特三等】

答

一、觸電災害之原因如下列：

（一）直接觸電：所謂直接觸電指接觸到電氣機具之裸露帶電部位或裸露之輸配電線，此部分帶電裸露之導體即是危險物體，在作業中或接近時即應採取必要之安全措施。

（二）間接觸電：所謂間接觸電指電氣設備因絕緣不良劣化而導致原非帶電導體帶電，即所謂漏電，此時漏電之電氣設備金屬外殼即帶電，人體接觸時即易發生感電，所以是屬於潛在性的危險狀況，必須以預警方式或防護設備加以預防。

二、一般作業中，防止誤觸低壓電引起感電之對策如下列：

（一）電線或電氣設備之電源端子處有接觸之虞時，應加裝絕緣被覆或套管或視情況以護板隔離之，絕緣破損時應立刻更換。

（二）電氣設備之非帶電金屬外殼應接地，並配合裝設漏電斷路器。

（三）電線應盡量避免接續使用，若無法避免須連接時，應將連接處之銅線接牢，並以絕緣膠布包裹完整。

（四）臨時用電及潮濕處所應加裝漏電斷路器。

（五）燈座露出帶電部分，應為手指不易接觸之構造，且其外殼為不易破損之材料。

（六）在電氣箱內作業時，以停電作業為佳，若採活線作業時應穿戴絕緣用防護具或使用活線作業用器具。

（七）作業場所或通行步道中，對於有接觸可能之電線，應有防止感電之絕緣被覆，更應有預防絕緣被破壞或老化之設施，如將電線架高或埋於金屬管或 PVC 管內，對無法實施絕緣被覆之電線，則應加以隔離，保持安全界限距離。

（八）開關箱內之配線施工應依「用戶用電裝置安全規則」之規定。

（九）檢修或操作開關時，應有充分的照明，不得在視線不清的情況下將手伸入開關箱內。

（十）手潮濕時以手拿插頭插電，有潛在危險。若手上仍留有水滴時，在插插頭時其危險性更高，並要留意插頭的絕緣有無破壞，同時地上若為潮濕處所，更應特別留意。其有效防止對策則為保持手部乾燥及身體的絕緣防護良好，潮濕處所依規定為防止因漏電而發生感電災害，應設置能確實動作之感電防止用漏電斷路器。

> 洩爆設計是在化工廠製程設備中常採用的火災爆炸危害消減設計方法之一，請說明其裝置種類和相關設計應注意事項以及不適用在何種設備。（30 分）　　　　　　　　　　　　【105 - 地特三等】

答

一、洩爆裝置的種類和相關設計應注意事項如下列：

（一）破裂片：破裂片是於爆炸發生時、薄膜因壓力而破裂，形式有圓頂狀拉張型、複合型。

安裝破裂片時需特別注意凹面的朝向及承受的壓力限制，有些製程需耐真空的要求。

（二）洩爆門裝置：此種裝置的洩爆效果可能較破裂片洩放能力弱，惟可藉由加大洩放面積或加強設備強度來改善。

另外為防止洩爆門於洩壓時破損或飛射出而造成傷害，故常加裝鏈條或磁鐵式、彈簧式的裝置連接。

（三）洩爆導管：當設備裝置於密閉室內，需藉由洩爆導管將爆壓引導，往無危害的大氣中排放。

此時需仔細加以考量，容器的耐壓強度應加大，防止因爆炸發生後至壓力到洩放口洩放前，因聚壓影響使壓力在洩放口破壞設備。洩爆導管的強度需與設備本體的強度同等，且長度宜短不可過分彎曲而成為弱點，若致使爆壓非由排放口洩放，便失去洩爆防制設計的功能。

二、洩爆設計乃是在密閉容器或設備設置洩放口，因此於爆炸發生時，當設備內之壓力到達洩放口啟動壓力時，洩放口即開啟或破裂，迅速將壓力及火焰排放到無害的方向或空間，以防止容器或裝置的損壞，此種設計可以比耐壓的設備成本降低許多。但並不適合裝置於處理毒性、污染性、致癌性或腐蝕性物質的設備上，因此類物質會於洩爆時，將具上述特性之物料與分解產物排放至大氣中，造成環境的污染與危害。

> 某一低壓電氣設備因維修、保養或調整時，需以活線作業方式進行，請問其安全注意事項及規定為何？（20 分）　【106 - 公務高考】

答

依「職業安全衛生設施規則」第 256 至 263 條相關規定，雇主對勞工從事活線作業及活線接近作業，應採取之安全措施如下：

一、雇主使勞工於低壓電路從事檢查、修理等活線作業時，應使該作業勞工戴用絕緣用防護具，或使用活線作業用器具或其他類似之器具。【第 256 條】

二、使勞工於接近低壓電路或其支持物從事敷設、檢查、油漆等作業時，應於該電路裝置絕緣用防護裝備。【第 257 條】

三、雇主於勞工從事裝設、拆除或接近電路等之絕緣用防護裝備時，應使勞工戴用絕緣用防護具、或使用活線用器具、或其他類似器具。【第 262 條】

四、對勞工於架空電線或電氣機具電路之接近場所從事工作物之裝設、解體、檢查、修理、油漆等作業及其附屬性作業或使用車輛系營建機械、移動式起重機、高空工作車及其他有關作業時，該作業使用之機械、車輛或勞工於作業中或通行之際，有因接觸或接近該電路引起感電之虞者，雇主除應使勞工與帶電體保持規定之接近界限距離外，並應設置護圍、或於該電路四周裝置絕緣用防護裝備等設備或採取移開該電路之措施。【第 263 條】

依據職業安全衛生法，需要定期實施製程安全評估之工作場所有那些？（5分）其製程安全評估方法有那些？（10分）事業單位之工作場所發生那些情事時，應檢討修正其製程安全評估報告並留存備查？（5分）　　　　　　　　　　　　　　　　【106 - 公務高考】

答

一、依據「職業安全衛生法」第15條規定，有下列情事之一之工作場所，事業單位應依中央主管機關規定之期限，定期實施製程安全評估，並製作製程安全評估報告及採取必要之預防措施；製程修改時，亦同：

（一）從事石油裂解之石化工業。

（二）從事製造、處置或使用危害性之化學品數量達中央主管機關規定量以上。

二、依據「製程安全評估定期實施辦法」第5條規定，前條所定製程安全評估，應使用下列一種以上之安全評估方法，以評估及確認製程危害：

（一）檢核表（Checklist）。

（二）如果－結果分析（What If）。

（三）如果－結果分析／檢核表（What If / Checklist）。

（四）危害及可操作性分析（Hazard and Operability Studies）。

（五）故障樹分析（Fault Tree Analysis）。

（六）失誤模式與影響分析（Failure Modes and Effects Analysis）。

（七）其他經中央主管機關認可具有上列同等功能之安全評估方法。

三、依據「製程安全評估定期實施辦法」第 10 條規定，事業單位有
工作場所發生下列情事之一者，應檢討並修正其製程安全評估報
告後，留存備查：

(一) 本法第 37 條第 2 項規定之職業災害。

(二) 火災、爆炸、有害氣體洩漏。

(三) 其他認有製程風險之情形。

對於鍋爐安全：

一、 何謂安全係數？（5 分）

二、 鍋爐安全係數約為何值？（5 分）

三、 一鍋爐內上下所受壓力 Fa 為前後壓力 Fb 的幾倍？請詳加說
明之。（5 分）

四、 一鍋爐圓筒鋼板壓力（T.S.）為 50,000 psi，厚度（t）為
5/8"，最大內徑（R）為 50"，其焊接效率（eff）為 95%，其最
大允許壓力（M.A.W.P）為多少？（10 分）　　【107 - 地特三等】

答

一、安全係數係指鍋爐之材料在工作溫度下的強度性能指標與構件工
作時產生的最大應力之比值。選定安全係數後，即可根據材料的
強度指標（σb、σs、σD、σn）除以相應的安全係數（nb、ns、
nD、nn）來確定材料的容許應力。

二、根據有關規定，水管式鍋爐承壓部件之材料的安全係數為 nb =
2.7、ns = 1.5、nD = 1.6；鍋殼式鍋爐承壓部件之材料的安全係數為
nb = 2.7、ns = 1.6。

三、圓柱殼體受內壓之理論分析薄膜應力式分列如下：

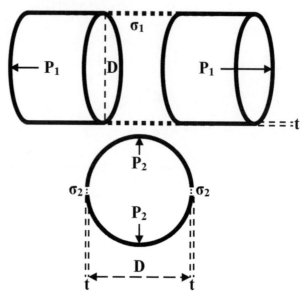

前後（縱向）應力 $= (\pi/4) \times D^2 \times P_1 = \pi \times D \times t \times \sigma_1$

前後（縱向）壓力 $= P_1 = 4 \times t \times \sigma_1 / D$

上下（周向）應力 $= D \times L \times P_2 = 2 \times t \times L \times \sigma_2$

上下（周向）壓力 $= P_2 = 2 \times t \times \sigma_2 / D$

上下壓力 ÷ 前後壓力 $P_2 / P_1 = (2 \times t \times \sigma_2 / D) / (4 \times t \times \sigma_1 / D)$

上下壓力 ÷ 前後壓力 $P_2 / P_1 = 2 / 4 = 0.5$

鍋爐內上下所受壓力 Fa 為前後壓力 Fb 的 0.5 倍。

四、最大允許工作壓力（Maximum Allowable Working Pressure, MAWP）係指蒸汽鍋爐、熱水鍋爐等在指定溫度下（設計溫度），其構造上最高容許使用之壓力或水頭壓力。

$$MAWP = \frac{T.S. \times eff \times t}{R + 0.6 \times t}$$

$$MAWP = \frac{50,000 \times 0.95 \times 5/8}{50 + 0.6 \times 5/8} \cong 589.33 (psi)$$

下列機電設備本質安全設計的基本原則，請詳細說明之：

一、 零組件可靠（10分）

二、 系統可靠（10分）

三、 隔離或停止（5分） 　　　　　　　　　　　　【107 - 地特三等】

答

一、零組件可靠：

所謂可靠度是指特定零組件在給定之操作環境及條件下，能成功的發揮其應有功能至一給定時間之機率，欲使零組件可靠應提高其可靠度。

二、系統可靠：透過以下方法使系統增加可靠度：

（一） 簡化設計，減少機械零組件數目，以降低可能失效的可能性。

（二） 提高系統內零組件之可靠度。

（三） 降低額度使用：使系統操作功率、頻率或條件等低於額定值。

（四） 採用冗餘設計：以兩種或多種方式或設計並聯設置，達到功能目的，以增加冗餘度或多重度。

三、隔離或停止：

（一） 隔離：將能量運作空間與人員操作空間強制地隔離，使得能量無法傳遞到人員的身上，讓人員與危害源隔離。例如：使用護罩、護欄或以絕緣物將帶電的導體包覆。

（二） 停止：當人要進入到能量運作空間時，使連鎖遮斷系統作動，停止能量的運作。

一、 工業中常見以 N_2 作為迫淨與防火應用，但為何滅火器材中卻常見以 CO_2 為滅火劑，當中有何考量？（12分）

二、 N_2 與 CO_2 較不適合使用何種類型之火災？請論述其不適合之原因。（8分）

【107 - 地特三等】

答

一、（一）CO_2 之滅火作用較 N_2 為大。

（二）因為 N_2 的臨界溫度較低（−147.2℃），所以在常溫之下液化較為困難，所以需要較大的高壓容器以盛裝滅火所需的藥劑數量。

（三）CO_2 之價格低廉，稍加壓力即可液化，可大量儲存而不會占據大量空間。

二、 N_2 及 CO_2 較不適合使用 D 種類型之火災，因為鈉等特殊金屬火災，使用 N_2 及 CO_2 會促使反應產生化合物，故不適宜使用。

依據工業用機器人預防標準：

一、 何謂教導相關作業？（4分）

二、 何謂檢查相關作業？（3分）

三、 何謂協同作業？（3分）

四、 雇主使工作者從事教導相關作業前，如發現有異常時，應即改善並採取必要措施，應確認那些事項？（15分）

【108 - 公務高考】

答

一、教導相關作業：指機器人操作機之動作程序、位置或速度之設定、變更或確認。

二、檢查相關作業：指從事機器人之檢查、修理、調整、清掃、上油及其結果之確認。

三、協同作業：指使工作者與固定或移動操作之機器人，共同合作之作業。

四、依據「工業用機器人危害預防標準」第27條規定，雇主使工作者從事教導相關作業前，應確認下列事項，如發現有異常時，應即改善並採取必要措施：

（一）外部電纜線之被覆或外套管有無損傷。

（二）操作機之動作有無異常。

（三）控制裝置及緊急停止裝置之機能是否正常。

（四）空氣或油有無由配管漏洩。

試說明流體產生靜電的種類及其消除方式。（25分）

【108 - 地特三等】

答

一、流體在輸送、噴出、混合、攪拌或過濾時會產生靜電，種類如下：

摩擦帶電、剝離帶電、流動帶電、攪拌帶電、沉降帶電、噴出帶電及感應帶電等種類。

二、流體產生靜電的消除方式如下：

（一）聯結與接地（Bonding and Grounding）：

將物體與大地以導線連接，理想上使二者間電位差為零，防止在流體輸送當中產生靜電及火花。

（二）加濕：

在生產作業現場安裝空調設備、噴霧器或懸掛濕布片，以提高空氣的相對濕度，相對濕度增加時，靜電的帶電量將減少，當環境相對濕度高時，吸濕性物體的自然阻抗會降低，電荷容易往大地移動。

（三）靜電消除器：

利用靜電消除器將因空氣電離而產生的離子，藉由異性離子相互吸引，使帶靜電物體的電荷中和，達到消除靜電的目的。

（四）工程控制：

1. 防止流體飛濺。

2. 限制初期流速。

3. 防止水分或雜質等混入流體。

4. 使用過濾器。

5. 增加靜置時間。

一、依電氣接地之功能區分，說明電氣接地可分為那兩種？（6分）

二、依用戶用電設備裝置規則之規定，列出第三種接地之適用處所與其電阻值。（14分）　　　　　　　　【108 - 地特三等】

答

一、電氣接地可分為定義電網中 0V 位置的**系統接地**，及快速排除漏電電流、避免人員觸電的**設備接地**。

二、第三種接地適用處所如下：

（一）低壓用電設備接地。

（二）內線系統接地。

（三）變比器二次線接地。

（四）支持低壓用電設備之金屬體接地

第三種接地電阻值如下：

（一）對地電壓 150V 以下，電阻值 100 歐姆以下。

（二）對地電壓 151V 至 300V，電阻值 50 歐姆以下。

（三）對地電壓 301V 以上，電阻值 10 歐姆以下。

失效安全（fail-safe）可以稱做是一種很好的本質安全設計，請問何謂失效安全？請舉三個引用失效安全之設計。（25 分）

【109 - 公務高考】

答

一、失效安全係指機器或其他零組件發生故障或失效時，可使其狀態處於安全狀態，不會有因為失效而造成人員受傷或設備損壞之疑慮。

二、失效安全設計又可分為被動式、主動式及調節式。

（一）被動式失效安全設計：

系統失效時，以中止作業系統或減少系統運作來預防危害發生。如：迴路開關電流過載時，保險絲熔斷，使系統保持安全狀態，但須將保險絲修復後，才可重新啟動系統。

（二）主動式失效安全設計：

失誤發生時，使系統保持在一安全操作狀態，直到狀態解除，或驅動一替代系統，消除可能發生之危害。例如：汽車冷卻系統失效，造成引擎過熱時，會限制引擎轉速，避免溫度持續上升。

（三）調節式失效安全設計：

系統異常時，調節系統發揮調節功能，使系統處於安全之正常作業，不會造成功能之損失。例如：馬桶水箱之進水閥故障時，水箱雖已達滿液位，但仍會持續進水，而多餘之進水將由溢流管流出，雖造成水的浪費，但保持水箱處於滿水狀態，供下次沖水使用。

請說明電氣接地之種類及目的。（25分）　　　　【109 - 公務高考】

答

電氣接地之種類及目的如下列：

一、設備接地

高低壓用電設備非帶電金屬部分之接地，其目的是當用電設備因絕緣劣化、損壞而引起漏電或因感應現象而導致設備非帶電金屬部分之電位升高或電荷之積聚時，可提供一低阻抗回路供漏電電流或感應電荷疏導至大地，使非帶電金屬之電位與大地接近，藉以防止感電及保障人員設備之安全。

二、內線系統接地

屋內線路屬於被接地一線之再行接地，其接地位置在接戶開關之電源側及電表之負載側的適當地點。其目的在補救電源系統單獨一處接地不足，使低壓線路遭受雷擊或其他原因所致之異常電壓能被阻絕於屋外，以保持屋內低壓線路對地電壓不致升高。

三、低壓電源系統接地

配電變壓器之二次側低壓線或中性線之接地，其目的在穩定低壓線對地之電壓與限制線路對地電位的升高。

四、設備與系統共同接地

內線系統與設備接地共用一接地線或同一接地電極。採用此法可以降低接地電阻成本，並使故障時之電流較大，接地電驛較易動作。

> 油品儲運時，因靜電引發爆炸事件頻傳，油品在何種狀況下，易於產生靜電？產生靜電的物理程序有那些？靜電預防對策如何？
>
> （25分）　　　　　　　　　　　　　　　　　　　　【109 - 地特三等】

答

一、在油品儲運時，油品在輸送管中流動，因液體與管壁反覆的發生接觸與分離過程而產生靜電，此時液體及管壁分別帶有不同極性之電荷。

二、靜電產生之物理程序：

　　靜電是電子可能因機械、熱、或化學等因素而離開原子，造成物質表面電荷不平衡分布發生移轉，使物理表面出現過多或不足之靜止電荷。依據靜電產生方式可分為「接觸帶電」、「摩擦帶電」及「剝離帶電」。

（一）接觸帶電：帶電體與不帶電體相互接觸，電荷由帶電體傳至不帶電體，使兩個物體都帶負電或正電，而產生靜電。

（二）摩擦帶電：兩個不同帶電之物體相互摩擦，而發生物體之間電子發生轉移，容易失去電子的物質帶正電、容易得到電子的物質帶負電，兩物質均帶電，電量相等，電性相反，稱為摩擦帶電。

（三）剝離帶電：相互接觸的兩個物體在快速的剝離後，會產生強烈的帶電現象稱為剝離帶電。

三、為降低靜電所造成的火災爆炸，可以採取之預防對策：

（一）液體輸送管線內須全部充滿液體，以免爆炸性或可燃性氣體在管線中產生。若管線無法充滿時，必須防止空氣進入。

（二）充填或排放至儲槽時，液體速度不宜過快，以減少靜電產生。

（三）充填管線及相關零件應選擇導電度較佳之材質，不宜使用絕緣材料，如：橡膠彈性管及 PVC 管等。

（四）將非導體材料製成的瓶、罐內之液體倒至金屬桶槽時，填充管線或漏斗必須伸至桶槽底部，避免液體飛濺或產生漩渦、氣泡。

（五）添加抗靜電添加劑，以提高液體導電度。

（六）液體在兩個桶槽之間的連接管線流動產生之靜電，應於兩桶槽之間使用導線相連，並以地線接地，以消除靜電。注意導線連接處應遠離管線及桶槽出入口，避免與可燃性蒸氣接觸。

（七）使用具導電性之傳送管線，作業人員應穿著靜電鞋。

（八）以惰性氣體充滿儲槽，避免槽中液體與外界空氣接觸。

美國 Walmart 公司曾上法院控告 Tesla 公司，因為 Walmart 公司全美多家門市裝設 Tesla 公司的太陽能板發生火災而燒毀無法營運。臺灣大力推行綠電，鼓勵裝設太陽能發電設備，很多工業廠房裝設也有此風險，請分析太陽能板發生火災之原因？如何預防？（25 分）　　　　　　　　　　　　　　　　【109 - 地特三等】

答

一、依題旨，太陽能板係屬化合物材料組成，主要使高導電傳導，熱量轉換電能，進而使能量使用再生發電，材料易發生燃燒，以下說明原因：

（一）材料：易導電，易燃燒，不耐高溫。

（二）物質特性：板材的物理性、化學性易延燃性。

（三）電氣：未使用防爆電氣，在鄰近危險區使用。

（四）連結：管、閥、電線連結間隙有破損，洩漏之虞。

（五）危險物品：易燃物質放置臨近，發電設備旁。

（六）人為：未按安全作業程序，妥善作業。

（七）管制：未管制作業人員進入。

（八）訓練：未對人員危害告知，教育訓練。

二、承上，太陽能板火災預防發生，應從源頭管制，其始可預防發生，以下說明：

（一）工程面：

1. 材料：使用不易延燃、易燃之材料取代。

2. 隔離：設備高易燃性及危險物放置。

3. 監控：設備溫度、壓力監視控制。

4. 警報：alarm 警報偵測設置連線。

5. 消防：滅火設備的設置。

（二）管理面：

1. 檢查：定期檢查板材、設備有無損壞。

2. 教育：人員教育訓練。

3. 專人：專門人員操作作業。

4. 管制：作業區域，進入人員管制。

5. 巡視：人員巡視現場有無異常。

> 2020 年發生於臺北市錢櫃 KTV 林森店的建築物火災，造成嚴重傷亡，其中原因之一是未落實施工中消防防護計畫，請詳細說明施工中消防防護計畫項目包括那些？（25 分）　　【109 - 地特三等】

答

依「消防法施行細則」第 6 條規定，本法第 13 條第 3 項所定施工中消防防護計畫，應包括下列事項：

一、施工概要、日程表及範圍。

二、影響防火避難設施功能之替代措施。

三、影響消防安全設備功能之替代措施。

四、使用會產生火源設備或危險物品之火災預防措施。

五、對員工及施工人員之防災教育及訓練。

六、火災與其他災害發生時之因應對策、消防機關之通報、互相聯絡機制及避難引導。

七、用火及用電之監督管理。

八、防範縱火及擴大延燒措施。

九、施工場所之位置圖、平面圖、逃生避難圖及逃生指示圖。

十、其他防災應變上之必要事項。

前項施工中消防防護計畫，管理權人應於施工 3 日前報請施工場所所在地之直轄市、縣（市）主管機關備查。

P.S. 編者按：中華民國一百十三年一月二十二日內政部台內消字第 1131600274 號令修正發布全文 17 條，基於「實體從舊、程序從新」原則，爰修正為新法條內容供讀者參閱。

> 每年颱風季節過後，事業單位實施廠房屋頂修繕時，常有發生墜落之職業災害，以你的專業觀點，如何防止此類災害一再發生？（25分） 　　　　　　　　　　　　　　　　　【110 - 公務高考】

答

預防屋頂修繕發生墜落職業災害之相關措施如下：

一、確認屋頂作業範圍，規劃上下、水平路徑、決定應採取之作業安全防護措施、物料儲放位置，決定工法、使用設備（如：高空工作車、水平安全母索系統等）。

二、指定屋頂作業主管（應使其接受屋頂作業主管安全衛生教育訓練）向作業勞工說明作業範圍、方法及檢點相關設施，並監督作業勞工精神狀況、確實配戴與使用背負式安全帶、安全帽及捲揚式防墜器。

三、設置能使作業勞工安全上下屋頂之設備（不含高空工作車）。

四、規劃安全通道，於屋架、雨遮或天花板支架上設置適當強度且寬度在 30 公分以上踏板。並將捲揚式防墜器掛勾於安全母索。

五、於屋架、雨遮、天花板下方可能墜落範圍，裝設安全網或堅固格柵，並於開放邊緣設置護欄。

六、於鋼構廠房屋頂新建、增建、改建或修建時，先行規劃設置周圍護欄與安全母索鉤掛支柱、頂面設置適當強度且寬度在 30 公分以上通道及採光範圍下方裝設堅固格柵，除未來修繕作業更安全，亦可大幅降低維修時所需安全設施成本。

4

安全工程

製造者或輸入者對於中央主管機關公告列入型式驗證之機械、設備或器具，非經中央主管機關認可之驗證機構實施型式驗證合格及張貼合格標章，不得產製運出廠場或輸入，請問職業安全衛生設施規則第 41 條中有那些機械、設備或器具列入型式驗證？（14 分）？勞動部於中華民國 107 年又有公告那些新增型式驗證項目（4 分）請繪出型式驗證合格標章？（7 分）　　　【110 - 公務高考】

答

一、依據「職業安全衛生設施規則」第 41 條規定，雇主對於下列機械、設備或器具，應使其具安全構造，並依機械設備器具安全標準之規定辦理：

（一）動力衝剪機械。

（二）手推刨床。

（三）木材加工用圓盤鋸。

（四）動力堆高機。

（五）研磨機。

（六）研磨輪。

（七）防爆電氣設備。

（八）動力衝剪機械之光電式安全裝置。

（九）手推刨床之刃部接觸預防裝置。

（十）木材加工用圓盤鋸之反撥預防裝置及鋸齒接觸預防裝置。

（十一）其他經中央主管機關指定公告者。

（作者按：職業安全衛生設施規則第 41 條所列之機械、設備或器具未列入型式驗證，僅須型式檢定，並上網登錄）

二、依勞動部勞職授字第 10702004912 號公告，訂定「指定交流電焊機用自動擊防止裝置列入職業安全衛生法第 8 條 1 項之型式驗證設備」，並自中華民國 107 年 7 月 1 日生效。

三、型式驗證合格標章如下：

TC00000

本質安全的工廠設計，一般具有那些特性？請說明之？（25 分）

【110 - 公務高考】

答

一、最小化（Minimization）：最小化也稱為「製程強化（Process Intensification）」，是指在製程或工廠中盡量減少具危害性物質的使用量。

二、取代化（Substitution）：製造過程中尋找較不具危害性的物質來取代原本的物質或採用危害性較小的製程條件。

三、緩和化（Moderate）：以較不具危害性的操作條件來處理具危害性的物質，緩和化也稱為「減弱（Attenuation）」，意指消除危害導致傷害之能力。

四、簡單化（Simplification）：移除不需要的複雜度，以減少操作失誤的機會。

預防感電會將電氣設備接地與加裝漏電斷路器。請說明：

一、 接地與電流型漏電斷路器可預防感電的原理。（6分）

二、 接地又分為系統接地與設備接地，請說明這兩種接地的目的與
不同點。（9分）

三、 職業安全衛生設施規則第 243 條規範設置漏電斷路器的狀況為
何？（6分）

四、 依動作時間來區分，請說明漏電斷路器又可以分為那幾型？
（4分）　　　　　　　　　　　　　　　　　　【110 - 地特三等】

答

一、（一）接地型漏電斷路器：

漏電斷路器為預防感電事故之重要設備，主要係利用零相
比流器偵測電流，當負載側未有故障點發生時，根據克希
荷夫電流定律，流入之總電流恆等於流出之總電流，即 I1
＝ I2，此時電驛不產生動作而電路維持導通狀態；反之當
負載側有故障點時，有部分漏電電流流入大地，故負載流
入電流 I1 大於流出電流 I2，因而電驛動作切斷電源，達
到保護工作人員之目的。

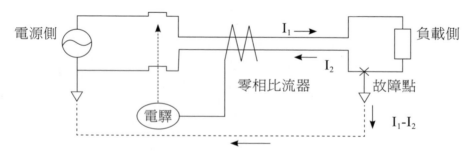

（二）電流型漏電斷路器：

電流型漏電斷路器主要用於變壓器中性點接地的低壓配電
系統。其特點是當人身觸電時，由零序電流互感器檢測出
一個漏電電流，使繼電器動作，電源開關斷路。

（資料來源：高雄市勞檢處）

二、(一) 系統接地：帶電金屬部分接地，與大地同電位保持電中性。

(二) 設備接地：非帶電金屬部分接地，與大地同電位保持電中性。

三、依據職業安全衛生設施規則第 243 條設置漏電斷路器的規定如下：

雇主為避免漏電而發生感電危害，應依下列狀況，於各該電動機具設備之連接電路上設置適合其規格，具有高敏感度、高速型，能確實動作之防止感電用漏電斷路器：

(一) 使用對地電壓在 150 伏特以上移動式或攜帶式電動機具。

(二) 於含水或被其他導電度高之液體濕潤之潮濕場所、金屬板上或鋼架上等導電性良好場所使用移動式或攜帶式電動機具。

(三) 於建築或工程作業使用之臨時用電設備。

四、依據用戶用電設備裝置規則，漏電斷路器類型：

表六二～一　漏電斷路器之種類

類別		額定靈敏度電流（毫安）	動作時間
高靈敏度型	高速型	5、10、15、30	額定靈敏度電流 0.1 秒以內
	延時型		額定靈敏度電流 0.1 秒以上 2 秒以內
中靈敏度型	高速型	50、100、200、300、500、1000	額定靈敏度電流 0.1 秒以內
	延時型		額定靈敏度電流 0.1 秒以上 2 秒以內

註：漏電斷路器之最小動作電流，係額定靈敏度電流 50% 以上之電流值。

電機設備建議裝設感電保護設備以檢出隔離故障點，防止危害擴大並減少損失，請說明電機設備常用之感電保護設備有那些？

（25 分）　　　　　　　　　　　　　　　　　　　【111 - 地特三等】

答

依題旨，電機設備建議裝設感電保護設備，為檢出隔離故障點，通常以保護裝置使用如以下：

一、熔絲開關：利用電流增加造成溫度上升，來檢知電流高溫差異，熔斷熔絲斷開迴路。

二、無熔絲開關：當溫度檢知高溫差異，開關自動跳脫。

三、過載電驛：利用檢知電流感應，過負載時協調保護電驛跳脫。

四、檢電裝置：檢知電流在裝置過載情況。

五、過載斷路器：檢知設備中有過載時，電驛斷開。

六、漏電斷路器：透過比流器，在設備有漏電時，檢知漏電電流，斷電跳脫開關。

七、自動電擊防止裝置：其防止交流電焊機啟動時，高載量電流，可降至安全電流。

假設一機電設備之失誤樹分析（Fault Tree Analysis）如下圖，各基本事件發生之機率顯示於下表。（20 分）

一、 應用布林代數運算分析，找出最小分割集合；以及

二、 求出頂端事件發生之機率。　　　　　　　　【104 - 公務高考】

基本事件	A	B	C	D
機率	0.01	0.02	0.1	0.2

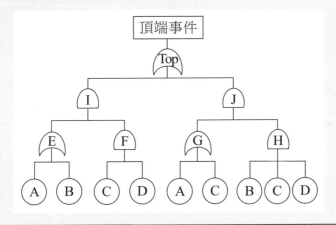

答

一、此機電設備之失誤樹最小分割集合運算分析如下：

$$T = I + J = (E \times F) + (G \times H)$$

$$= [(A + B) \times C \times D] + [(A + C) \times (B \times C \times D)]$$

$$= ACD + BCD + ABCD + BCCD$$

$$= ACD + BCD + ABCD + BCD$$

$$= ACD + BCD + ABCD$$

$$= ACD + BCD$$

失誤樹之頂端事件 T 的最小切集合 = ACD + BCD

二、頂端事件 T 之發生機率計算如下：

$$T_{近似值} = ACD + BCD$$

$$= (0.01 \times 0.1 \times 0.2) + (0.02 \times 0.1 \times 0.2)$$

$$= 0.0002 + 0.0004$$

$$= 0.0006$$

$$T_{精確值} = ACD + BCD$$

$$= 1 - [(1 - 0.0002) \times (1 - 0.0004)]$$

$$= 1 - [0.9998 \times 0.9996]$$

$$= 1 - 0.99940008$$

$$= 0.00059992$$

某天然氣公司為預防天然氣輸送過程的洩漏事故（失誤率：0.001次 / 年），採取以下防護措施：1. 偵測到環境中天然氣濃度達燃燒下限的 1/10 時立刻鳴起警報（不可用度：0.05）；2. 操作人員聽到警報聲時（不可用度：0.05），將關斷手動閥門（不可用度：0.02）以遮斷洩漏點；3. 另有獨立偵測器之緊急自動關斷系統，當天然氣濃度達燃燒下限的 3/10 將自動啟動（不可用度：0.02）。

一、 請依照前述條件，繪製事件樹（Event Tree）。（15 分）

二、 請計算天然氣外洩且濃度超過燃燒下限 3/10 的失誤率（次 / 年）。（15 分）　　　　　　　　　　　　　　【105 - 地特三等】

答

一、事件樹：

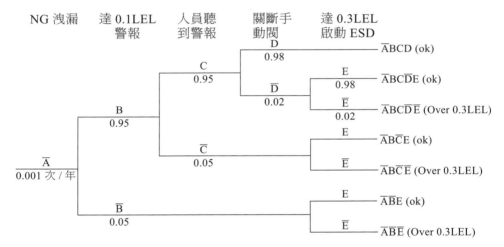

二、失誤率：

$$\overline{A}BC\overline{D}\overline{E} + \overline{A}B\overline{C}\overline{E} + \overline{A}\overline{B}\overline{E} = (0.001 \times 0.95 \times 0.95 \times 0.02 \times 0.02) + (0.001$$

$$\times 0.95 \times 0.05 \times 0.02) + (0.001 \times 0.05 \times 0.02)$$

$$= (0.000000361) + (0.00000095) + (0.000001)$$

$$= 0.000002311 \text{（次 / 年）}$$

雇主對機器人之配置應符合那些規定？（20 分）　【106 - 公務高考】

答

依據「工業用機器人危害預防標準」第 18 條規定，雇主對機器人之配置，依下列規定：

一、應確保能安全實施作業之必要空間。

二、固定式控制面盤應設於可動範圍之外，且使操作勞工可泛視機器人全部動作之位置。

三、壓力表、油壓表及其他計測儀器應設於顯明易見之位置，並標示安全作業範圍。

四、電氣配線及油壓配管、氣壓配管應設於不致受到操作機、工具等損傷之處所。

五、緊急停止裝置用開關，應設置於控制面盤以外之適當處所。

六、設置緊急停止裝置及第 5 條第 3 款規定之指示燈等，應於機器人顯明易見之位置為之。

某一氣體儲槽內含有 25°C、300 kPa、0.3m³ 的氮氣（C_p 約 1.039 kJ/kg·K@25°C），使用電熱器加熱儲槽內之氮氣約 3 分鐘，該電熱器電流為 2A，電壓為 110V，而加熱過程中對外界散失熱量 3000J，請問最後量測之溫度為多少 °C ？（20 分）

提示：

1. 以理想氣體計算，動能、位能、比熱值皆可忽略不計，能量守恆且等壓膨脹，其餘狀態皆可自行合理假設。

2. 氮氣理想氣體質量公式：$P_1V_1 = mRT_1$（R 約 0.297 kPa·m³/kg·K）

3. 外界對氮氣做功公式：$We = VI\triangle t$。　　　　　【106 - 公務高考】

答

外界對氮氣作功 We：

$$W_e = VI\Delta t = (110V)(2A)(3 \times 60s)\left(\frac{1kJ / s}{1,000VA}\right) = 39.6kJ$$

氮氣質量

$$m = \frac{P_1V_1}{RT_1} = \frac{(300kPa)(0.3m^3)}{(0.297kPa \cdot m^3 / kg \cdot K)(273 + 25)K} = \frac{90}{88.506} = 1.017kg$$

根據能量守恆方程式且因為等壓膨脹 $\Delta U + W_b = \Delta H$：

$E_{in} - E_{out} = \Delta E_{system}$

$We - Q_{out} - Wb = \Delta U$

$We - Q_{out} = \Delta H = m(h_2 - h_1) = mCp(T_2 - T_1)$

因封閉系統在定壓下進行近似平衡膨脹或壓縮過程 $\Delta U + W_b = \Delta H$，而已知氮氣在 25°C 時的 Cp 約 1.039 kJ/kg·K，將相關數值帶入上述方程式 $We_{,in} - Q_{out} = mCp(T_2 - T_1)$

39.6 kJ – 3.0 kJ = (1.017 kg)(1.039 kJ/kg·K)(T_2 – 25°C)

T_2 = 59.6°C

最後量測之溫度為 59.6°C。

冗餘（Redundancy）設計是化工業者採用來避免因為單一儀錶故障進而引發生產安全問題的重要方法。附圖為具有 3 選 2 冗餘設計儀錶功能的簡化失誤樹。已知 A、B 與 C 等三個獨立儀錶的失誤機率（failure probability）均為 0.1，請計算頂上事件（Top Event）T 的發生機率為多少？（25 分）

【107 - 公務高考】

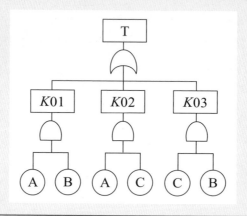

答

矩陣法求 BIS (MCS)：

K01
K02
K03

↓

A	B
A	C
B	C

得 BIS (MCS) = (A×B) + (A×C) + (B×C)

$T_{近似值} = (0.1 \times 0.1) + (0.1 \times 0.1) + (0.1 \times 0.1)$

$= (0.1 \times 0.1) \times 3$

$= 0.01 \times 3$

$= 0.03$

$T_{精確值} = (1 - [(1 - 0.1 \times 0.1) \times (1 - 0.1 \times 0.1)$

$\times (1 - 0.1 \times 0.1)])$

$= 1 - [(1 - 0.1 \times 0.1)^3]$

$= 1 - [0.970299]$

$= 0.029701$

失誤樹圖如下圖：

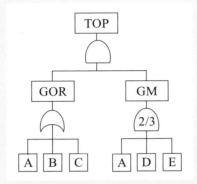

其中，TOP 為頂事件（top event）是或閘（or gate）；GOR、GM 為中事件，GOR 是或閘（or gate）、GM 是 3 取 2 閘（2-out-of-3 gate）；A、B、C、D、E 基本事件，其故障機率均為 0.1。

一、 請計算其頂事件 TOP 之發生機率。（15 分）

二、 對 TOP 事件而言，有三種方法可以降低其發生的或然率，即對 A、B、D 提出改善方案。此三方案的投資金額及效益如下：

方案	投資金額	效益
改善 A	300 美元	PA 降為 0
改善 B	200 美元	PB 降為 0
改善 D	100 美元	PD 降為 0

何者為最佳投資方案？（10 分）　　　　　　【107 - 地特三等】

答

一、

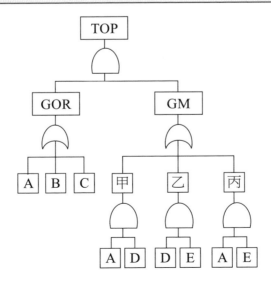

矩陣法求 BIS (MCS)：

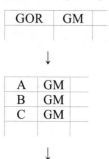

GOR	GM

↓

A	GM
B	GM
C	GM

↓

A	甲
B	甲
C	甲
A	乙
B	乙
C	乙
A	丙
B	丙
C	丙

↓

A	A	D
B	A	D
C	A	D
A	D	E
B	D	E
C	D	E
A	A	E
B	A	E
C	A	E

↓

A	D	
A	B	D
A	C	D
A	D	E
B	D	E
C	D	E
A	E	
A	B	E
A	C	E

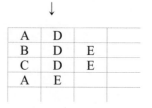

↓

A	D	
B	D	E
C	D	E
A	E	

得 BIS (MCS) = (A×D) + (A×E) + (B×D×E) + (C×D×E)

$T_{近似值}$ = (0.1×0.1) + (0.1×0.1) + (0.1×0.1×0.1) +

　　　(0.1×0.1×0.1)

　　= (0.1×0.1)×2 + (0.1×0.1×0.1)×2

　　= 0.01×2 + 0.001×2

　　= 0.022

$T_{精確值}$ = (1 − [(1 − 0.1×0.1)×(1 − 0.1×0.1)

　　　×(1 − 0.1×0.1×0.1)×(1 − 0.1×0.1×0.1)

　　= 1 − [(1 − 0.1×0.1)^2×(1 − 0.1×0.1×0.1)^2]

　　= 1 − [0.9801×0.998001]

　　≅ 0.0219

二、(一) 改善 A：

　　MCS = (B , D , E) , (C , D , E)

　　$T_{近似值}$ = (0.1×0.1×0.1) + (0.1×0.1×0.1)

　　　　= 0.002

　　投資報酬率 = (0.022 − 0.002) / 300

　　　　　= (0.02) / 300

　　　　　≅ 6.7×10^{-5} (1/ 美元)

(二) 改善 B：

　　MCS = (A , D) , (A , E) , (C , D , E)

　　$T_{近似值}$ = (0.1×0.1)×2 + (0.1×0.1×0.1)

　　　　= 0.02 + 0.001

　　　　= 0.021

$$投資報酬率 = (0.022 - 0.021) / 200$$

$$= (0.001) / 200$$

$$= 5 \times 10^{-6} \ (1/美元)$$

（三）改善 D：

$$MCS = (A , E)$$

$$T_{近似值} = 0.1 \times 0.1$$

$$= 0.01$$

$$投資報酬率 = (0.022 - 0.01)/100$$

$$= (0.012)/100$$

$$= 1.2 \times 10^{-4} \ (1/美元)$$

故考量投資金額及效益後，改善 D 為最佳投資方案。

故障樹如下圖，◠ 為或閘，◠ 為且閘，⑵⁄₃ 為 3 取 2 閘。請計算其頂端事件發生機率。故障機率：A、B、C = 0.1，D、E、F = 0.15。（25 分）

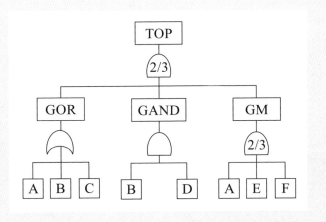

答

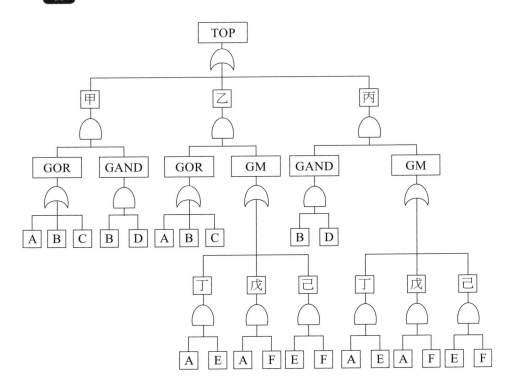

矩陣法求 BIS (MCS)：

甲	
乙	
丙	

↓

GOR	GAND
GOR	GM
GAND	GM

↓

A	B	D	
B	B	D	
C	B	D	
A	丁		
B	丁		
C	丁		
A	戊		
B	戊		
C	戊		
A	己		
B	己		
C	己		
B	D	丁	
B	D	戊	
B	D	己	

↓

A	B	D	
B	B	D	
C	B	D	
A	A	E	
B	A	E	
C	A	E	
A	A	F	
B	A	F	
C	A	F	
A	E	F	
B	E	F	
C	E	F	
B	D	A	E
B	D	A	F
B	D	E	F

A	B	D	
B	D		
B	C	D	
A	E		
A	B	E	
A	C	E	
A	F		
A	B	F	
A	C	F	
A	E	F	
B	E	F	
C	E	F	
A	B	D	E
A	B	D	F
B	D	E	F

↓

B	D	
A	E	
A	F	
B	E	F
C	E	F

得 BIS (MCS) = (B×D) + (A×E) + (A×F) + (B×E×F) + (C×E×F)

$T_{近似值}$ = (0.1×0.15) + (0.1×0.15) + (0.1×0.15) + (0.1×0.15×0.15) +

$\quad$ (0.1×0.15×0.15)

$\quad$ = (0.1×0.15)×3 + (0.1×0.15×0.15)×2

$\quad$ = 0.015×3 + 0.00225×2

$\quad$ = 0.0495

$T_{精確值}$ = 1 − [(1 − 0.1×0.15)×(1 − 0.1×0.15)×(1 − 0.1×0.15)×

$\quad$ (1 − 0.1×0.15×0.15)×(1 − 0.1×0.15×0.15)]

$\quad$ = 1 − [(1 − 0.1×0.15)^3×(1 − 0.1×0.15×0.15)^2]

$\quad$ = 1 − [0.985^3×0.99775^2]

$\quad$ ≅ 0.0486

一、 安全系統往往有多個子系統，卻不以聯集或交集的形式啟動，原因為何？（10 分）

二、 假設有一安全措施，它有 4 組功能全同的偵測系統，其中，只要有 3 組作動正確，就能完成安全任務；如果每組偵測系統的可靠度為 0.95 時，請問此安全措施的不可靠度為何？（15 分）　　　　　　　　　　　　　　　　　　　　【109 - 地特三等】

答

一、子系統間以聯集（並聯）或交集（串聯）的形式啟動時，子系統之間會發生連鎖的情況，彼此間互相干擾其作動或使其不作動，故安全系統之子系統間應保持其獨立性，使安全系統能獨立作用。

二、該安全措施失效（Top Event）之失誤樹如下：

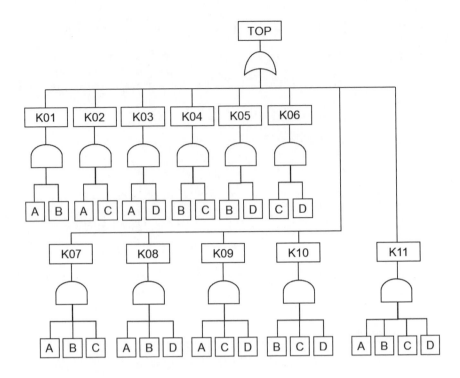

其中，A、B、C 及 D 基礎原因為各偵測系統失效，其機率為 1 − 0.95 = 0.05。

最小切集合 (MCS) = (A×B) + (A×C) + (A×D) + (B×C) + (B×D) + (C×D)

$$T_{近似值} = (0.05 \times 0.05) + (0.05 \times 0.05) + (0.05 \times 0.05) + (0.05 \times 0.05)$$
$$+ (0.05 \times 0.05) + (0.05 \times 0.05)$$

$$= (0.05 \times 0.05) \times 6$$

$$= 0.015$$

$$T_{精確值} = 1 - [(1 - 0.05 \times 0.05) \times (1 - 0.05 \times 0.05) \times (1 - 0.05 \times 0.05)$$
$$\times (1 - 0.05 \times 0.05) \times (1 - 0.05 \times 0.05) \times (1 - 0.05 \times 0.05)]$$

$$= 1 - [(1 - 0.05 \times 0.05)^6]$$

$$= 1 - [0.985093438085352]$$

$$\cong 0.0149$$

系統可靠度方塊圖如下：請問系統可靠度如何？（25分）

（註：每個元件的可靠度均為 0.9）

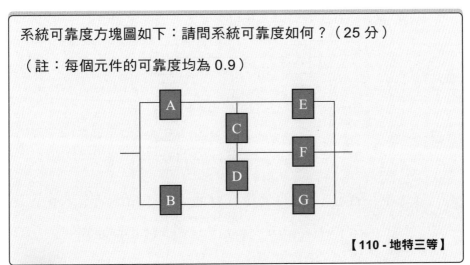

【110 - 地特三等】

答

利用分解法（貝式定理法）選定關鍵分系統 C 及 D，簡化系統結構如下：

一、當 C、D 良好時，系統可靠度方塊圖簡化如下：

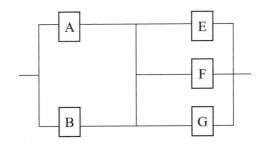

$R_1 = R_C \times R_D \times [1-(1-R_A) \times (1-R_B)] \times [1-(1-R_E) \times (1-R_F) \times (1-R_G)]$

$= 0.9 \times 0.9 \times [1-0.1 \times 0.1] \times [1-0.1 \times 0.1 \times 0.1]$

$= 0.9 \times 0.9 \times 0.99 \times 0.999$

$= 0.801098$

二、當 C 良好、D 失效時，系統可靠度方塊圖簡化如下：

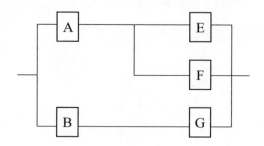

$R_2 = R_C \times (1-R_D) \times (1-\{1-R_A \times [1-(1-R_E) \times (1-R_F)]\} \times (1-R_B \times R_G))$

$\quad = 0.9 \times 0.1 \times (1-\{1-0.9 \times [1-0.1 \times 0.1]\} \times (1-0.9 \times 0.9))$

$\quad = 0.9 \times 0.1 \times (0.97929)$

$\quad = 0.088136$

三、當 C 失效、D 良好時，系統可靠度方塊圖簡化如下：

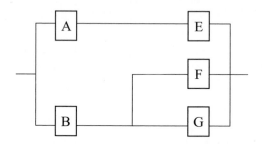

$R_3 = (1-R_C) \times R_D \times (1-(1-R_A \times R_E) \times \{1-R_B \times [1-(1-R_F) \times (1-R_G)]\})$

$\quad = 0.1 \times 0.9 \times (1-(1-0.9 \times 0.9) \times \{1-0.9 \times [1-0.1 \times 0.1]\})$

$\quad = 0.1 \times 0.9 \times (0.97929)$

$\quad = 0.088136$

四、當 C、D 失效時，系統可靠度方塊圖簡化如下：

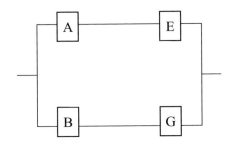

$$R_4 = (1\text{-}R_C) \times (1\text{-}R_D) \times [1\text{-}(1\text{-}R_A \times R_E) \times (1\text{-}R_B \times R_G)]$$

$$= 0.1 \times 0.1 \times [1\text{-}(1\text{-}0.9 \times 0.9) \times (1\text{-}0.9 \times 0.9)]$$

$$= 0.1 \times 0.1 \times 0.9639$$

$$= 0.009639$$

五、整體系統可靠度如下：

$$R_{Total} = R_1 + R_2 + R_3 + R_4 = 0.987009$$

4

安全工程

請計算圖中各組態系統（T1、T2 及 T3）之可靠度並比較三者可靠度之高低，假設各零組件所發生之故障皆為互相獨立事件，且 R(A)=0.9，R(B)=0.86。（25 分）　　　　【111 - 地特三等】

答

一、$T_1 = (1-A' \times A') \times B$，$R(T_1) = (1-0.1 \times 0.1) \times 0.86 = 0.8514$。

二、$T_2 = A \times (1-B' \times B')$，$R(T_2) = 0.9 \times (1-0.14 \times 0.14) = 0.88236$。

三、$T_3 = (1-A' \times A') \times (1-B' \times B')$，$R(T_3) = (1-0.01) \times (1-0.14 \times 0.14)$
　　　$= 0.970596$。

四、可靠度由高至低分別 T_3、T_2 及 T_1，由此可知串聯會降低系統可靠度，反之並聯可增加系統可靠度，而零組件可靠度越低，並聯後可靠度增加的幅度越高。

附圖為某機械系統元件故障的失誤樹分析結果：

一、 求出該失誤樹頂上事件（Top Event）的最小切集（Minimum Cut Set）。（15 分）

二、 根據最小切集的分析結果說明，那幾個元件的故障與頂上事件 A 是否發生無關？（10 分）　　　　　　　【111 - 地特三等】

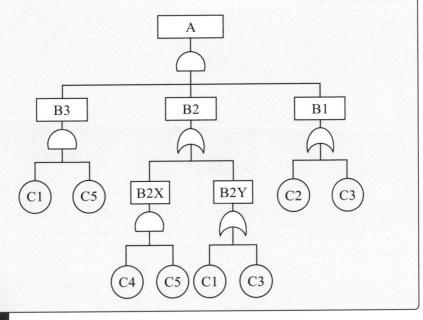

答

一、(一) 矩陣法求 MCS：

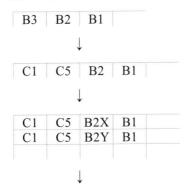

B3	B2	B1	

↓

C1	C5	B2	B1

↓

C1	C5	B2X	B1
C1	C5	B2Y	B1

↓

C1	C5	C1	C3	B1	
C1	C5	B2Y		B1	

↓

C1	C5	C1	C3	B1	
C1	C5	C4		B1	
C1	C5	C5		B1	

↓

C1	C5	C1	C3	C2	
C1	C5	C1	C3	C3	
C1	C5	C4		C2	
C1	C5	C4		C3	
C1	C5	C5		C2	
C1	C5	C5		C3	

↓冪乘律化簡

C1	C5		C3	C2	
C1	C5		C3		
C1	C5	C4		C2	
C1	C5	C4		C3	
C1	C5			C2	
C1	C5			C3	

↓重新排列

C1	C2	C3		C5	
C1		C3		C5	
C1	C2		C4	C5	
C1		C3	C4	C5	
C1	C2			C5	
C1		C3		C5	

↓吸收率化簡

C1	C3	C5	
C1	C2	C5	

得最小切集 MCS = $(C1 \times C3 \times C5) + (C1 \times C2 \times C5)$

（二）直接觀察法求 MCS：

$A = B3 \times B2 \times B1$

$\quad = (C2+C3) \times (C1 \times C3+C4+C5) \times (C1 \times C5)$

$\quad = (C2+C3) \times (C1 \times C3 \times C5)+(C1 \times C4 \times C5)+(C1 \times C5)$

$\quad = (C2+C3) \times (C1 \times C5)$

$\quad = (C1 \times C3 \times C5)+(C1 \times C2 \times C5)$

得最小切集 $MCS = (C1 \times C3 \times C5) + (C1 \times C2 \times C5)$

二、與頂上事件 A 是否發生之無關元件：C4。

4-4 火災爆炸評估與相關工程技術

一個每小時使用 4 pints 溶劑的製程，每個 pint 產生 15 ft^3 的揮發氣體擴散到 10,000 ft^3 的房間，假設安全係數是 5，LEL（爆炸下限）1.2%，UEL（爆炸上限）7.1%，最小排氣量需要多少以降低濃度至非可燃狀態？須詳列計算過程。（20 分）

(A) 420 cfm

(B) 840 cfm

(C) 210 cfm

(D) 3,345 cfm

【104 - 公務高考】

答

假設揮發氣體於房間內均勻混合

$$\frac{\dfrac{4\times15}{60}}{Q} \le \frac{0.012}{5} \ , \ Q \ge 416.67(ft^3/min) \ , \ 故選 (A)$$

有一鍋爐額定蒸汽表壓力為 7 kg/cm^2，效率為 85%，補充水經節煤器後之給水溫度為 55℃。假設燃料發熱量為 7200 kcal/kg，消耗速率為 0.6 ton/h，請依照下表數據，當液面維持不變下，計算鍋爐此刻之蒸汽產生量。若該鍋爐安裝一只槓桿式安全閥（如下圖），其吹洩表壓力為 8 kg/cm^2，閥與桿重量不計，請算出安全閥重錘之重量，並求出鍋爐在此吹洩壓力下的蒸汽產生量。（20 分）

【104 - 公務高考】

蒸汽絕對壓力（kg/cm^2）	5	6	7	8	9	10
飽和溫度（℃）	151.1	158.1	164.2	169.6	174.5	179.0
蒸汽焓值（kcal/kg）	656.0	657.9	659.5	660.8	661.9	662.9

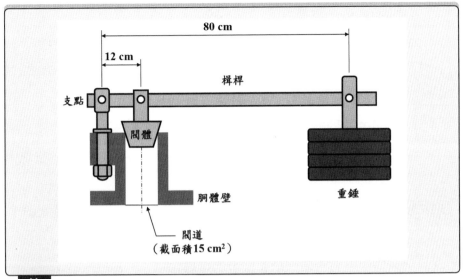

答

一、蒸汽產生量 7 kg/cm² 之Q = $\frac{0.6 \times 10^3 \times 7,200 \times 0.85}{660.8-(100-55)}$ = 5,963 (kg/hr)

二、(一) 8×15×12 = m$_{重錘}$×80，m$_{重錘}$=18 (kg)

（二）蒸汽產生量 8 kg/cm² 之Q = $\frac{0.6 \times 10^3 \times 7,200 \times 0.85}{661.9-(100-55)}$ = 5,952.3 (kg/hr)

爆炸有很多種形式，請說明 Detonation，Deflagration，Unconfined Vapor Cloud Explosion，Boiling Liquid Expanding Vapor Explosion，Confined Explosion 的中文名稱及解釋其原理（25 分）

【104 - 公務高考】

答

一、Detonation – 爆轟

放熱反應並於該反應物質中產生震波，通常造成爆炸。反應區擴延的速率比未反應物料中之音速更快。

二、Deflagration – 爆燃

放熱（熱、燃燒）反應快速地從氣體燃燒源，因傳導、對流、輻射等擴延至未反應物料。燃燒區經由物料擴散至未反應物料的速率低於音速。

三、Unconfined Vapor Cloud Explosion – 非密閉蒸汽雲爆炸

蒸氣雲（氣態或霧滴）的爆炸，通常是由於不當的排洩於空氣中引燃而伴隨衝擊波及高熱的發生。

四、Boiling Liquid Expanding Vapor Explosion – 沸騰液體膨脹蒸氣爆炸

火侵襲大型液態石油氣儲槽液面以上的槽壁，造成金屬強度喪失，槽內壓力衝破儲槽所引發的爆炸。

五、Confined Explosion – 局限爆炸

指發生在容器或建築物內部的爆炸，爆炸產生的物理衝擊波和熱受到局限無法安全釋放至外界，會產生嚴重的熱輻射及物理衝擊。

請描述物質危害指數（substance hazard index）的公式，說明各變數的單位及定義。同時說明此指數的意義及應用。（15分）

【104 - 地特三等】

答

物質危害指數（SHI）是一種旨在客觀識別可能導致災難性釋放的有毒化學物質或物質的指數。該指數是蒸氣壓和毒性的簡單函數：物質的蒸氣壓越高，一旦發生釋放，它越容易進入大氣。

物質的毒性越大，表示危害所需的濃度越低，其SHI越高。物質於攝氏20度時的飽和蒸氣壓除以立即毒性濃度即為物質危害指數，公式如下：

$$(SHI)_a = EVP/760 \times 10^6/ATC$$

$(SHI)_a =$ 危害指數（劇烈性）

EVP：化學物質在攝氏 20 度時的蒸氣壓（公厘水銀柱，mmHg），如果化合物的臨界溫度低於攝氏 20 度時，使用 1,111 公厘水銀柱（mmHg）。

ATC：紐澤西州環保局公布劇烈毒性濃度（ppm），也可由 ERPG-3 或關懷準值（Level of Concerns）等取代。

$$(SHI)_c = EVP/760 \times 10^6/EL$$

$(SHI)_c =$ 危害指數（慢性）

EL：接觸恕限值（ppm），使用時間平均恕限值，許可接觸限值或其他限值之中最低值。

請以可燃液體的蒸氣濃度為 Y 軸、溫度為 X 軸的座標圖上，畫出可燃物的飽和蒸汽與空氣的混合物、著火濃度上 / 下限、閃火點及自燃溫度之間的相互關係。（20 分）　　　　　　【104 - 地特三等】

答

一、著火濃度範圍：

即使在著火條件之下，可燃性液體蒸氣與空氣的濃度比例必須在一定的範圍之內，才會著火燃燒，此一範圍是以氣體在空氣中的濃度的上限及下限表示。氣體濃度若低於著火濃度下限（lower flammability limit, LFL）時，則氣體濃度太稀薄，無法著火；若濃度超過著火濃度上限（upper flammability limit, UFL），空氣濃度稀薄，也無法著火。著火濃度上、下限亦稱為爆炸濃度上、下限（lower explosive limit, LEL 或 upper explosive limit, UEL），著火濃度上、下限視可燃性液體蒸氣與空氣分子作用的比例而定。著火濃度範圍會受壓力、溫度、周圍環境重力場、火焰延伸方向的影響，由於其數值係由實驗得來的，數值精確性與實驗方法及條件有關。

二、閃火點：

可燃性液體必須吸收熱能揮發成氣體後，才會著火燃燒，可燃性液體的著火難易度與其揮發性有關，易於揮發的汽油遠較難以揮發的重油易於著火。閃火點（Flash Point）是決定液體物質危害性的主要的物理特性，當溫度達到閃火點時，液體揮發至空氣之蒸氣濃度達著火濃度下限，而形成可燃混合物，此時雖然可以著火，但是揮發的質量不足以維持火勢的延續，火焰一閃即逝。閃火點與壓力有關，壓力增加時，閃火點會上升。

三、自燃溫度：

可燃性液體蒸氣與空氣混合，形成可燃混合物，在沒有外部引火源時，發生自然發火的最低溫度，即為自燃溫度，此一溫度是用來克服可燃混合物發生燃燒的活化能。影響自燃溫度的因素包含氧氣的分壓、海拔引起的氣壓變化、濕度及等待時間等。

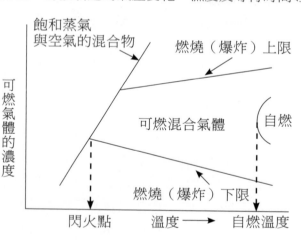

儲油槽洩漏是安全環保上的重要顧慮，若油槽洩漏，快速的估算洩漏量是必要的。有一儲油槽的小口徑洩漏可以使用下列公式估算：

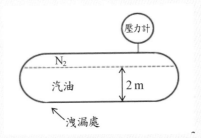

$$Q = 0.61s\sqrt{\frac{2\Delta p}{\rho}}$$

其中，Q = 洩漏量

s = 洩漏處的截面積

Δp = 洩漏點內外壓差

ρ = 洩漏物質的密度

此儲油槽油面上方以氮氣加壓密封，壓力計顯示氮氣的壓力是 1.5 kg_f/cm^2。洩漏時，油槽的液位是 2 公尺，洩漏的油比重是 0.72，洩漏點的直徑約略是 0.6 公分。試計算剛開始時，洩漏量約略是多少公升 / 分鐘（計算過程中必須完整地附上相關單位及單位轉換，1atm = 101300Pa = 1.033 kg_f/cm^2）？（25 分）　【104 - 地特三等】

答

氮氣壓力 = 1.5 (kg_f/cm^2) = 1.5×10^4 (kg_f/m^2) = $1.5 \times 10^4 \times 9.8$ $(kg/m.s^2)$

　　　　 = 147,000 $(kg/m.s^2)$

洩漏處液靜壓 = ρgh = 0.72 $(g/cm^3) \times 9.8$ $(m/s^2) \times 2$ (m)

　　　　　　 = 0.72×10^3 $(kg/m^3) \times 9.8$ $(m/s^2) \times 2$ (m)

　　　　　　 = 14,112 $(kg/m.s^2)$

Δp = N_2 壓力 + 洩漏處液靜壓 = 147,000 + 14,112 = 161,112 $(kg/m.s^2)$

s = $R^2 \pi/4$ = $(0.6)^2 \times \pi \times 0.25$ (cm^2)

　 = $(0.6)^2 \times \pi \times 0.25 \times 10^{-4}$ (m^2) = 0.000009π (m^2)

$$Q = 0.61s\sqrt{\frac{2\Delta p}{\rho}}$$

$$= 0.61 \times 0.000009 \times \pi\,(\mathrm{m}^2) \times \sqrt{2 \times 161{,}112\left(kg/m.s^2\right)/\left(0.72 \times 10^3\right)\left(kg/m^3\right)}$$

$$\cong 0.000365\,(\mathrm{m}^3/\mathrm{s})$$

$$\cong 21.9\,(\mathrm{L/min})$$

著火源（ignition sources）是燃燒三要素之一，請說明著火源有那幾類？並詳細舉例說明各類的細項。又 2015 年 6 月 27 日八仙樂園派對粉塵爆炸事故，其著火源為那一類之那一項？（20 分）

【104 - 地特三等】

答

一、著火源的種類說明如下列：

（一）電氣性著火源：

1. 由電氣設備的發熱與短路引起的火災。

2. 靜電。

3. 閃電。

（二）機械著火源：

1. 摩擦。

2. 高溫表面。

3. 切割與焊接。

4. 機械火花。

5. 燃燒火花。

（三）熱著火源：

    1.　明火。

    2.　吸煙。

    3.　熔融物質。

    4.　過熱物料。

（四）化學性著火源：化學變化，化學流程失去控制，或化學品與其他物質產生化學反應或分解不安定之物質所引起之火災。

（五）其他：

    1.　自然發火。

    2.　暴露。

    3.　縱火。

二、粉塵爆炸產生之機制為可燃性固體的粉塵，遇熱迅速地被氣化，形成可燃性蒸氣，可燃性蒸氣與空氣混合達燃燒範圍時，產生燃燒，而燃燒所產生的熱量向外不斷傳遞，引起附近粉塵又進一步燃燒。上述步驟持續循環，最後形成爆炸。產生爆炸後，揚起周圍粉塵，再經由上述之機制，再次產生爆炸。

2015 年 6 月 27 日八仙樂園派對粉塵爆炸事故，其著火源可能來自照明設備，也就是分類中的機械著火源之高溫表面。

試利用下表資訊評估各危險物（易燃/易爆物質）的火災爆炸風險，請將其排序或區分，並說明考量點、排序依據以及依其特性在處置上的注意點。（20 分）　　　　　　　　　【105 - 公務高考】

物質名稱	閃火點 °C	著火溫度 °C	爆炸界限 Vol%	比重 空氣 = 1	最小著火 能量（mJ）
甲烷	–	537	5.0~15	0.6	0.28
丙烷	– 104	432	2.1~9.5	1.56	0.25
乙烯	– 136	425	2.7~36	1.0	0.096
丙酮	– 20	465	2.1~13	2.0	1.15
甲醇	11	385	6.0~36	1.1	0.14

答

一、5 種物質中，甲烷、丙烷及乙烯在常壓常溫下為氣態；丙酮及甲醇為液態。

氣態以危險指數 H 排序：

$H_{甲烷} = (15 - 5)/5 = 2$

$H_{丙烷} = (9.5 - 2.1)/2.1 \cong 3.5$

$H_{乙烯} = (36 - 2.7)/2.7 \cong 12.3$

因 $H_{乙烯} > H_{丙烷} > H_{甲烷}$，故風險高低依序為乙烯、丙烷及甲烷。

液態以閃火點（F.P.）排序：

因 $F.P._{丙酮} < F.P._{甲醇}$，故丙酮之風險大於甲醇。

二、因特性而須注意點：

（一）比重較空氣重者會蓄積於低處，不利通風稀釋，較易達到爆炸範圍，應至於通風良好處，避免物質蓄積。

（二）最小著火能量愈低者代表其愈容易被點燃，尤其是乙烯之最小著火能量非常低，應減少作業上靜電荷累積或電位差，設法消除靜電等火花。

圖一為 Semenov 熱自燃理論的觀念示意圖：

一、 該圖中的曲線 C 與直線 L1 相交於 2 個點（Ta 與 Tb），請說明此種相交方式的意義為何？（15 分）

二、 該試驗條件下物質的自燃溫度為圖中何點？（10 分）

【105 - 地特三等】

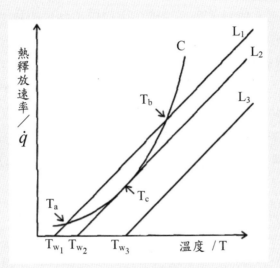

圖一　Semenov 熱自燃理論的觀念示意圖

答

一、熱自燃係指在自燃或某種環境條件下由於熱不平衡，其熱釋放速率大於熱移除速率時，無法移除之釋放熱量使反應物溫度升高，而反應速率急速增加失去控制，導致失控反應，而造成自發火現象。

圖中，L_1、L_2 及 L_3 為 3 種熱散失曲線，C 為物質的熱釋放曲線。

當位於 T_a 點時，熱散失與熱釋放相等，溫度穩定，若溫度上升，熱散失大於熱釋放，溫度最終仍會趨於 T_a，故 T_a 為一穩定點。

當位於 T_b 點時，若溫度上升，熱散失小於熱釋放，溫度將一直上升，故 T_b 為一不穩定點。

二、在 C 曲線上，與 L_2 相交的 T_c 點為最小的不穩定點，故 T_c 為該物質的自燃溫度。

某廢棄物處理工廠發生爆炸事件，由於現場並無明確之爆裂物，部分調查人員懷疑是某固體化學物質所引起，故取樣該物質進行熱卡計分析。分析結果顯示：在溫度 211℃ 時，該物質發生分解反應，其放熱量（ΔH_c）為 2,350 J/g。現場勘查資料指出距離堆放該化學物質處（爆炸中心）約 13 公尺處之磚造短牆已毀損約 50%，經比對文獻資料確認造成此種破壞之過壓（Overpressure）約為 20 kPa。請利用 TNT 當量法估計爆炸中心處約堆放多少公斤的前述固體化學物質（假設爆炸效率（η）為 0.02）。（20 分）

【提示】：TNT 能量當量為 $E_{TNT} = 4,686$ kJ/kg

$$m_{TNT} = \frac{\eta m \Delta H_c}{E_{TNT}}$$，其中 m 為反應物之質量（kg）

$$z_e = \frac{r}{m_{TNT}^{1/3}}$$，r 為距爆炸中心的距離（公尺）

P_o 為距離爆炸中心 r 公尺處受到的 overpressure（kPa），P_a 為大氣壓力（101.3 kPa）。

P_o、P_a 與 z_e 之間滿足下列經驗公式：

$$\frac{P_o}{P_a} = \frac{1616\left[1+\left(\frac{z_e}{4.5}\right)^2\right]}{\sqrt{1+\left(\frac{z_e}{0.048}\right)^2}\sqrt{1+\left(\frac{z_e}{0.32}\right)^2}\sqrt{1+\left(\frac{z_e}{1.35}\right)^2}}$$

【105 - 地特三等】

答

依題意 $P_o = 20 \text{ kPa}$；$P_a = 101.3 \text{ kPa}$

$$\frac{P_o}{P_a} = \frac{20kPa}{101.3kPa} = \frac{1616\left[1+\left(\dfrac{z_e}{4.5}\right)^2\right]}{\sqrt{1+\left(\dfrac{z_e}{0.048}\right)^2}\sqrt{1+\left(\dfrac{z_e}{0.32}\right)^2}\sqrt{1+\left(\dfrac{z_e}{1.35}\right)^2}}$$

以試誤法計算，Z_e 約為 9.987

$$z_e = \frac{r}{m_{TNT}} \rightarrow 9.987 = \frac{13}{m_{TNT}} \text{ , } m_{TNT} = 1.3017$$

$$m_{TNT} = \frac{\eta m \Delta H_C}{E_{TNT}} \rightarrow 1.3017 = \frac{0.02 \times m \times 2,350}{4,686} \text{ , } m = 129.78 \ (kg)$$

已知某種具有下表化學成分混合之天然氣的燃燒下限為 4.52%，請根據 Le Chatelier's Equation 計算出該天然氣中的 CH_4 和 C_2H_6 的體積百分比，（10 分）以及該混合氣和空氣完全燃燒所需的理論空氣量。（20 分）
【105 - 地特三等】

某可燃性氣體之燃燒上限與燃燒下限表

氣體	體積百分比（%）	燃燒下限（空氣中百分比）	燃燒上限（空氣中百分比）
CH_4	未知	5.0	15.0
C_2H_6	未知	3.2	12.5
C_3H_8	4	2.2	9.5
C_4H_{10}	2	1.9	8.5

答

一、假設 CH_4 之體積百分比為 X，C_2H_6 之體積百分比為 Y，得 X + Y = 94，X = 94 – Y。

依勒沙特列（Le Chatelier）定律此混合氣體在空氣中的爆炸下限（LEL）計算如下：

$$\text{LEL} = \cfrac{100}{\cfrac{V_1}{L_1}+\cfrac{V_2}{L_2}+\cfrac{V_3}{L_3}+\cfrac{V_4}{L_4}} = \cfrac{100}{\cfrac{94-Y}{5.0}+\cfrac{Y}{3.2}+\cfrac{4}{2.2}+\cfrac{2}{1.9}}$$

$$= \cfrac{100}{\cfrac{3.2(94-Y)}{5.0\times3.2}+\cfrac{5Y}{5.0\times3.2}+1.82+1.05}$$

$$\text{LEL} = \cfrac{100}{\cfrac{300.8-3.2Y+5Y}{16}+2.87} = 4.52\%$$

$$\Rightarrow \frac{100}{4.52} = \frac{300.8-3.2Y+5Y}{16}+2.87$$

$$\Rightarrow 22.12-2.87 = \frac{300.8+1.8Y}{16} \Rightarrow 19.25\times16 = 300.8+1.8Y$$

$$\Rightarrow 308 = 300.8+1.8Y$$

$$1.8Y = 308-300.8 \Rightarrow 1.8Y = 7.2 \Rightarrow Y = 4$$

$$\because X = 94-Y \quad \therefore X = 90$$

經計算後得知 CH_4 之體積百分比為 90，C_2H_6 之體積百分比為 4。

二、該混合氣和空氣完全燃燒所需的理論空氣量計算如下：

【假設大氣環境為 1 大氣壓、溫度 25℃、每莫耳體積 24.45 升、氧氣濃度 21%】

甲烷（CH_4）之燃燒化學式　　$CH_4 + 2O_2 \rightarrow CO_2 + 2H_2O$

理論「氧氣」量（以體積表示）2 mole × 24.45 L/mole = 48.9 L

因空氣中氧含量為 21%（**體積比**），故所需之理論「空氣」量
（以體積表示）計算如下：

$$\frac{21}{100} = \frac{48.9\ L}{Y\ L} \Rightarrow Y\ L = \frac{48.9\ L \times 100}{21} = 233\ L$$

甲烷佔 90%，所需之空氣量為 233L×90% = 209.7 L

經計算後得知甲烷之燃燒理論空氣量約為 **209.7 L**。

乙烷（C_2H_6）之燃燒化學式　　$C_2H_6 + \mathbf{3.5}O_2 \rightarrow 2CO_2 + 3H_2O$

理論「氧氣」量（以體積表示）3.5 mole×24.45 L/mole = 85.6 L

因空氣中氧含量為 21%（**體積比**），故所需之理論「空氣」量
（以體積表示）計算如下：

$$\frac{21}{100} = \frac{85.6\ L}{Y\ L} \Rightarrow Y\ L = \frac{85.6\ L \times 100}{21} = 408\ L$$

乙烷佔 4%，所需之空氣量為 408L×4% = 16.32 L

經計算後得知乙烷之燃燒理論空氣量約為 **16.32 L**。

丙烷（C_3H_8）之燃燒化學式　　$C_3H_8 + \mathbf{5}O_2 \rightarrow 3CO_2 + 4H_2O$

理論「氧氣」量（以體積表示）5 mole×24.45 L/mole = 122.25 L

因空氣中氧含量為 21%（**體積比**），故所需之理論「空氣」量
（以體積表示）計算如下：

$$\frac{21}{100} = \frac{122.25\ L}{Y\ L} \Rightarrow Y\ L = \frac{122.25\ L \times 100}{21} = 582\ L$$

丙烷佔 4%，所需之空氣量為 582L×4% = 23.28 L

經計算後得知丙烷之燃燒理論空氣量約為 **23.28 L**。

丁烷（C_4H_{10}）之燃燒化學式　　$C_4H_{10} + \mathbf{6.5}O_2 \rightarrow 4CO_2 + 5H_2O$

理論「氧氣」量（以體積表示）6.5 mole×24.45 L/mole = 146.7 L

4

安全工程

因空氣中氧含量為 21%（**體積比**），故所需之理論「空氣」量（以體積表示）計算如下：

$$\frac{21}{100} = \frac{158.9\,L}{Y\,L} \Rightarrow YL = \frac{158.9\,L \times 100}{21} = 757\,L$$

丁烷佔 2%，所需之空氣量為 757L×2% = 15.14 L

經計算後得知丁烷之燃燒理論空氣量約為 **15.14 L**。

該混合氣和空氣完全燃燒所需的理論空氣量為 209.7 + 16.32 + 23.28 + 15.14 = 264.44 L

經計算後得知該混合氣和空氣完全燃燒所需的理論空氣量為 264.44 L。

絕熱卡計常被用來模擬物質在絕熱狀況下反應失控過程的溫度、壓力變化。已知絕熱條件下熱分解的自加熱速率為：

$$\frac{dT}{dt} = k \left(\frac{T_f - T}{T_f - T_0} \right)^n \left(T_f - T_0 \right) C_0^{n-1}$$

其中速率常數

$$k = k_0 e^{-\frac{E}{RT}}$$

T_0 和 T_f 分別為反應起始溫度（onset temperature）和反應最終溫度，C_0 為反應物熱分解前的最初濃度。

當反應級數 n = 1 時，絕熱條件下熱分解反應的自加熱速率可化簡為何？若反應活化能（activation energy）E 為 94838 J/mol，反應的頻率因子（frequency factor）k_0 為 4.17 × 10^{11} min^{-1}，若反應最高溫度 T_f = 160.5°C，反應起始溫度 T_0 = 60.1°C，若 t = 200 分時，T = 98.73°C，此時的溫度上升速率（熱分解反應的自加熱速率）為何？t = 201 分時，T 為多少 °C？（25 分）　**【106 - 公務高考】**

答

一、當 n = 1 時，可化簡為：

$$\frac{dT}{dt} = k\left(\frac{T_f - T}{T_f - T_0}\right)^n (T_f - T_0)C_0^{n-1}$$

$$\frac{dT}{dt} = k(T_f - T_0)$$

二、E = 94,838 J/mol，$k_0 = 4.17 \times 10^{11}$ min^{-1}，$T_f = 160.5^{\circ}$C，
$T_0 = 60.1^{\circ}$C

（一）當 t = 200 分，$T = 98.73^{\circ}$C

$$k = k_0 e^{-\frac{E}{RT}} = 4.17 \times 10^{11} \times e^{-\frac{94,838}{8.314 \times (273.15 + 98.73)}} = 0.0199$$

$$\frac{dT}{dt} = 0.0199 \times (160.5 - 60.1) = 1.99796^{\circ}\text{C/min}$$

（二）當 t = 201 分

T = 98.73 + 1.99796 = 100.72796°C

估計化合物燃燒界限的重要方法之一是 Johnes 提出的 Cst 法。

一、 請說明 Cst 法的具體內容。（15 分）

二、 使用該方法計算正己烷之燃燒下限與上限。（10 分）

【107 - 公務高考】

答

一、 在 25°C、一大氣壓條件下，一般的碳氫化合物（烷類、酮類、醇
類）完全燃燒，可利用化學理論濃度來推算此化合物的燃燒上、
下限。

燃燒上限 UEL = 3.5×Cst

燃燒下限 LEL = 0.55×Cst

其中 0.55 及 3.5 為常數；Cst：可燃性氣體完全燃燒時的化學理論濃度。

若空氣中氧濃度為 21 vol.%，計算 Cst 值可用下式來確定：

$Cst = 21/(0.21 + N)(\%)$

式中 N 為可燃性氣體完全燃燒時所需氧莫耳數。

由於此推算經驗式適用於常溫常壓下，但製程工廠之操作條件往往因為製程、產值與經濟的考量，多控制在高溫高壓下，所以此推算經驗式，對於一般製程工廠過於保守也不一定適用，可利用實驗數據並搭配推算經驗式，以達到可供參考之推算經驗式。

二、【假設空氣當中的氧濃度為 21%】

正己烷（C_6H_{14}）之燃燒化學式　　$C_6H_{14} + 9.5\ O_2 \rightarrow 6\ CO_2 + 7\ H_2O$

$$Cst = \frac{100}{1+\dfrac{9.5}{0.21}} = \frac{100}{1+45.24} = \frac{100}{46.24} = 2.16\ \%$$

或

$$Cst = \frac{0.21 \times 100}{0.21 + N} = \frac{21}{0.21 + 9.5} = \frac{21}{9.71} = 2.16\ \%$$

正己烷（C_6H_{14}）之理論燃燒下限

$= 0.55 \times Cst = 0.55 \times 2.16\% = 1.19\ \%$

正己烷（C_6H_{14}）之理論燃燒上限

$= 3.5 \times Cst = 3.5 \times 2.16\% = 7.56\ \%$

突沸（boilover）現象被視為油槽火災中最危險的情況之一，該現象依照發生條件與情形不同可分為薄層突沸（thin-layer boilover）及熱區突沸（hot-zone boilover），試說明（一）突沸（boilover）現象發生之機制及（二）薄層突沸（thin-layer boilover）和熱區突沸（hot-zone boilover）之間差異性。（25分）　　【107 - 公務高考】

答

一、突沸（boilover）現象發生之機制說明如下：

係如果油槽內有積水，水一般沉在液池的底部，因水的沸點遠低於油的沸點，一旦儲油槽發生火災時，隨著火焰對油層熱作用的加強，促使熱區向深度方向傳播，所以沉積在油槽底部的水溫會不斷地升高，當水溫上升到水的沸點溫度時，水就會沸騰，而水面以上有一層油，這層油的最上層又處於蒸發、燃燒狀態。所以沸騰的水蒸氣將帶著蒸發、燃燒的油一起沸騰，這樣就可能發生極其危險的揚沸現象，即沸騰的水蒸氣帶著燃燒著的油向空中飛濺。

二、薄層突沸（thin-layer boilover）和熱區突沸（hot-zone boilover）之間差異性說明如下：

（一）傳熱機制：薄層突沸的傳熱機制多為單純的液體物質傳導，而熱區突沸則是來自燃燒火焰輻射熱傳導。

（二）發生環境：薄層突沸是發生在一層薄薄的燃料下較無燃料熱帶的存在，而熱區突沸則是發在油槽底部內有積水且有燃料熱帶的存在。

（三）災害規模：薄層突沸因為較無燃料熱帶的存在，所以發生突沸時，濺溢的規模較小，而熱區突沸則因熱區厚度隨時間增加，在大型油槽它可能高達幾米的厚度，所以發生突沸時，濺溢的範圍規模可達油槽直徑的10倍距離，造成重大的災害。

某烯類化學物質可燃界線圖如下圖所示，請由圖指出下列物質性質：

一、 空氣中可燃上下限及純氧中可燃上下限，其為何種物質？
（20 分）

二、 某工廠為預防該物質之爆炸，先通入氮氣再通入氧氣，試問該
方法之目的及原理。（5 分） 　　　　　【107 - 公務高考】

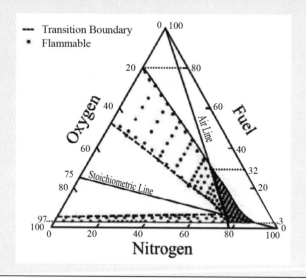

答

一、 化學劑量線（Stoichicometric Line）表示所有氧及燃料可能混合
的化學劑量之比例，反應方程式如下：

燃料 + $(z)O_2 \rightarrow$ 產物

與氧軸交點為 $\dfrac{z}{1+z} \times 100$

由圖中得知與氧軸交點為 $75 = \dfrac{z}{1+z} \times 100$

已知烯類化學物質之完全燃燒反應式為

$C_nH_{2n} + (3n/2)O_2 \rightarrow nCO_2 + nH_2O$

$$75 = \frac{\dfrac{3n}{2}}{1 + \dfrac{3n}{2}} \times 100 \rightarrow \frac{75}{100} = \frac{3n}{2 + 3n} \rightarrow 0.75 = \frac{3n}{2 + 3n} \rightarrow 1.5 + 2.25n = 3n$$

$$\rightarrow 1.5 = 0.75n \rightarrow n = 2$$

將 n 值帶入烯類化學物質之分子式得 $C_nH_{2n} = C_2H_4$

故得知該烯類化學物質為乙烯。

二、(一) 先通入氮氣再通入氧氣的方法，其目的為在迫淨（purge）的過程中，讓可燃物及氧氣的濃度都保持在可燃燒範圍外，以預防該可燃物之爆炸。

(二) 其原理為氮氣的化學穩定性相當高，幾乎不會跟任何物質產生反應，而氧氣則是具有氧化能力，故先通入氮氣將可燃物及氧氣的濃度稀釋至可燃燒範圍外，再通入氧氣，實務上工廠的反應槽都會再利用減壓抽真空方式來幫助充氮脫氧。這樣就可以用極少量的氮氣快速將反應系統中的氧氣濃度稀釋至極低。

一、何謂閃燃（flashover）？（5分）
二、請繪出火災發展階段圖，並圈點出閃燃發生處。（10分）
三、以燃燒四面體比較閃燃（flashover）與閃火（flash fire）之差異。（5分）　　　　　　　　　　　　　　　【107 - 地特三等】

答

一、根據美國國家防火協會（NFPA）之定義：閃燃是火災發展過程中一個現象，閃燃會造成局限空間之可燃性物質同時起火燃燒。所謂閃燃乃是從火災之「成長期」移向「最盛期」之短時間現象。在閃燃點時，因熱分解產生的可燃性氣體在室內高處蓄積，當該氣體與空氣之混合氣體濃度達到燃燒界限，且溫度已達多數材料之著火點或以上，則爆發地使室內全體陷於火焰之中。

4
安全工程

二、

三、閃燃（flashover）與閃火（flash fire）之最大差異，為閃燃有燃燒四面體之連鎖反應且僅在局限或密閉空間發生，而閃火則發生在非局限或密閉空間，且無連鎖反應使其持續燃燒，僅能形成一閃即逝之火花。

某混和性化學物質其成分如下，請問每小時使用 3 公升之混合性化學物質於密閉空間時，為控制爆炸下限低於 10%，最低之通風量應為何？（其餘條件皆不考慮，如密度、溫度、壓力及安全係數等）（20 分）

【107 - 地特三等】

成分	百分比	分子量	爆炸下限
A	30%	92 g/mol.	5.2%
B	28%	106 g/mol.	2.9%
C	17%	88 g/mol.	3.7%
D	25%	18 g/mol.	無爆炸特性

答

$$LFL = \frac{100}{\left\{ \left[\frac{\left(\frac{30}{0.75} \right)}{5.2} \right] + \left[\frac{\left(\frac{28}{0.75} \right)}{2.9} \right] + \left[\frac{\left(\frac{17}{0.75} \right)}{3.7} \right] \right\}} = 3.746\%$$

$$Q \geq (0.003 \times 60 \times 0.75)/(0.1 \times 0.3746) = 3.6 \, m^3/min$$

$$\frac{75\%}{LFL} = \frac{30\%}{5.2\%} + \frac{28\%}{2.9\%} + \frac{17\%}{3.7\%}$$

LFL=3.746%

要控制低於爆炸下限 10%，則 C=0.3746%=0.003746，

$$Q\left(\frac{m^3}{min}\right) \geq \frac{3\left(\frac{L}{hr}\right) \times 10^{-3}\left(\frac{m^3}{L}\right)}{60\left(\frac{min}{hr}\right) \times 0.003746} \approx 0.01335 \approx 0.01\left(\frac{m^3}{min}\right)$$

純甲醇的閃火點是 12℃，其飽和蒸汽壓可由下列之 Antoine 方程式估算。今有 75% 甲醇水溶液，試求其閃火點。（25 分）

Antoine 方程式 $P_i = 10^{A - \frac{B}{C+T}}$

其中 P in mmHg；T in ℃；A = 8.08097，B = 1582.27，C = 239.7。

【108 - 公務高考】

答

以知甲醇（CH_3OH）之分子量為 32、水（H_2O）之分子量為 18

該溶液之甲醇莫耳分率 X_i：

$$X_i = \frac{0.75/32}{0.75/32 + 0.25/18} \cong 0.63$$

甲醇之飽和蒸汽壓 P_i：

$$P_i = 10^{A - \frac{B}{C+T}}$$

$$= 10^{8.08097 - \frac{1582.27}{239.7+12}}$$

$$= 10^{8.08097 - 6.28633}$$

$$= 10^{1.79464}$$

$$\cong 62.32(mmHg)$$

依 Roult's Law，$P_i = P^0 X_i = P_{sat} X_i$

$$P_{sat} = P_i / X_i$$
$$= 62.32 / 0.63$$
$$\cong 98.92 \text{ (mmHg)}$$

$$P = 10^{A - \frac{B}{C+T}}$$

$$98.92 = 10^{8.08097 - \frac{1,582.27}{239.7+T}}$$

$$\log(98.92) = 8.08097 - \frac{1,582.27}{239.7+T}$$

$$8.08097 - 1.995284 = \frac{1,582.27}{239.7+T}$$

$$239.7 + T = \frac{1,582.27}{6.085686}$$

$$T \cong 20.3 \text{ (}^{o}\text{C)}$$

以化學計量方法計算正丁烷（C_4H_{10}）之理論燃燒下限（LFL）為多少？MOC（Minimum Oxygen Concentration）為多少？（假設空氣中的氧濃度為 21%）（25 分）　　　　【108 - 公務高考】

答

一、**丁烷（C_4H_{10}）**之燃燒化學式　　$C_4H_{10} + \mathbf{6.5}O_2 \rightarrow 4CO_2 + 5H_2O$

$$Cst = \frac{1}{1 + \dfrac{6.5}{0.21}} = \frac{1}{1 + 30.95} = \frac{1}{31.95} = 3.13\%$$

或

$$Cst = \frac{0.21 \times 100}{0.21 + N} = \frac{21}{0.21 + 6.5} = \frac{21}{6.71} = 3.13\%$$

丁烷（C_4H_{10}）之理論燃燒下限 $= 0.55 \times Cst = 0.55 \times 3.13\% =$ **1.72%**

二、MOC（限氧濃度）= 理論需氧量（N）× 燃燒下限（LFL）

MOC = **6.5**×1.72% = 11.18%

某可燃性液體含有正己烷（Hexane）25 mole%、乙醇（Ethanol）75 mole%，試估算在 25°C、1 大氣壓下此液體之混和蒸氣的燃燒下限。

參考資料：正己烷、乙醇之燃燒下限分別為體積百分比 1.2%、4.3%；

正己烷飽和蒸汽壓可由安東尼（Antonie）方程式估算：

$\ln(P^{sat}) = 15.8366 - 2697.55/(224.37+T)$，

乙醇飽和蒸汽壓可由安東尼方程式估算：

$\ln(P^{sat}) = 18.9119 - 3803.98/(231.47+T)$，

其中 P^{sat} 單位為 mmHg、T 單位為 °C。（25 分）　【108 - 地特三等】

答

一、正己烷飽和蒸汽壓計算：

$\ln(P^{sat}) = 15.8366 - 2,697.55/(224.37 + T)$ → $\ln(P^{sat}) = 15.8366 - 2,697.55/(224.37 + 25)$

$\ln(P^{sat}) = 15.8366 - 2,697.55/(249.37) = 15.8366 - 10.8175 = 5.0191$

$P^{sat} = 151.27$

乙醇飽和蒸汽壓計算：

$\ln(P^{sat}) = 18.9119 - 3,803.98/(231.47 + T)$ → $\ln(P^{sat}) = 18.9119 - 3,803.98/(231.47 + 25)$

$\ln(P^{sat}) = 18.9119 - 3,803.98/(256.47) = 18.9119 - 14.8321 = 4.0798$

$P^{sat} = 59.13$

二、$y_i = \dfrac{P^{sat} \times X_i}{P}$ 式中，y_i：揮發性液體之蒸氣莫耳百分比；P^{sat}：揮發性液體之飽和蒸氣壓；X_i：揮發性液體之液相莫耳百分比；P：全壓（760 mmHg）

正己烷飽和蒸汽莫耳百分比計算：

$$y_i = \frac{P^{sat} \times X_i}{P} = \frac{151.27 \times 25\%}{760} = 4.98\%$$

乙醇飽和蒸汽莫耳百分比計算：

$$y_i = \frac{P^{sat} \times X_i}{P} = \frac{59.13 \times 75\%}{760} = 5.84\ \%$$

混和之可燃性氣體中正己烷及乙醇所佔之體積比計算如下：

$$V_{\text{正己烷}} = \frac{4.98}{4.98 + 5.84} = \frac{4.98}{10.82} = 46\%$$

$$V_{\text{乙醇}} = \frac{5.84}{4.98 + 5.84} = \frac{5.84}{10.82} = 54\%$$

三、可燃性液體之混和蒸氣的燃燒下限計算：

$$LEL = \frac{100}{\dfrac{V_1}{LEL_1} + \dfrac{V_2}{LEL_2} + \ldots + \dfrac{V_n}{LEL_n}}$$

式中，V_n：某揮發性液體之蒸氣所佔之體積比；LEL_n：某揮發性液體蒸氣之燃燒下限。

$$LEL = \frac{100}{\dfrac{V_1}{LEL_1} + \dfrac{V_2}{LEL_2} + \ldots + \dfrac{V_n}{LEL_n}} = \frac{100}{\dfrac{46}{1.2} + \dfrac{54}{4.3}} = \frac{100}{38.33 + 12.56}$$

$$= \frac{100}{50.89} = 1.97\%$$

一、 試說明何謂最小著火能量（Minimum ignition energy, MIE）
及自燃溫度（Autoignition temperature）。（10 分）

二、 丙烷之最小著火能量為 0.25mJ、自燃溫度為 450°C，某一燈
泡的功率為 50W、表面溫度為 300°C，試說明此燈泡能否引
燃外洩的丙烷氣體？（15 分） 　　　　【108 - 地特三等】

答

一、(一) 最小著火能量：

使可燃性液體與空氣混合之蒸氣、可燃性氣體或爆炸性粉
塵，著火燃燒爆炸的最低能量，稱為最小著火能量。

(二) 自燃溫度：

物質不自他處獲得火焰或電氣火花等引火源引燃的情況
下，可自行在空氣中維持燃燒的最低溫度。

二、 依題意，該燈泡之表面溫度為攝氏 300 度低於丙烷之自燃溫度攝
氏 450 度，故此燈泡無法使丙烷氣體自行燃燒。

請說明物質之燃燒形式並各舉一例。（20 分） 　　　【108 - 地特三等】

答

一、 擴散燃燒：

可燃性瓦斯分子與空氣分子互相擴散混合起燃之現象。如氫氣、
甲烷、丙烷等可燃性瓦斯由噴嘴流出於空氣中被點燃時則屬之。

二、 混合燃燒：

可燃性氣體與氧氣充分混合後引燃，大量的可燃性氣體瞬間全面
燃燒的現象。

三、 蒸發燃燒：

醇類、醚類等引火性液體由蒸發產生之蒸氣引火產生火焰，起燃
後自液體表面繼續蒸發而維持燃燒之現象。

四、分解燃燒：

固體可燃物如木材、煤炭、纖維等在空氣中被加熱時先失去水分。再起熱分解而產生可燃性瓦斯，起燃後由火焰維持其燃燒。

五、表面燃燒：

如木炭、焦炭等物由熱分解之結果產生無定形炭化物，而在固體表面與空氣接觸之部分形成燃燒帶（Zone）。燃燒常維持在表面。鋁箔、鎂箔等燃燒可歸納在此類。表面燃燒通常不帶有明顯之火焰，有時因不完全燃燒之故或有產生一氧化碳形成火焰之可能。

六、自身燃燒：

火炸藥在分子內含有氧而不需由空氣中之氧維持其燃燒，此反應速度快，燃燒速度迅速以致有爆炸性燃燒發生。

使用乾燥設備進行物料之乾燥處理而有火災、爆炸之虞時，請說明應採取之措施。（20 分）　　　　　　　　　　【108 - 地特三等】

答

依據「職業安全衛生設施規則」第 200 條規定，雇主對於使用之乾燥設備，應依下列規定：

一、不得使用於加熱、乾燥有機過氧化物。

二、乾燥設備之外面，應以不燃性材料構築。

三、乾燥設備之內面及內部之棚、櫃等，應以不燃性材料構築。

四、乾燥設備內部應為易於清掃之構造；連接於乾燥設備附屬之電熱器、電動機、電燈等應設置專用之配線及開關，並不得產生電氣火花。

五、乾燥設備之窺視孔、出入口、排氣孔等之開口部分，應設計於著火時不延燒之位置，且能即刻密閉之構造。

六、乾燥設備之內部，應置有隨時能測定溫度之裝置，及調整內部溫度於安全溫度之裝置或溫度自動調整裝置。

七、危險物乾燥設備之熱源，不得使用明火；其他設備如使用明火，為防止火焰或火星引燃乾燥物，應設置有效之覆罩或隔牆。

八、乾燥設備之側面及底部應有堅固之構造，其上部應以輕質材料構築，或設置有效之爆風門或爆風孔等。

九、危險物之乾燥作業，應有可將乾燥產生之可燃性氣體、蒸氣或粉塵排出安全場所之設備。

十、使用液體燃料或可燃性氣體燃料為熱源之乾燥作業，為防止因燃料氣體、蒸氣之殘留，於點火時引起爆炸、火災，其燃燒室或其他點火之處所，應有換氣設備。

前項規定對於乾燥物之種類、加熱乾燥之程度、熱源之種類等無發生爆炸或火災之虞者，不適用之。

請詳細說明沸騰液體蒸發膨脹爆炸 BLEVE 發生的原因與過程及其預防對策。（25 分）　　　　　　　　　【109 - 地特三等】

答

一、沸騰液體蒸發膨脹爆炸（BLEVE）指高壓設備或儲槽內液體，因受熱造成壓力低於臨界壓力或溫度升高至其臨界溫度以上時，液體急速氣化致體積膨脹，造成高壓設備或儲槽內壓力上升，若此時排壓不及，又因高壓設備或儲槽本體因受熱而脆化，將導致高壓設備或儲槽破裂，屬於物理性爆炸的一種。BLEVE 並非只有易燃性液體才會發生，非易燃性液體也會發生，非易燃性液體及易燃性液體產生 BLEVE 時，皆會產生爆風及容器破碎之危害，但易燃性液體常因容易被點燃而伴隨著火球出現，若易燃性液體發生 BLEVE 後，未被立即點燃，與空氣均勻混合後才被點燃，則將產生蒸氣雲爆炸。

二、BLEVE 之預防對策：

（一）於儲槽外部設置自動冷卻撒水設備，溫度過高時，可冷卻儲槽溫度，以保護儲槽不因外部熱源，而造成內部液體的沸騰。

（二）將儲槽作外部斷熱處理，減低外界熱對儲槽內液體的影響，增加處理的時間。

（三）將防液堤地面設計成略為傾斜，並設置適當之集液系統，以免積聚易燃性液體。

（四）安裝足夠負載的疏壓裝置，如安全閥、破裂盤等。

（五）儲槽選用適當的保溫及絕熱材料。

（六）設備或儲槽的表面使用耐火、阻燃材料。

（七）設置防爆牆，以降低爆炸後產生爆風及容器破碎而造成之危害。

電氣機房發生火災時無法用水滅火，有些業者會使用氣體滅火設備來滅火，如二氧化碳滅火設備，請說明其滅火原理？滅火設計濃度為多少？有何危險？如使用 FM200，請說明其成分？請說明其滅火原理？如使用 IG541，請說明其成分？請說明其滅火原理？（25 分）　　　　　　　　　　　　　　　　　　【110 - 公務高考】

答

一、二氧化碳滅火設備：

（一）滅火原理主要為窒息作用，藉由大量的二氧化碳稀釋空氣中的氧氣，降低氧氣濃度，達到滅火效果；次要為冷卻作用，藉由液態二氧化碳汽化時，吸收環境周圍的熱量，使環境溫度下降，達到幫助滅火的效益。

（二）滅火設計濃度為 34.32%，計算如下：

大部分情況下，空氣中氧氣濃度在 15% 以下時，無法燃燒，故以氧氣濃度降至 15% 為設計目標。

二氧化碳之理論所需濃度

$$= \frac{(21-15)}{21} \cong 28.6(\%)$$

二氧化碳之實際所需濃度

$$= 28.6 \times 1.2(安全係數) = 34.32(\%)$$

（三）危險特性：

1. 密閉空間作全區放射時，人員有窒息危險。

2. 放射會伴隨高分貝噪音，並有人員凍傷之虞。

二、FM200：

（一）成分為七氟丙烷（1,1,1,2,3,3,3-Heptafluoropropane），屬於 HFC 化合物，依 ASHRAE（The American Society of Heating, Refrigerating and Air-Conditioning Engineers） 命名為 HFC-227ea。

（二）滅火原理主要為抑制作用，阻斷燃燒的連鎖反應；次要為冷卻作用，降低環境溫度。

三、IG541：

（一）成分為 52% 氮氣、40% 氬氣及 8% 二氧化碳。

（二）滅火原理主要為窒息作用。

請解釋何謂 VCE（Vapor cloud explosions）？（6 分）VCE 發生步驟？（13 分）易燃性氣體或蒸氣外洩時，在什麼條件下會形成 VCE（Deflagration 和 Detonation）？（6 分）　　【110 - 公務高考】

答

一、VCE（即蒸汽雲爆炸）：可燃性氣體（或易燃液體蒸氣）大量洩漏後與空氣混合，混合後該可燃性蒸氣之濃度在爆炸上下限之間，遇到點火源即產生爆炸的現象。

二、VCE 發生有一定的條件，包括一定量的易燃易爆氣體洩漏並與周圍空氣預混、延遲點火、局限化的空間（周圍環境如樹木、房屋、設備及其他建築物等形成具有一定限制的空間）等。

三、（一）爆燃（Deflagration）：放熱（熱、燃燒）反應快速地從氣體燃燒源，因傳導、對流、輻射等擴延至未反應物料。燃燒區經由物料擴散至未反應物料的速率低於音速。

　　（二）爆轟（Detonation）：放熱反應並於反應物質中產生震波，通常造成爆炸。反應區擴延的速率比未反應物料中之音速更快。

丁烷（C_4H_{10}）6 小時的使用量 9kg，爆炸界限為 1.6%~8.4%，今有一實驗室，其排氣設備為每分鐘排出 80 公升的空氣，若丁烷發生外洩，請問在理想狀態下，最後實驗室是否有爆炸危險？（10 分）最後室內丁烷的濃度為 mg/m³？（5 分）如果要將實驗室內丁烷的濃度降至爆炸下限 30% 以下，請問通風換氣量每分鐘至少須排出多少公升的空氣？（10 分）　　【110 - 公務高考】

答

一、每小時使用之丁烷量 W 為 (9kg×1,000g/kg)/6hr = 1,500g/hr

　　丁烷（C_4H_{10}）之分子量 (M.W) 為 (12×4)+(1×10) = 58

為避免火災爆炸之理論最低防爆換氣量：

$$Q = \frac{24.45 \times 10^3 \times W}{60 \times LEL \times 10^4 \times M.W} \Rightarrow Q = \frac{24.45 \times 10^3 \times 1,500}{60 \times 1.6 \times 10^4 \times 58} = 0.66 m^3 / min$$

故為避免火災爆炸之理論最低防爆換氣量

$Q = 0.66$ m^3/min

實驗室其排氣設備為每分鐘排出 80 公升的空氣亦即

$Q = 0.08$ m^3/min

因實驗室其排氣設備之通風量 0.08 m^3/min 遠低於理論最低防爆換氣量 0.66 m^3/min，故該實驗室有爆炸危險。

二、在理想狀態下，假設室內空氣均充分混和且達到穩定狀態，則：

$$Q(m^3 / min) = \frac{1,000 \times W(g / hr)}{60 \times C(mg / m^3)} \Rightarrow C(mg / m^3) = \frac{1,000 \times W(g / hr)}{60 \times Q(m^3 / min)}$$

$$C(mg / m^3) = \frac{1,000 \times 1,500(g / hr)}{60 \times 0.08(m^3 / min)} = \frac{1,500,000}{80} = 1,125(mg / m^3)$$

最後室內之丁烷濃度為 312,500(mg/m^3)

三、丁烷的濃度降至爆炸下限 30% 以下之理論最低防爆換氣量：

$$Q = \frac{24.45 \times 10^3 \times W}{60 \times LEL \times 10^4 \times 0.3 \times M.W} \Rightarrow Q = \frac{24.45 \times 10^3 \times 1,500}{60 \times 1.6 \times 10^4 \times 0.3 \times 58} = 2.2 m^3 / min$$

故為使丁烷濃度降至爆炸下限 30% 以下之理論最低防爆換氣量
Q = 2.2 m^3/min=2,200 L/min，亦即通風換氣量每分鐘至少須排出
2,200 公升的空氣。

一、 依燃燒四面體理論，請說明其應用於滅火之方式。（10分）

二、 請說明乾粉滅火劑（$NaHCO_3$、KCl、ABC乾粉……等）為何不能撲滅金屬（如鉀、鎂、鋁等金屬）火災？（10分）

三、 處理A類一般火災之普通可燃物（如木材、塑膠等）的火災，請說明使用水為何比惰性氣體（Inert gas）、泡沫或乾粉都有效？（10分） 【111 - 地特三等】

答

一、 所謂燃燒四面體理論，是指要產生燃燒必須要有可燃物、助燃物（氧氣）、溫度及連鎖反應等四要素，缺一不可，其應用於滅火方式如下：

（一） 隔離：移除可燃物。

（二） 窒息：降低火場中之氧氣濃度。

（三） 冷卻：降低火場溫度，中斷燃燒反應。

（四） 抑制：中斷連鎖反應。

二、 乾粉滅火劑的成分為 $NaHCO_3$、KCl 等，其原理為移除燃燒反應中的自由基，中斷連鎖反應，但是金屬火災為氧氣與金屬直接發生氧化反應，為一步完成反應，非燃燒之連鎖反應，故乾粉滅火器不適用於金屬火災（D類）。

三、 水的比熱大，在火場中可吸收高溫氧化成水蒸氣，快速降低火場溫度（中斷氧化反應），汽化的水蒸氣均勻分散火場中，溶解可燃性氣體或包覆燃燒不完全之粒狀污染物（移除可燃物、中斷連鎖反應）或降低火場內的氧氣分壓（窒息），均可達到滅火的效果。綜上，水是最適合A類（普通）火災之滅火藥劑。

請計算乙醇（C_2H_5OH）之完全燃燒熱，並由 Jones 燃燒界限化學計量公式（Stoichiometric equation）計算乙醇之燃燒上限與下限（假設其值為乙醇 25°C 之條件值）；請再參照如下 Zabetakis 修正式評估乙醇於 50°C 時之燃燒上限與下限。（25 分）

參考公式與條件：

一、 Jones 燃燒界限化學計量公式：LFL=0.55Cst，UFL=3.5Cst；

二、 燃燒界限會受到溫度影響，溫度上升常使爆炸範圍擴大，依據 Zabetakis 修正式，可推估燃燒上下限與溫度關係：

$$LFL_T = LFL_{25} \times [1-(0.75/\triangle Hc) \times (T-25)]$$

$$UFL_T = UFL_{25} \times [1+(0.75/\triangle Hc) \times (T-25)]$$

其中 LFL_T 與 UFL_T 分別為物質於 T°C 之燃燒上限與下限、LFL_{25} 與 UFL_{25} 分別為物質於 25°C 之燃燒上限與下限、$\triangle Hc$：燃燒熱（Kcal/mole）；

三、 物質生成熱 CO_2 = -394 kJ/mole、$H_2O(l)$ = -286 kJ/mole、C_2H_5OH = -228 kJ/mole；

四、 1 cal = 4.18 J；

五、 所有數值請四捨五入計算至小數點後一位。 【111 - 地特三等】

答

C_2H_5OH 的燃燒反應化學平衡式如下：

$$C_2H_5OH + 3O_2 \rightarrow 2CO_2 + 3H_2O$$

$$C_{st} = \cfrac{1}{1+\cfrac{n}{O_2\left(\cfrac{v}{v}\%\right)}} = \cfrac{1}{1+\cfrac{3}{0.21}} \cong 0.06542$$

$\cong 0.1$（雖然題目寫所有數值四捨五入，但直接給公式，所以筆者認為應該直接算到 0.55，也比較符合乙醇上下限實驗值）

依據 Jone's Theory

LFL $= 0.55 \times 0.06542 = 3.6\%$

UFL $= 3.5 \times 0.06542 = 22.9\%$

又依題旨，CO_2、H_2 及 C_2H_5OH 之莫耳生成熱分別為 -394kJ/mol、-286kJ/mol 及 -228kJ/mol

依據 Hess's Law

C_2H_5OH 的莫耳燃燒熱 ($\triangle H_c$)：

$-[2 \times (-394)+3 \times (-286)-(-228)] = 1418$kJ/mol

$1418/4.18 = 339.2$kcal/mol

LFL50 $= 3.6\% \times [1-(0.75/339.2) \times (50-25)] = 3.4\%$

UFL50 $= 22.9\% \times [1+(0.75/339.2) \times (50-25)] = 24.2\%$

使用二氧化碳（CO_2）全區放射或局部放射方式滅火，對放射之滅火藥劑採用專用排風機排放，需具有每小時 5 次之換氣量，若滅火時二氧化碳（CO_2）之設計濃度為 34%，請問此時之氧氣濃度約為多少 %？（5 分）二氧化碳（CO_2）容許濃度為 5000 ppm(0.5%)，若經專用排風機 1 小時 5 次之換風量排放後，其二氧化碳（CO_2）濃度為何？（20 分）

Hint：$\ln x = -\dfrac{1}{12} t + c$，x 為 CO_2 濃度 (%)，t 為時間 (min)

【112 - 公務高考】

答

一、題旨二氧化碳（CO_2）全區放射或局部放射方式滅火，每小時 5 次之換氣量，二氧化碳（CO_2）之設計濃度為 34%。當時空氣氧氣濃度計算如下：

假設比例 100% 空氣占比，其中 CO_2 濃度為 34%

$$\frac{x}{100\% + x} = \frac{34\%}{100\%}$$

式中 X 為在空氣中所佔百分比。

$$X = \frac{3400}{66}$$

常態下空氣中氧氣濃度 20.9%，代入 100% 空氣占比，在比例不變下：

$$\frac{20.9\%}{100 + \dfrac{3400}{66}} \cong 13.8\%$$

經計算後得知此時的氧氣濃度約 14%。

二、依題旨經專用排風機 1 小時 5 次之換風量排放後，其二氧化碳（CO_2）濃度計算如下：

Hint：$\ln x = -\dfrac{1}{12} t + c$

設 t = 0，X = 34% 時，求得 C 項：

$\ln 34 = -\dfrac{1}{12} \times 0 + c$

$\ln 34 = c$

代入在經 60min 後求 X：

$\ln x = -\dfrac{1}{12} \times 60min + \ln\ 34$

$\ln x = -5 + 3.5$

$\ln x = -1.47$

$x \cong 0.229$

經計算後得知二氧化碳濃度約在 0.229%。

爆炸性氣體環境的區域劃分，依據氣體洩漏發生之頻率及持續時間分成三級：0 區（Zone 0）、1 區（Zone 1）及 2 區（Zone 2），影響危險區域範圍的因素包含氣體洩漏率、爆炸下限、通風條件及天氣狀況等，試說明通風等級的分類及通風設備的有效性？（25 分）　　　　　　　　　　　　　　　　　【112 - 公務高考】

答

依題旨爆炸性氣體環境的區域劃分分級區域，其說明通風等級的分類及通風設備的有效性如下：

一、第一級：

爆炸性氣體環連續存在之場所，因通風量不足散去可燃性氣體聚集。

通風設備：高效率通風設備，足夠在該場所能夠有效除去氣體聚集通風能力。

二、第二級：

爆炸性氣體環境在正常操作時可能存在之場所，因通風量能力僅在偶發生氣體聚集時，仍不有通風不足之情況。

通風設備：中等效率通風設備，將使在該場所偶發性氣體聚集時，能夠有足夠的通風能力，降低可燃性氣體聚集濃度。

三、第三級：

爆炸性氣體環境在正常操作下 太可能存在，如果存在，也只存在一段短時間之場所。因通風狀況足夠且氣體不常存。

通風設備：低等效率通風設備，維持該場所原有通風效率能力，並有足夠的通風量不致有氣體聚集之情況。

異丙醇（C_3H_8O，分子量 60），是半導體工業常用的化學品，已知異丙醇的閃火點為 12°C。請估計異丙醇濃度為 20 mol% 的水溶液之閃火點為多少 °C ？（異丙醇水溶液可視為理想溶液）（25 分）

【提示】異丙醇的 Antoine 方程式：$\ln P^{sat} = A - \dfrac{B}{T+C}$。其中 P^{sat} 為該液體的飽和蒸汽壓（mmHg），T 為液體溫度（K），且 Antoine 方程式係數為 A = 18.6929、B = 3640.20 與 C = -53.54。 【112 - 地特三等】

答

一、先求出純異丙醇於閃火點下的飽和蒸汽壓：

$$\ln P^{sat} = 18.6929 - \frac{3640.2}{(12 + 273.15) + (-53.54)} \cong 2.976$$

$$P^{sat} \cong 19.61 (mmHg)$$

二、假設異丙醇氣相中有充足的氧氣狀態下，於氣相添加水蒸氣不會改變其燃燒下限，再根據拉午耳定律，若異丙醇水溶液為理想溶液，則該溶液於閃火點下之飽和蒸汽壓為：

$$19.61 = 異丙醇莫耳分率 \times P^{sat}_{F.P.} = 0.2 \times P^{sat}_{F.P.}$$

$$P^{sat}_{F.P.} = 98,05 (mmHg)$$

三、將異丙醇水溶液達閃火點的飽和蒸汽壓帶回 Antoine 方程式算閃火點：

$$\ln 98.05 = 18.6929 - \frac{3640.2}{(T_{F.P.} + 273.15) + (-53.54)}$$

$$T_{F.P.} \cong 38.42 \ (^{\circ}C)$$

4

安全工程

已知甲烷（Methane, CH4）的燃燒上限與下限分別為：61% 與
5.1%，請先將附圖的三角座標系統中畫在答案卷上並標示出：
1. 空氣線（Air Line）；2. 化學計量線（Stoichiometric Line）；
3. 燃燒下限點（Lower Flammability Limit, LFL）；4. 燃燒上限點
（Upper Flammability Limit, UFL）；5. 並由該圖估算其限氧濃度
（Limit Oxygen Concentration, LOC）。（25 分）

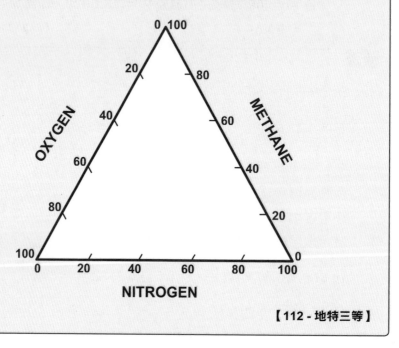

【112 - 地特三等】

答

假設：空氣組成為 21% 氧、79% 氮、甲烷於純氧氣中的燃燒上限與
下限分別為 61% 與 5.1%。

一、空氣線：先求出底線的 A 點（即 79% 氮 +21% 氧），由上端之 F
　　點連接到底邊之 A 點，此連接線即為空氣線。

二、化學計量線：化學計量線（stoichicometric line）表示所有氧及燃
　　料可能混合的化學計量之比例。

烴類完全燃燒反應方程式：

$$C_mH_x + zO_2 \rightarrow mCO_2 + \frac{x}{2}H_2O$$

$z = m + \frac{1}{4}x$ ，式中 m 為碳分子數量、x 為氫分子數量、z 為氧之莫耳數量

可燃性氣（液）體完全燃燒時的化學計量濃度（與氧軸）計算公式：

$$C_0 = \left(\frac{z}{1+z}\right) \times 100$$

依題意甲烷完全燃燒反應方程式：$CH_4 + 2O_2 \rightarrow CO_2 + 2H_2O$

$$C_0 = \left(\frac{z}{1+z}\right) \times 100 = \left(\frac{z}{1+2}\right) \times 100 = \frac{2}{3} \times 100 \cong 66.7\%$$

由左端氧濃度 66.7% 之點連接到底邊之 N 點，此連接線即為化學計量線。

三、燃燒下限點：

（一）依題意在右端 5.1% 平行延伸至左端氧軸之處，此點即為甲烷在純氧狀態下之燃燒下限點。

（二）依據 Jone's 理論之一般碳氫化合物所適用的爆炸上下限及化學理論濃度近似計算方法如下：

LFL=3.5C_{st}、UFL=0.55C_{st}

$$C_{st} = \frac{1}{1 + \dfrac{z}{0.21}}$$

式中 C_{st} 為化學理論濃度、z 為氧之莫耳數量
依題意甲烷完全燃燒之氧之莫耳數為 2，

$$C_{st} = \frac{1}{1 + \dfrac{z}{0.21}} = \frac{1}{1 + \dfrac{2}{0.21}} = \frac{1}{1 + 9.52} = \frac{1}{10.52} = 9.5\%$$

LFL = 0.55Cst = 0.55×9.5%=5.2%，右端 5.2% 平行延伸至空氣線之處，此點即為甲烷在空氣中之燃燒下限點。

四、燃燒上限點：

（一）依題意在右端 61% 平行延伸至左端氧軸之處，此點即為甲烷在純氧狀態下之燃燒上限點。

（二）UFL = 3.5Cst = 3.5×9.5% = 33.3%，右端 33.3% 平行延伸至空氣線之處，此點即為甲烷在空氣中之燃燒上限點。

五、限氧濃度：

限氧濃度估算公式：LOC = z×LFL

限氧濃度 LOC = z×LFL = 2×5.2 = 10.4(%)

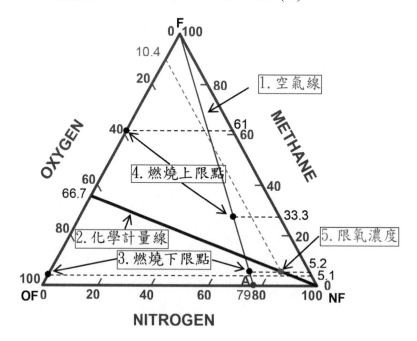

請說明火災造成之危害為何？（25 分） 　　　　　　　　**【112 - 地特三等】**

答

火災的可怕，主要乃是火災過程中材料燃燒產生的結果明顯威脅到人員性命，火災對於人命造成之危害類型概述如下列：

一、氧氣耗盡（Oxygen depletion）

一般大氣之氧氣濃度約為 21%，火災燃燒會耗用氧氣，當氧氣濃度低至 17%，肌肉功能會減退，此為缺氧症（Anoxia）現象。在 10 ～ 14% 氧氣濃度時，人仍有意識，但顯現錯誤判斷力，且本身不察覺。在 6 ～ 8% 氧氣濃度時，呼吸停止，將在 6 ～ 8 分鐘內發生窒息（Asphyxiation）死亡。

二、火焰（Flame）

燒傷可能因火焰之直接接觸及熱輻射引起。由於火焰鮮少與燃燒物質脫離，所以對鄰接區域內人員常產生直接威脅，當人員皮膚若暴露在溫度 $66°C$ 以上或受到輻射熱 $3W/cm^2$ 以上，僅須 1 秒即可造成燒傷，故火焰溫度及其輻射熱可能導致立即或事後致命。

三、輻射熱（Heat）

熱對於燃燒現場及鄰接區域之人員皆具危險性。姑且不論任何氧氣消耗或毒害性效應，由火焰產生之熱空氣及氣體，亦能引致燒傷、熱虛脫、脫水及呼吸道閉塞。

四、毒性氣體（Toxic gases）

一般高分子材料之熱分解及燃燒生成物成分種類繁雜，有時多達百種以上，其在高溫下分解並且釋放出有毒氣體導致人體生理中毒。

五、煙（Smoke）

煙之定義為「材料發生燃燒或熱分解時所釋放出散播於空氣中之固態、液態微粒及氣體」。煙是火災燃燒過程中，因為氧氣不足

導致不完全的燃燒，進而產生濃煙和一氧化碳，令人有窒息及中毒死亡的危險，同時煙有視線遮蔽及生理刺激等效應，會助長人員驚慌狀況。

六、結構強度衰減（Structural strength reduction）

因火災燃燒之高熱會造成建築物之結構組件破壞具有明顯潛在危險性。可能發生清況有脆弱化、地板承受不起人員重量或牆壁、屋頂崩塌等危害。

影響移動式起重機（吊車）之安定性的因素有那些？（10分）又，為防止翻覆，吊車應當裝設什麼樣的安全裝置？並請說明其功能或作用。（10分） 【105 - 公務高考】

答

一、影響移動式起重機（吊車）之安定性的因素如下：

（一）場地的影響：在進行吊掛作業時，起重機的佈置場地要求水平，但在實際操作中有時很難做到絕對水平。在這種情況下各重量距離重心點的水平尺寸將發生變化，而進一步影響平衡。另需確保場地穩固，不會崩落下陷。

（二）風載的影響：起重機露天作業時，風載荷重對起重機穩定性的影響不可忽視。風載荷重與迎風之體型、高度、風壓值密切相關。由於起重機的吊臂一般比較長，起重物離地面高度一般比較高，因此風載對起重機穩定性的影響主要作用在吊臂和起吊物上。

（三）慣性力的影響：起重機吊掛過程中，突然起吊、下降或制動都會產生不利於穩定的慣性附加載荷。

（四）離心力的影響：當起重機旋轉時，起吊物、吊臂和吊具以迴轉中心運動，產生離心力作用。離心力的方向背離迴轉中心向外，其產生的力矩為傾翻方向的力矩，所以對起重機的工作穩定性產生不利影響。

（五）多種因素綜合作用的影響：移動式起重機的吊掛過程中，其穩定性受多種不確定性的影響。

二、為防止吊車的翻覆，應當設置之安全裝置如下：

（一）「移動式起重機安全檢查構造標準」第 23 條：吊升裝置、起伏裝置及伸縮裝置，應設置控制荷物或伸臂下降之制動器，避免荷物或伸臂突降導致車身晃動。

（二）「移動式起重機安全檢查構造標準」第 28 條：使用鋼索或吊鏈之吊升裝置、起伏裝置及伸縮裝置，應設置過捲預防裝置或預防過捲警報裝置，防止鋼索或吊鏈過度捲揚斷裂，造成車輛因反作用力翻覆。

（三）「移動式起重機安全檢查構造標準」第 31 條：移動式起重機，應設置過負荷預防裝置，避免吊升超過可負荷能力，導致車輛不穩翻覆。

（四）「移動式起重機安全檢查構造標準」第 33 條：使用液壓或氣壓為動力之移動式起重機之吊升裝置、起伏裝置或伸縮裝置，應設置防止液壓或氣壓異常下降，致吊具等急劇下降之逆止閥，防止吊具突降導致車身晃動。

（五）「移動式起重機安全檢查構造標準」第 36 條：吊鉤應設置防止吊掛用鋼索等脫落之阻擋裝置，避免荷物脫鉤，造成車輛因反作用力翻覆。

請說明職業安全衛生法規定的危險性機械（含容量）有那些？
（20 分）　　　　　　　　　　　　　　　　【105 - 公務高考】

答

依據「職業安全衛生法施行細則」第 22 條，本法第 16 條第 1 項所稱具有危險性之機械，係指符合中央主管機關所定一定容量以上之下列機械：

一、固定式起重機：吊升荷重在 3 公噸以上之固定式起重機或 1 公噸以上之斯達卡式起重機。

二、移動式起重機：吊升荷重在 3 公噸以上之移動式起重機。

三、人字臂起重桿：吊升荷重在 3 公噸以上之人字臂起重桿。

四、營建用升降機：設置於營建工地，供營造施工使用之升降機。

五、營建用提升機：導軌或升降路之高度在 20 公尺以上之營建用提升機。

六、吊籠：載人用吊籠。

七、其他經中央主管機關指定具有危險性之機械。

請說明移動式起重機之每月定期檢查項目為何？（10 分）並請說明該定期檢查應記錄那些事項？（10 分）　　【106 - 公務高考】

答

一、依據「職業安全衛生管理辦法」第 20 條規定，移動式起重機應每月依下列規定定期實施檢查一次：

（一）過捲預防裝置、警報裝置、制動器、離合器及其他安全裝置有無異常。

（二）鋼索及吊鏈有無損傷。

（三）吊鉤、抓斗等吊具有無損傷。

（四）配線、集電裝置、配電盤、開關及控制裝置有無異常。

二、依據「職業安全衛生管理辦法」第 80 條規定，雇主依規定實施之定期檢查應就下列事項記錄，並保存 3 年：

（一）檢查年月日。

（二）檢查方法。

（三）檢查部分。

（四）檢查結果。

（五）實施檢查者之姓名。

（六）依檢查結果應採取改善措施之內容。

有關推（堆）高機安全：

一、 何謂推（堆）高機之安定比？（5分）

二、 在下坡時，安定比會有何變化？（5分）

三、 作業中將積載負荷之貨叉放低，安定比會有何變化？（5分）

四、 為何作業中應將積載負荷之貨叉放低？（10分）

【107 - 地特三等】

答

一、所謂堆高機前後安定比係指堆高機本身重量對前輪之力矩與荷物對前輪之力矩之比值，左右安定比係指堆高機在斜坡上車身總重對二側輪胎之力矩與側向力對二側輪胎之力矩之比值，通常堆高機之安定比值應大於 1。

二、在下坡時，荷物對前輪的力矩增加；堆高機本身重量對前輪之力矩減少，降低前後安定比。

三、放低貨叉將減少荷物對前輪的力矩，增加前後安定比。

四、當貨叉升程高度越高重心越高，荷物對前輪的力矩越大，其安定度較差，為確保人員操作堆高機之作業安全，作業中應將積載負荷之貨叉放低，提高堆高機之安定比，避免堆高機翻覆。

有一作業員站立在均質的金屬梯頂端（如下圖），若其體重為梯子重量的二倍，且梯子與牆面及地面的靜摩擦係數均為μ。在不發生意外的情形下，請導出金屬梯與地面的最小夾角θ與μ的關係式。

當$\mu = 0.7$時，求出金屬梯與地面夾角的安全範圍。（提示：畫出自由體圖，假設梯子重量為 W，金屬梯靠牆端為 A 點，靠地端為 B 點，梯長為 L；寫出摩擦力方程式、平衡方程式）（25 分）　【108 - 公務高考】

金屬梯

答

一、依題旨，金屬梯之自由體圖如下：

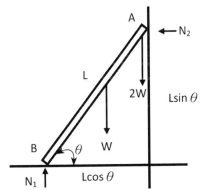

垂直分量力平衡：

$N_1 + N_2\mu = W + 2W$・・・・・・・・・・・・（式1）

水平分量平衡：

$N_1\mu = N_2$・・・・・・・・・・・・・・・・・（式2）

由（式1）及（式2）可得

$N_1(1 + \mu^2) = 3W$

$N_1 = 3W/(1 + \mu^2)$，$N_2 = 3W\mu/(1 + \mu^2)$

力矩平衡（base on B）：

$$W\frac{1}{2}Lcos\theta + 2WLcos\theta = N_2Lsin\theta + N_2\mu Lcos\theta$$

$$\rightarrow \frac{5W}{2}cos\theta = N_2sin\theta + N_2\mu cos\theta$$

$$\rightarrow cos\theta\left(\frac{5W}{2} - N_2\mu\right) = N_2sin\theta$$

$$\rightarrow \left(\frac{5W}{2N_2} - \mu\right) = tan\theta$$

$$\rightarrow \left(\frac{5W}{2\left(\frac{3W\mu}{1+\mu^2}\right)} - \mu\right) = tan\theta$$

$$\rightarrow \left(\frac{5\left(1+\mu^2\right)}{6\mu} - \frac{6\mu^2}{6\mu}\right) = tan\theta$$

$$\rightarrow \frac{5-\mu^2}{6\mu} = tan\theta$$

二、$\dfrac{\left(5-0.7^2\right)}{6\times 0.7} = tan\theta$

$1.074 = tan\theta$

$\theta = tan^{-1} 1.074 \cong 47.04°$

安全範圍：$47.04° \le \theta \le 90°$

試說明：

一、 何謂起重機吊掛鋼索安全係數。（5分）

二、 常見的起重機吊掛方式。（5分）

三、 鋼索一般斷裂荷重（單位為噸）約為其直徑（mm）的平方除以20，某起重機欲以2掛法吊掛10噸的重物，鋼索的開角為90度，試求最小可行的鋼索直徑。（15分） 【108 - 地特三等】

答

一、 安全係數為鋼索之斷裂荷重值除以鋼索所受最大荷重值所得之值。

二、 最常見的起重吊掛方式有「2掛法」跟「4掛法」（下圖說明）：

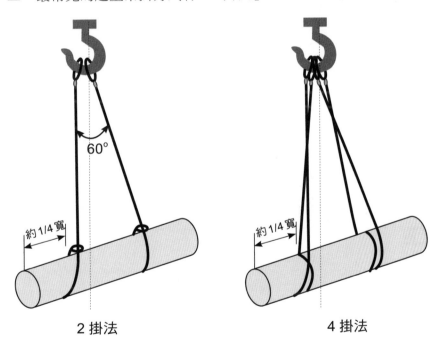

2掛法　　　　　　　　4掛法

三、依據「起重升降機具安全規則」第 65 條相關規定，雇主對於起
　　重機具之吊掛用鋼索，其安全係數應在 6 以上。

$$\frac{鋼索斷裂荷重 \times 掛數}{吊掛物品重量} > 安全係數 6$$

$$\frac{鋼索斷裂荷重 \times 2}{10} > 6$$

鋼索斷裂荷重 $= \dfrac{6 \times 10}{2} = 30$（噸）

開角為 90 度時，其鋼索張力為 0 度時的 1.41 倍

鋼索斷裂荷重 $= 30$（噸）$\times 1.41 = 42.3$（噸）

鋼索斷裂荷重（噸）$=$ 鋼索直徑平方 $(mm)^2 / 20$

鋼索直徑平方 $(mm)^2 = 42.3 \times 20 = 846$

鋼索直徑 $= 29.09$ mm

堆高機操作安全：

一、何謂堆高機操作之安定比？堆高機之安定比通常為何？（10 分）

二、堆高機操作事故的預防控制措施為何？（10 分）

三、堆高機在翻車事件應如何求生？（5 分）　　【109 - 公務高考】

答

一、所謂「堆高機前後安定比」係指堆高機本身重量對前輪之力矩與
　　荷物對前輪之力矩之比值，左右安定比係指堆高機在斜坡上車身
　　總重對二側輪胎之力矩與側向力對二側輪胎之力矩之比值，通常
　　堆高機之安定比值應大於 1。

二、預防控制措施如下：

（一）應具有堆高機操作合格證，否則不得駕駛操作堆高機。

（二）應繫上堆高機用安全帶。

（三）堆高機有任何問題或損壞時，應立即停止使用並修復。

（四）當路面有坡度、階梯、斜坡時，應特別注意操作及駕駛安全。

（五）堆高機移動行進間不得升降貨叉。

（六）堆高機不得堆舉移動超過其額定荷重之物料。

（七）堆高機行駛速度不得超過能使其安全停止之速度。

（八）在通道交叉口及視線不良的地方，應減速並按鳴喇叭。

（九）維持堆高機行駛及操作之清楚視線，並保持注意力及注視行進路線狀況。

（十）除非堆高機設有座位，否則不可載人。

（十一）離開堆高機時，應拉煞車，放下貨叉，關閉動力源。

（十二）人員不得藉由站立在堆高機貨叉上，上下移動位置。

（十三）不得使勞工搭載於堆高機之貨叉所承載貨物之托板、撬板及其他堆高機（乘坐席以外）部分。但停止行駛之堆高機，已採取防止勞工墜落設備或措施者，不在此限。

三、當堆高機翻覆時，不要跳出車外，緊握車身並向車身翻覆的反方向傾斜。

> 移動式起重機：起重機淨重是 W_1，起重架重是 W_2，負荷重是 W_3，起重機重心至起重機前緣距離是 A，負荷重心至起重機前緣距離是 B，起重架重心至起重機前緣距離是 C。請問何謂移動式起重機的「前方安定度」？起吊貨物時，突然急速上升，或是突然停止，會造成什麼問題？（25 分） 【109 - 地特三等】

答

一、依題意，移動式起重機之重量及配置如下：

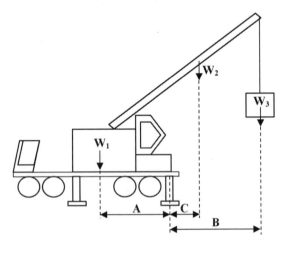

$$前方安定度（SF）= \frac{W_1 gA}{W_2 gC + W_3 gB} = \frac{W_1 A}{W_2 C + W_3 B}$$

依據「移動式起重機安全檢查構造標準」之規定，前方安定度（SF）應大於 1.27。

二、當移動式起重機於起吊貨物時，突然的急速上升或停止，荷物項有加速度變化，使 W_3 gB 增加為 W_3 (g+a)B 或突然減為零，平衡力矩被改變，導致移動式起重機有向前或向後翻覆之虞。

雇主對於移動式起重機之使用，以吊物為限，不得乘載或吊升勞工從事作業。但從事貨櫃裝卸、船舶維修、高煙囪施工等尚無其他安全作業替代方法，或臨時性、小規模、短時間、作業性質特殊，經採取防止墜落等措施者，不在此限。請說明防止墜落等措施為何？（25 分）　　　　　　　　　　　　　　　　【110 - 高考三等】

答

依起重升降機具安全規則第 35 條第 2 項規定，防止墜落措施應辦理事項如下：

一、以搭乘設備乘載或吊升勞工，並防止其翻轉及脫落。

二、搭乘設備需設置安全母索或防墜設施，並使勞工佩戴安全帽及符合國家標準 CNS 14253-1 同等以上規定之全身背負式安全帶。

三、搭乘設備之使用不得超過限載員額。

四、搭乘設備自重加上搭乘者、積載物等之最大荷重，不得超過該起重機作業半徑所對應之額定荷重之百分 50。

五、搭乘設備下降時，採動力下降之方法。

六、垂直高度超過 20 公尺之高處作業，禁止使用直結式搭乘設備。但設有無線電通訊聯絡及作業監視或預防碰撞警報裝置者，不在此限。

民國 112 年 5 月臺中市發生塔式起重機吊臂掉落砸中捷運車廂，導致多人受傷與 1 人致死的工安意外，請說明塔式起重機安全裝置之構造、功用等原理。依固定式起重機安全檢查構造標準規定，必須裝設的安全保護裝置有那些？（25 分）　　　　【112 - 公務高考】

答

一、塔式起重機的安全裝置有過捲預防裝置及過捲警報裝置、過負荷防止裝置及安全閥或逆止閥。其功用為確保在起重機運轉超過能力範圍以上時，能自動限制使用或發出警報。過捲預防裝置，一

般大都使用極限開關，而過負荷防止裝置有使用機械式、油壓式、電氣式或電子式等。

二、依「固定式起重機安全檢查構造標準」規定，必須裝設的安全保護裝置如以下說明：

（一）吊鉤應設置防止吊掛用鋼索等脫落之阻擋裝置。但於特殊環境吊掛特定荷物，實施全程安全分析，報經檢查機構認可者，不在此限。

（二）走行固定式起重機應設電鈴、警鳴器等警報裝置。但操作人員於地面上操作，且隨荷物移動或以人力移動之起重機，不在此限。

（三）使用鋼索或吊鏈之吊升裝置及起伏裝置，應設置過捲預防裝置。但使用液壓、氣壓、絞車或內燃機為動力之吊升裝置及起伏裝置，不在此限。

（四）伸臂起重機，應設置過負荷預防裝置。

（五）具有起伏動作之伸臂起重機，應於操作人員易見處，設置伸臂傾斜角之指示裝置，以防止過負荷操作。

（六）使用液壓或氣壓為動力之固定式起重機之吊升裝置及起伏裝置，應設置防止壓力過度升高之安全閥。

（七）齒輪、軸、聯結器等回轉部分，有接觸人體引起危害之虞者，應設置護圍或覆罩。

（八）走行固定式起重機應設電鈴、警鳴器等警報裝置。但操作人員於地面上操作，且隨荷物移動或以人力移動之起重機，不在此限。

說明 / 網址	QR Code
《安全工程（第三版）》，張一岑，全華圖書	
《製程安全管理》，張一岑，揚智文化	
《職業安全管理（第二版）》，黃清賢，新文京開發出版股份有限公司	
《工業安全與管理》，黃清賢，三民書局	
《現代安全管理（第五版）》，蔡永銘，揚智文化	
《人因工程：人機境介面工適學設計（第六版）》，許勝雄、彭游、吳水丕，滄海圖書	
CNS 2139 陸用鋼製鍋爐－構造	
CNS 15030-8 化學品分類及標示－自反應物質	
機械完整性管理程序參考手冊，勞動部職業安全衛生署 *https://laws.mol.gov.tw/FLAW/FLAWDAT01.aspx?id=FL091604*	

4

安全工程

說明 / 網址	QR Code
製程反應失控預防技術手冊，財團法人工業技術研究院環境與安全衛生技術發展中心 *http://ebooks.lib.ntu.edu.tw/1_file/moeaidb/013348/013348.pdf*	
石化業正壓防爆電氣手冊，財團法人工業技術研究院 *https://www.isti.org.tw/templates/cache/27831/images/571898a52bf8f.pdf*	
化學品安全管理實務案例手冊，勞動部職業安全衛生署 TOSHMS 北區促進會 *https://www.toshms.org.tw/getDownloadFile.ashx?id=90*	
化學品安全管理實務案例手冊 Part II，勞動部職業安全衛生署 TOSHMS 北區促進會 *https://www.toshms.org.tw/getDownloadFile.ashx?id=93*	
化學工廠管線及反應器維修之機械完整性研究，勞動部勞動及職業安全衛生研究所 *http://oa.lib.ksu.edu.tw/OA/bitstream/987654321/57666/2/89s113.pdf*	
高科技行業使用新興材料職業衛生危害性調查研究，勞動部勞動及職業安全衛生研究所 *http://labor-elearning.mol.gov.tw/base/10001/door/%B3%F8%A7i%B0%CF/1235545e90e00000308b.pdf*	
編撰危險區域劃分及防爆電氣設備選用技術指引 - 氣體 (蒸氣) 類，勞動部勞動及職業安全衛生研究所 *https://www.ilosh.gov.tw/media/2875/%E7%B7%A8%E6%92%B0%E5%8D%B1%E9%9A%AA%E5%8D%80%E5%9F%9F%E5%8A%83%E5%88%86%E5%8F%8A%E9%98%B2%E7%88%86%E9%9B%BB%E6%B0%A3%E8%A8%AD%E5%82%99%E9%81%B8%E7%94%A8%E6%8A%80%E8%A1%93%E6%8C%87%E5%BC%95-%E6%B0%A3%E9%AB%94-%E8%92%B8%E6%B0%A3-%E9%A1%9E.pdf*	

說明／網址	QR Code
製造業靜電危害現況調查及防止對策探討，勞動部勞動及職業安全衛生研究所 *https://laws.ilosh.gov.tw/ioshcustom/api/DownloadArchive?id=000027fe-0000-0000-0000-000000000000*	
意外事故調查指引 (Part 1)，國立中央大學環境工程研究所 *https://www.sh168.org.tw/toshms/Data/* 意外事故調查指引 *.pdf*	
製程反應失控之探討與對策，簡村德，長春企業集團環安部 *http://ws.cpc.com.tw/001/Upload/OldFile/file/life/A2-%E7%B0%A1%E6%9D%91%E5%BE%B7_%E8%A3%BD%E6%88%90%E5%8F%8D%E6%87%89%E5%A4%B1%E6%8E%A7%E6%8E%A2E8%A8%8E%E8%88%87%E5%B0%8D%E7%AD%96_.pdf*	
本質較安全設計，張一岑，揚智文化事業股份有限公司	
本質比較安全的設計：觀念的發展，勞工安全衛生簡訊，勞動部勞動及職業安全衛生研究所	
局部排氣裝置操作原理概 ，賴全裕，中山醫學大學電子報	
局部排氣改善指引，張錦輝	
NFPA 2001 Standard on Clean Agent Fire Extinguishing Systems（潔淨氣體滅火系統標準）	

說明 / 網址	QR Code
從事地下管溝作業缺氧、中毒危害預防注意事項，勞動部職業安全衛生署	
屋頂修繕作業墜落危害預防，高雄市政府勞工局勞動檢查處	
《統計學》，郭信霖 著 *http://www.jolihi.com.tw/jolihi_new_web/detailed.asp?itemid=7290&id=2*	
《火災學》，陳弘毅、邱晨瑋 著 *https://www.books.com.tw/products/0010836444*	

職業衛生危害控制 5

5-0 重點分析

　　依據美國工業衛生協會（American Industrial Hygiene Association; AIHA）定義，係指致力於認知（recognition）、評估（evaluation）和控制（control）發生於工作場所的各種環境因素或危害因子的科學（science）和藝術（art），而這些環境因素或危害因子，係指會使勞工或社區內的民眾發生疾病、損害健康和福祉，或使之發生身體嚴重不適及減低工作效率。近年來，我國在職業安全衛生領域，日漸重視職業衛生領域業務之推展，由勞動部職業安全衛生署（以下簡稱職安署）於108年10月4日增設職業衛生健康組，可見一斑。

　　筆者建議基本概念可先閱讀高立圖書出版由莊侑哲等老師所著的「工業衛生」，洪銀忠老師所著的「作業環境控制工程」及中華民國工業安全衛生協會所編撰的職業安全衛生管理員或職業衛生管理師訓練教材等，都是非常值得研讀的相關書籍與參考資料。

　　另外，筆者強調幾個基本概念，職業衛生核心在於認知（recognition）、評估（evaluation）和控制（control）。認知包括各種物理、化學、生物、人因性及其他危害因子之認知；評估主要包括作業環境監測（物理性、化學性）、生物偵測（體格檢查、健康檢查）等；控制則要思考五大步驟：消除、取代、工程控制、行政管理，最後才是

呼吸防護具。是以，答題首要基本概念先清楚，才不致因題型改變，而慌亂了手腳。此外，答題最忌「見樹不見林」，在枝微末節寫了長篇大論，卻連基本概念都未完成論述。國家考試每題答題時間約莫 15 至 20 分鐘不等，篇幅以不超過 2 頁為原則，在有限的時間及空間（考卷）要如何呈現「與眾不同」的答題方式，就會是公務高考勝出的關鍵。筆者建議，在考試答題之前，以 5 至 10 分鐘先將各題目關鍵字（大綱）寫在題目上（切記不是答案卷），依據題目配分決定各題篇幅，並且控制各題目答題時間，切忌會寫的題目洋洋灑灑寫了一大堆，卻將寶貴的考試時間消耗殆盡，以致於其他原本會寫的題目空白或不完整作答，影響整體成績。

另外針對公務高考及格標準與專技高考、勞動部技能檢定的及格制最大的不同，在於公務高考是員額制加上平均 50 分低標，專技高考是以 16% 錄取率加上平均 50 分低標，專技高考是以 16% 錄取率加上平均 50 分低標，勞動部技能檢定則以學、術科 60 分為及格標準。簡而言之，以筆者曾參加的 100 年地方特考三等高雄市為例，當年錄取員額為 8 人，不論參加人數（當年約 200 人），錄取人數至多為 8 人，錄取標準 50 分以上者及格，結果當年考第 8 名的考生平均成績約 68 分，即使當年您考了 67 分，遠遠超過一般技師考試的水準，不好意思，您仍然是名落孫山。另外，公務高考不是只求上榜而已，名次攸關您選填志願的先後，考得好的考生可以優先選擇自己想要的志願，勉強上榜的考生只能挑別人挑剩下的職缺。因此，公務高考除了要回答正確的內容外，針對所問的題目提出不同的見解或更完整深入面向的回答，將是脫穎而出的關鍵，而此部分的能力養成則有賴於廣泛閱讀，除了扎實的職業衛生基礎外，還需要「廣泛閱讀」才能使答案深度有所提升。至於閱讀來源方面，技術層面建議可以參閱「勞動部勞動及職業安全衛生研究所」網站，尤其是「公告資訊」中的新聞稿及研究新訊與「研究園地」；政策層面建議以職安署為主，其中「職業衛生」、「新聞與公告」更是可常去追蹤閱讀的地方，如行有餘力，承接前開機關研究計畫的老師之研究方向，也是各位考生可以去著墨的地方。但實際上場考試精要之處全在於考生統整解析考題的能力，理解出題老師想測驗的問題本質，對問題

的答案要有破題並融會貫通才行，最後，預祝各位考生金榜題名，試試
順利。

5-1 化學性危害因子控制

女性勞工從事鉛及其化合物散布場所之工作，應以何種方式劃分風
險等級？（10分）又當風險等級屬「第二級管理」及屬「第三級
管理」者，應即採取何種措施？（10分）　　　　【105 - 公務高考】

答

一、依「女性勞工母性健康保護實施辦法」第 10 條規定：雇主使女
　　性勞工從事第四條之鉛及其化合物散布場所之工作，應依下列血
　　中鉛濃度區分風險等級，但經醫師評估須調整風險等級者，不在
　　此限：

　　（一）第一級管理：血中鉛濃度低於 5 μg/dl 者。

　　（二）第二級管理：血中鉛濃度在 5 μg/dl 以上未達 10 μg/dl。

　　（三）第三級管理：血中鉛濃度在 10 μg/dl 以上者。

二、依「女性勞工母性健康保護實施辦法」第 11 條規定：前二條風
　　險等級屬第二級管理者，雇主應使從事勞工健康服務醫師提供勞
　　工個人面談指導，並採取危害預防措施；屬第三級管理者，應即
　　採取工作環境改善及有效控制措施，完成改善後重新評估，並由
　　醫師註明其不適宜從事之作業與其他應處理及注意事項。

5

職業衛生危害控制

> 請說明何謂氣懸奈米微粒（airborne nanoparticles），並描述其量測的暴露指標及可能影響奈米微粒毒理效應之物理與化學特性。（20 分）
>
> 【107 - 公務高考】

答

一、氣懸奈米微粒（airborne nanoparticles）：懸浮微粒又稱「氣膠」，泛指所有可以懸浮在氣體中的膠體，包含固態、液態、混合固液氣態的物質。氣膠懸浮在空氣中的時間長短，與其粒徑大小及當時上升氣流的強度有關，顆粒小、上升氣流強，氣膠懸浮時間會增長，濃度也會升高。氣膠的粒徑範圍約在 100 微米（μm）以下。而氣懸奈米微粒（airborne nanoparticles）係指前述粒徑小於 100 奈米（nm）的懸浮微粒。

二、暴露指標：

（一）數目濃度：通常藉由凝核微粒計數器（Condensation Particle Counter，CPC）及超細凝核微粒計數器（Ultra-fine Condensation Particle Counter，UCPC）計算微粒的數目，常見單位為 $\#/cm^3$。

（二）重量濃度：利用微孔均勻沉積衝擊器（MOUDI）使大氣微粒通過濾紙收集後秤重，常見單位為 $\mu g/m^3$。

（三）生物毒性指標：利用螢光顯微鏡觀察生物效應指標（自體吞噬，AO）及特定的死亡模式（細胞凋亡，DAPI 染色質濃縮）表現。

奈米材料的物化特性	可能的生物效應
粒徑與分佈	穿過組織與細胞膜 細胞損傷 損壞吞噬作用，破壞防禦機轉 轉移到其他器官
高表面積／質量比	增加活性及毒性

奈米材料的物化特性	可能的生物效應
表面化學特性	產生活性氧自由基 氧化壓力 發炎反應 誘導細胞激素（cytokine） 消耗穀胱甘肽（Glutathione） 粒腺體枯竭 蛋白質與 DNA 受損
無法溶解或低水溶性	累積在生物系統內，如人類細胞、組織和肺部 長期可能產生危害效應
聚集現象	干擾細胞內作用 細胞損傷

試以有機溶劑作業為例，說明職業衛生管理部門針對發生源與擴散途徑可以提出的工程控制改善方法，並說明其優先次序。（25 分）

【107 - 地特三等】

答

一、從發生源

（一）以低毒性、低危害性物料取代。

（二）作業方法、作業程序之變更。

（三）製程之隔離，包括時間與空間。

（四）製程之密閉。

（五）局部排氣裝置之設置。

（六）控制設備之良好維護保養計畫，維持有效控制能力。

二、傳播擴散路徑

（一）廠場整潔，立即清理，避免二次發生源之發生。

（二）整體換氣裝置之設置，稀釋有害物濃度。

（三）供給必要之新鮮空氣稀釋。

（四）擴大發生源與接受者之距離如自動化、遙控，減少不必要之人員曝露。

（五）自動偵測監視裝置之設置以提出警訊，減少人員曝露。

（六）作業場所之整理整頓，減少作業時再發散。

請說明焊接作業勞工於暴露作業環境，空氣中有害物來源、及健康危害。（25 分） 【108 - 公務高考】

答

焊接作業勞工於暴露作業環境，空氣中有害物多為焊接過程中形成的焊接煙塵和有害氣體，其來源及健康危害如下列：

一、焊接煙塵

煙塵是由金屬及非金屬物質在過熱條件下產生的蒸氣經氧化和冷凝而形成的。因此電焊煙塵的化學成分，取決於焊接材料（焊絲、焊條、焊劑等）和被焊接材料成分及其蒸發的難易。不同成分的焊接材料和被焊接材料，在焊接時將產生不同的焊接煙塵。並且焊接煙塵粒子小，煙塵呈碎片狀，煙塵的粘性大，煙塵的溫度較高，發塵量較大。

二、有害氣體

有害氣體是焊接高溫電弧下產生的，主要有臭氧、氮氧化物、一氧化碳、氟化物及氯化物等。

焊接職業病的發生是各種焊接有害因素綜合作用的結果。焊工職業病包括焊工塵肺、錳中毒、氟中毒、金屬燻煙熱等。其中化學

危害（焊接煙塵和有害氣體）的醫學臨床表現為咳嗽、咯痰、胸悶、氣喘以及有時咳血。

何謂微粒的氣動粒徑？評估作業環境粉塵危害時，應考慮的粉塵特性有那些？又粉塵暴露的控制應把握那些原則？（25分）
【108 - 地特三等】

答

一、微粒的氣動直徑定義為：與此微粒具有相同重力沉降速度且具有標準密度的圓球的直徑。譬如，水珠呈圓球形，而水的質量密度等於標準密度，因此水珠的氣動直徑與它的直徑相等；若一個微粒與一個水珠有相同的重力沉降速度，則微粒的氣動直徑等於水珠的直徑。

二、評估作業環境粉塵危害時，應考慮的粉塵特性有其化學組成特性、粒徑、空氣中濃度及分布狀況。

三、粉塵暴露的控制應把握下列原則：

（一）預防

　　　取代

　　　改變製程

（二）控制系統

　　　粒狀物收集系統（局部排氣裝置）

　　　潤濕物料抑制系統

　　　粉塵微粒捕集系統

（三）稀釋或隔離

5

職業衛生危害控制

皮膚吸收是有機溶劑暴露很重要的途徑之一，這時候需要生物偵測來彌補作業環境空氣採樣的不足，請問何謂生物偵測及生物指標？並說明生物偵測的優缺點。請以甲苯為例，說明如何以生物偵測進行勞工的暴露評估；又為了彌補生物偵測之缺點，如何進行有效的勞工有機溶劑暴露評估？（25分）　　　　【108 - 地特三等】

答

一、（一）生物偵測：

生物偵測係指藉由評估生物體的組織、分泌物、排泄物、呼出氣體等生物樣本中，有害物及其代謝物的濃度，以評估體內實際暴露劑量與健康風險。

（二）生物指標：

從暴露至疾病的發生涉及一連串反應過程，其中包括內在劑量、生物有效劑量、早期生物效應、結構或功能異常等，這些反應可用來評估外在暴露與疾病發生間的關係，稱為生物指標。

二、生物偵測的優點：

（一）對於有害物質進入人體的影響，生物偵測提供比作業環境監測更精確的危害風險評估。生物偵測結果反映體內劑量與個人健康危害較為有關。

（二）生物偵測考慮所有可能的暴露途徑與來源（包括呼吸、皮膚吸收及食入，非職業性或個人飲食習慣等）。

（三）生物偵測包含個人生理差異的影響（如吸收、分布、代謝與排泄等差異的變數）。

三、生物偵測的缺點：

（一）採樣之檢體，若為侵入性採樣，比較不容易被勞工接受，且採樣之時程，需考慮暴露物之半衰期，若採樣時間與實際暴露時間差距過久，不容易反映實際之暴露。

（二）生物指標容易遭受個人其他非職業暴露所影響。

（三）分析技術較為困難。

四、因為甲苯暴露尿中代謝物有：馬尿酸與鄰 - 甲酚。

與空氣中暴露甲苯濃度對照時，馬尿酸有較好的線性相關，由於80% 的甲苯轉變為馬尿酸而只有 0.05% 轉變為鄰 - 甲酚，故作暴露評估時馬尿酸可以為指標物。

馬尿酸的形成包含支鍵的氫氧化，鄰 - 甲酚乃經由苯環本身環氧化物的形成；而環氧化物比馬尿酸更具毒性，故在做健康危害評估時，應以鄰 - 甲酚為生物偵測之指標物。

五、有時職業暴露無法透過作業環境監測，必須透過其他替代方式進行評估，諸如暴露矩陣、專家模式、工作史等工具，尤其對於既往的職業暴露評估都有相當的助益，也有助於檢討及改善既有危害預防控制措施。一般來說，以體內蓄積為重點的暴露評估，雖然最能反映有害物在體內蓄積的情況、或者健康危害發生的程度，但相關資料之收集相對困難，一旦發現體內累積之有害物過量，可能已經來不及避免危害。相較之下，從外在環境或暴露源頭端實施的暴露評估，雖然未必完全正確地反映人員實際暴露的狀況與危害反應，但資料之收集比體內暴露（危害）蓄積資料之收集相對容易得多，若能透過外在環境暴露評估資料，及早發覺汙染問題並控制或排除之，對於降低職業暴露與保障人員健康皆具有實質的意義，因此目前仍以外在環境之量測與評估作為職業暴露評估資料的主要收集來源。

> 試列舉三種鹵化烴（Halogenated hydrocarbons）有機溶劑及其毒性。（25 分）　　　　　　　　　　　　　　　　　【109 - 公務高考】

答

一、三氯乙烯：會產生肝臟傷害、腎衰竭、心肌炎等。

二、四氯化碳：分子量越大，毒性越大，但較前述不容易爆炸。具中樞神經及肝臟毒性。我國彩色印刷工人的腎與肝壞死，室內操作的工人中，有 18 位肝功能異常。經調查後發現，原來廠內用來清洗印刷機台泵浦的清潔劑，實際上是四氯化碳。

三、三氯甲烷：因刺激粘膜，使鼻粘膜出血，喉頭發炎；抑制神經系統的傳導功能，造成神經系統障礙或引起神經炎。

> 試就生成方式、粒徑大小及內含特性描述粉塵（dust）、液滴（droplet）、霧滴（mist）、燻煙（fume）、與煙塵（smoke）之意涵。（20 分）　　　　　　　　　　　　　　【110 - 地特三等】

答

	生成方式	粒徑大小	內含特性
粉塵（dust）	由土石、岩石或礦物等無機物研磨或木材壓碎產生的固體粒子。	一般為 $100\mu m$ 以下	依不同粒徑範圍分為可吸入性粉塵（ $\leq 100\mu m$ ）、胸腔性粉塵（ $\leq 30\mu m$ ）、可呼吸性粉塵（ $\leq 10\mu m$ ）。可呼吸性粉塵中， $\leq 2.5\mu m$ 之粒子可深入肺泡，對人體傷害最大。

	生成方式	粒徑大小	內含特性
液滴 （droplet）	利用噴嘴或小孔等零件，將液體分散到氣體或另一種與其不相混溶的液體中所形成的液體狀態。	主要粒徑範圍在 200μm 以下	微小的液體粒子，其大小可在平靜的空氣中沉降，但會在亂流中懸浮。
霧滴 （mist）	蒸氣凝結而形成之液體粒子。	10 ～ 15μm	工業上常見於電鍍工廠，鍍鉻時會產生的大量的氣體，會帶出鉻酸，懸浮於空氣中形成鉻酸霧滴。
燻煙 （fume）	金屬在高溫加熱的情況下，溫度達到其熔點，使部分金屬蒸發成蒸氣，進而凝結形成的固體粒子。	0.1 ～ 1,000 μm	多來自於工業製程或燃燒過程中，由於熔化的物質蒸發後冷凝所形成。在吸入燻煙後可能出現燻煙熱，類似感冒的發燒畏寒、痠痛疲倦或咳嗽等症狀
煙塵 （smoke）	不完全燃燒形成之微粒，主要成分為碳及其他可燃物質。	0.01 ～ 1μm	能長期在大氣中飄浮。因此它會在大氣中不斷蓄積，使污染程度逐漸加重。

試說明苯的職業暴露途徑、健康效應、與其在暴露危害管理與控制時，須符合我國特定化學物質危害預防標準中那種物質分類與設備之規範。（20分）　【110 - 地特三等】

答

有關苯的職業暴露途徑、健康效應、與其在暴露危害管理與控制時，須符合我國特定化學物質危害預防標準中那種物質分類與設備之規範，整理如下表：

	內容	需符合特定化學物質危害預防標準（條文內容節錄）	
職業暴露途徑	常作為於油漆、油墨及黏合劑之溶劑使用。可能使用苯之職業包括石化工業、橡膠工業、製鞋業、黏著劑製造業、染料業、塗料業、印刷業等。	§2	苯屬於本標準所稱丙類第一種物質。
		§3	苯或其體積比超過1%之混合物屬於本標準所稱特定管理物質。
健康效應	苯暴露之急性作用以中樞神經系統病變為主，表現症狀如輕微頭痛、噁心，嚴重可能導致至意識不清、昏迷甚至呼吸停止。	§6-1	雇主使勞工從事苯作業者，對於健康管理、作業環境監測、妊娠與分娩後女性勞工及未滿十八歲勞工保護與入槽安全等事項，應依相關規定辦理。
	苯暴露之慢性作用以造血系統危害為主，包括骨髓抑制與血癌等。	§49	因特定化學物質之漏洩，致吸入或遭受其污染時，應迅即使其接受醫師之診察及治療。
暴露危害管理與控制	工程控制： 1. 單獨使用不會產生火花，接地的通風系統。 2. 排氣口直接通到室外。 3. 供給新鮮空氣以補充排氣系統抽出的空氣。	§15	使勞工從事製造苯時，製造設備應採用密閉型，由作業人員於隔離室遙控操作。
		§16	對散布有苯之氣體、蒸氣或粉塵之室內作業場所，應於各該發生源設置密閉設備或局部排氣裝置。

	內容	\multicolumn{2}{c}{需符合特定化學物質危害預防標準（條文內容節錄）}
暴露危害管理與控制	工程控制：防止洩漏之安全衛生設施。	§23	使勞工處置、使用苯合計在一百公升以上時，應置備警報用器具及除卻危害之必要藥劑、器具等設施。
		§25	防止勞工因誤操作致苯之漏洩，應於該勞工易見之處，標示該原料、材料及其他物料之種類、輸送對象設備及其他必要事項。
		§26	雇主對特定化學管理設備，為早期掌握其異常化學反應等之發生，應設適當之溫度計、流量計及壓力計等計測裝置。
		§27	雇主對製造、處置或使用苯之合計在一百公升以上之特定化學管理設備，應設置適當之溫度、壓力、流量等發生異常之自動警報裝置。
		§28	雇主對特定化學管理設備，為防止異常化學反應等導致大量苯之漏洩，應設置遮斷原料、材料、物料之供輸或卸放製品等之裝置，或供輸惰性氣體、冷卻用水等之裝置，以因應異常化學反應等之必要措施。
	個人防護用品： 1. 呼吸防護： (1) 任何可偵測到的濃度：正壓式全面型自攜式呼吸防護具、正壓式全面型供氣式呼吸防護具輔以正壓型自攜式呼吸防護具。	§50	雇主對製造、處置或使用苯之作業場所，應依下列規定置備與同一工作時間作業勞工人數相同數量以上之適當必要防護具，並保持其性能及清潔，使勞工於有暴露危害之虞時，確實使用。

	內容	需符合特定化學物質危害預防標準 （條文內容節錄）	
	(2) 逃生：含有機蒸氣 罐 　 之氣體面罩、逃生型 　 自攜式呼吸防護具。 2. 手部防護：防滲手套， 　 材質以聚乙烯醇、 　 Tychem10000 為佳。 3. 眼睛防護：化學安全護 　 目鏡。如果情況需要， 　 佩戴面具。 4. 皮膚和身體防護：連身 　 式防護衣、工作靴。		
	行政管理： 1. 工作後儘速脫掉污染之 　 衣物，洗淨後才可再穿 　 戴或丟棄，且須告知洗 　 衣人員苯之危害性。 2. 工作場所嚴禁抽煙或飲 　 食。 3. 處理苯或受苯污染物品 　 後，須徹底洗手。維持 　 作業場所清潔。 4. 給予適當之教育訓練及 　 避難急救知識之訓練。	§32	雇主應禁止與作業無關人員進入 下列作業場所，並標示於顯明易 見之處。
		§34	設搶救組織，並每年對有關人員 實施急救、避難知識等訓練。
		§35	設置休息室。
		§36	設置洗眼、洗澡、漱口、更衣及 洗濯等設備。另設置緊急洗眼及 沖淋設備。
		§40	禁止勞工在特定化學物質作業場 所吸菸或飲食。

美國無線電公司（RCA）自 1970 年至 1988 年在臺灣桃園生產電器產品的廠內作業區，因不當運作化學物質，造成千餘人之職業傷害事件，請說明造成 RCA 危害的兩種主要化學物質和其危害性、職災發生原因、員工罹癌之可能暴露途徑和未來應如何確實督導相關工廠之運作。（25 分）

答

一、美國無線電公司（RCA）來台設廠，主要生產電視機及電器產品、映像管、錄放影機、音響等產品；1986 年，RCA 公司被奇異公司併購；1988 年，法國湯姆笙公司從奇異公司取得 RCA 桃園廠之產權；1991 年，湯姆笙公司發現，RCA 桃園廠將有機溶劑排入廠區造成污染；1992 年，湯姆笙公司關閉 RCA 桃園廠；1994 年，行政院環境保護署（今環境部）前署長趙少康，舉發 RCA 桃園廠長期挖井傾倒有機溶劑，導致廠區之土壤及地下水遭受嚴重污染，其中最主要之有機溶劑為三氯乙烯及四氯乙烯。

二、三氯乙烯及四氯乙烯特性及危害性簡述如下表：

	三氯乙烯	四氯乙烯
結構式	$ClHC = CCl_2$	$Cl_2C = CCl_2$
性質	無色液體，具有甜味氣味。	無色液體，有揮發性，有特殊的氣味。
用途	廣泛用作金屬清洗、去油脂、去垢和作為溶劑的清潔劑。	乾洗產業中的溶劑，也用於金屬清洗、化學生產等領域。
有機溶劑分類	第一種	第二種
毒性	長期接觸或高濃度的暴露可能導致中樞神經系統、肝臟、腎臟和肺部的損害。短期暴露可能引起頭暈、頭痛、噁心和嘔吐等症狀。	與三氯乙烯毒性類似

	三氯乙烯	四氯乙烯
國際癌症研究機構（IARC）分類	人類致癌物質（Group 1）	疑似人類致癌物質（Group 2A）
生殖毒性	長期或高濃度的暴露可能對生殖系統產生負面影響，包括對精子的影響和對胎兒的發育有潛在風險。	與三氯乙烯類似
環境危害	在環境中也可能對水體和土壤造成污染，對水生生物產生毒性影響。	與三氯乙烯類似

三、依據本案相關判決書及文獻指出，RCA 公司未教育員工正確處理有機溶劑之方式，任意傾倒廢棄有機溶劑於廠區，而長期以多種途徑接觸、暴露於數種混合之有機溶劑、化學物質之中，相較於一般人而言，其等肺部、腎臟、肝臟等器官，需長期反覆代謝具有毒性之化學物質，將對其等器官造成額外之負擔，所受之損害及罹病之風險將隨著工作期間而增加，是以，本案研判職災發生之原因為作業勞工長期暴露於充斥三氯乙烯及四氯乙烯等有機溶劑散布之環境，且現場未有適當之危害控制措施（如：適當之通風換氣設備、個人防護具等），致作業勞工罹患相關癌症。

四、續上，化學品進入人體四大途徑為吸入、皮膚接觸、食入及眼睛接觸，本案勞工作業期間因現場未有適當之通風設備及個人防護具，吸入、皮膚接觸應為主要途徑；又相關文獻指出，勞工大部分飲用疑似遭有機溶劑污染之地下水，故研判食入亦為主要途徑之一；而眼睛接觸部分，參考相關文獻及三氯乙烯及四氯乙烯安全資料表指出，偏向急毒性效應，故研判由此途徑暴露致癌機率較低。

五、 未來應如何確實督導相關工廠之運作，分述如下：

污染物發生源	傳送途徑	污染物接收者（工作者）
1. 消除	4. 工程控制（整體換氣）	6. 行政管理（健康檢查、教育訓練等）
2. 管理控制（取代）	5. 作業環境監測	7. 個人防護具
3. 工程控制（密閉設備、局部排氣）		

（一）評估不使用毒性較高之有機溶劑。

（二）以毒性較低者取代。

（三）針對發生源，採用效能較佳之密閉設備或局部排氣裝置，並以專人設計，定期自動檢查，確保功能正常。

（四）針對傳送途徑，如為毒性較低之有機溶劑，可使用整體換氣裝置，稀釋已發散有機溶劑蒸氣。如同上開通風設備原則，亦須以專人設計，定期自動檢查，確保功能正常。

（五）每 6 個月實施作業環境監測，確保工作者作業環境符合規定。

（六）依法對新進人員實施體格檢查（一般 / 特殊），在職勞工定期實施健康檢查（一般 / 特殊），並實施健康管理；並依法實施必要之教育訓練。

（七）針對現場狀況選用適當之個人防護具，並使工作者確實使用；如屬呼吸防護具則另須實施呼吸防護計畫。

5

職業衛生危害控制

瓦斯管線施工作業潛在危機是瓦斯外洩引發之爆炸事故，監控是管制爆炸性氣體之重要機制，請說明何謂 LEL？並說明主要監控儀器與其預防爆炸程序，以維護現場勞工作業環境安全。當瓦斯混合氣體程分為 80% 甲烷和 20% 乙烷時，甲烷之 LEL 為 4.5%，乙烷之 LEL 為 3%，請計算此混合氣體之 LEL 為何？依據高壓氣體勞工安全規則，在此情況下，安全 LEL 監測警報值應設為若干 ppm？（25 分）

答

一、LEL：Lower Explosive Limit（爆炸下限），係指易燃液體之蒸氣、可燃性氣體之濃度低於下限值時，不足以形成可燃混合物；當濃度超過 LEL 時，混合氣體變得可燃，有爆炸的風險。

二、針對瓦斯管線施工部分，主要監控儀器與其預防爆炸程序分述如下：

（一）因屬於不特定場域之作業，故選用之偵測器會以攜帶式可燃性氣體偵測器（光電式或紅外線式）為主。

（二）依「職業安全衛生設施規則」第 177 條及其他職業安全衛生相關規定，預防爆炸程序如下：

1. 監測濃度：該等作業應指定專人，於作業前測定前述蒸氣、氣體之濃度，達爆炸下限值之 30% 以上時，應即刻使勞工退避至安全場所，並停止使用煙火及其他為點火源之虞之機具。

2. 加強通風：應加強通風換氣，使現場氣體之濃度低於爆炸下限值 30%。

3. 防爆設備：使用之電氣機械、器具或設備，應具有適合於其設置場所危險區域劃分使用之防爆性能構造。

4. 教育訓練：施工人員必須接受必要安全衛生教育訓練。

5. 定期檢查：定期檢查和維護氣體檢測儀器，確保其正確運作。

(三) 混合氣體之爆炸下限計算公式如下：

依據勒沙特列（Le Chateilier）公式

$$混合氣體\ LEL = \frac{100}{\left(\dfrac{80}{4.5} + \dfrac{20}{3}\right)} = 4.1\%$$

(四) 依據「高壓氣體勞工安全規則」及其他職業安全衛生相關規定，安全 LEL 監測警報值建議設定為爆炸下限值之 30%，即 4.1%×30% = 1.23%

捷運地下隧道施工過程中，往往以加壓方式減少地下水滲入，以利工程進行，然而此舉衍生對於施工人員之潛在健康危害，請說明此危害之發生原因、對於勞工健康之影響與預防危害發生之措施。除加壓行為外，地下施工環境最常見之汙染為何？你會實施通風方式或建議配戴個人防護具，以降低地下局限空間汙染對於勞工之健康危害？（25 分）

答

一、捷運地下隧道施工過程中，往往以加壓方式減少地下水滲入，以利工程進行，該等作業稱為壓氣施工法，屬於異常氣壓危害預防標準所稱異常氣壓作業之高壓室內作業，乃於表壓力大於大氣壓力之作業室實施之作業。

二、續上，該等作業衍生對於施工人員之潛在健康危害之發生原因、對於勞工健康之影響與預防危害發生之措施如下表：

潛在危害	潛水伕病（減壓症）	缺氧	中毒	火災爆炸
發生原因	長時間於異常氣壓作業，未適當減壓即離開工作場域。	作業環境氧氣濃度未達 18%。	作業環境含有硫化氫、CO 等有毒氣體。	作業環境含有易燃液體之蒸氣、可燃性氣體之濃度高於爆炸下限值時，可能造成火災爆炸產生。
對於勞工健康之影響	身體暴露於壓力下降的環境時，氮氣會被釋放到離開身體的氣體中，當速度太快，導致關節壞死、神經系統異常、窒息或皮膚病變等症狀。	氧氣濃度下降，導致呼吸、脈搏加快，低於 6% 呼吸停止，痙攣，甚至死亡。	接觸到上述有毒物質，導致勞工中毒，甚至死亡。	發生火災爆炸時，可能造成勞工皮膚灼傷、呼吸道嗆傷，甚至死亡。
預防措施	1. 適當減壓設備及程序。 2. 體格／健康檢查。 3. 健康管理。 4. 教育訓練。 5. 有害作業主管（高壓室內）。	1. 適當通風換氣。 2. 監測氧氣濃度。 3. 教育訓練。 4. 有害作業主管（缺氧）。 5. 監視人員。 6. 救援設備。	1. 適當通風換氣。 2. 監測有害物濃度。 3. 教育訓練。 4. 有害作業主管。 5. 監視人員。 6. 救援設備。	1. 適當通風換氣。 2. 監測濃度。 3. 教育訓練。 4. 作業主管。 5. 監視人員。 6. 救援設備。

三、除加壓行為外，地下施工環境最常見之汙染為硫化氫、CO 等有毒氣體及甲烷等可燃性氣體，上述氣體之混合氣體俗稱沼氣。

四、據勞動部職業安全衛生署訂定之「呼吸防護計畫及採行措施指引」，缺氧或有害物立即致危環境，僅可選用「正壓或壓力需求型輸氣管面罩＋輔助呼吸器」或「全面體正壓或壓力需求型自攜

呼吸器」，而該等呼吸防護具難以隨身攜帶，不適用於地下隧道施工，故建議以實施通風方式，降低地下局限空間汙染對於勞工之健康危害。

雇主使勞工於儲槽之內部從事有機溶劑作業時，應有哪些危害預防措施？

答

依據「有機溶劑中毒預防規則」第 21 條規定，雇主使勞工於儲槽之內部從事有機溶劑作業時，應依下列規定：

一、派遣有機溶劑作業主管從事監督作業。

二、決定作業方法及順序於事前告知從事作業之勞工。

三、確實將有機溶劑或其混存物自儲槽排出，並應有防止連接於儲槽之配管流入有機溶劑或其混存物之措施。

四、前款所採措施之閥、旋塞應予加鎖或設置盲板。

五、作業開始前應全部開放儲槽之人孔及其他無虞流入有機溶劑或其混存物之開口部。

六、以水、水蒸汽或化學藥品清洗儲槽之內壁並將清洗後之水、水蒸氣或化學藥品排出儲槽。

七、應送入或吸出 3 倍於儲槽容積之空氣，或以水灌滿儲槽後予以全部排出。

八、應以測定方法確認儲槽之內部之有機溶劑濃度未超過容許濃度。

九、應置備適當的救難設施。

十、勞工如被有機溶劑或其混存物污染時，應即使其離開儲槽內部，並使該勞工清洗身體除卻污染。

依特定化學物質危害預防標準規定，回答下列問題：

一、 何謂「特定化學設備」？

二、 何謂「特定化學管理設備」？

三、 雇主對製造、處置或使用乙類物質、丙類物質或丁類物質之設備，或儲存可生成該物質之儲槽等，因改造、修理或清掃等而拆卸該設備之作業或必須進入該設備等內部作業時，應依規定採取適當之設備或措施，除派遣特定化學物質作業主管從事監督作業外，再列舉 8 項。

答

一、依據「特定化學物質危害預防標準」第 4 條規定，本標準所稱特定化學設備，指製造或處理、置放（以下簡稱處置）、使用丙類第一種物質、丁類物質之固定式設備。

二、依據「特定化學物質危害預防標準」第 5 條規定，本標準所稱特定化學管理設備，指特定化學設備中進行放熱反應之反應槽等，且有因異常化學反應等，致漏洩丙類第一種物質或丁類物質之虞者。

三、依據「特定化學物質危害預防標準」第 30 條規定，雇主對製造、處置或使用乙類物質、丙類物質或丁類物質之設備，或儲存可生成該物質之儲槽等，因改造、修理或清掃等而拆卸該設備之作業或必須進入該設備等內部作業時，應依下列規定：

（一）派遣特定化學物質作業主管從事監督作業。

（二）決定作業方法及順序，於事前告知從事作業之勞工。

（三）確實將該物質自該作業設備排出。

（四）為使該設備連接之所有配管不致流入該物質，應將該閥、旋塞等設計為雙重開關構造或設置盲板等。

（五）依前款規定設置之閥、旋塞應予加鎖或設置盲板，並將「不得開啟」之標示揭示於顯明易見之處。

（六）作業設備之開口部，不致流入該物質至該設備者，均應予
　　　開放。

（七）使用換氣裝置將設備內部充分換氣。

（八）以測定方法確認作業設備內之該物質濃度未超過容許濃
　　　度。

（九）拆卸第四款規定設置之盲板等時，有該物質流出之虞者，
　　　應於事前確認在該盲板與其最接近之閥或旋塞間有否該物
　　　質之滯留，並採取適當措施。

（十）在設備內部應置發生意外時能使勞工立即避難之設備或其
　　　他具有同等性能以上之設備。

（十一）供給從事該作業之勞工穿著不浸透性防護衣、防護手
　　　　套、防護長鞋、呼吸用防護具等個人防護具。

特定化學物質塔槽內部清洗作業時，(一)除可能中毒、捲夾與感
電外，請另列舉 4 項可能的危害。(二)依法令規定，需有那些作
業主管及教育訓練？

答

一、特定化學物質塔槽內部清洗作業時，除可能中毒、捲夾與感電
　　外，可能的危害如下列：

（一）缺氧：儲槽內部為密閉空間，若氧氣濃度低於 18 ％，則會
　　　有缺氧症的出現。

（二）火災、爆炸：若儲槽內部之儲存物為易、可燃性化學物
　　　質，當濃度超過爆炸下限時，且又有外來之火源，可能會
　　　產生火災、爆炸。

（三）墜落：由於執行清槽作業時，有時必須攀爬至儲槽上部，
　　　若不小心或沒繫緊安全索，可能會發生墜落的意外事件。

（四）塌陷：於塔槽清洗作業前檢查其塔槽之支撐，應防止腳部下沉、滑動，並襯以墊板、座鈑等措施以防止傾倒、塌陷之虞。

二、特定化學物質塔槽內部清洗作業時，依法令規定，需有下列之作業主管及教育訓練：

（一）特定化學物質作業主管。

（二）缺氧作業主管。

（三）一般安全衛生作業教育訓練 6 小時。

（四）對製造、處置或使用危害性化學品者應增列 3 小時。

（五）缺氧作業教育訓練 3 小時。

試回答下列有關化學物質危害與特性之問題：

一、雇主對易因腐蝕產生洩漏之丁類特定化學物質之作業應採取之控制措施為何？（10 分）

二、影響化學物質毒性大小之因素有哪些？（10 分）

答

一、依據「特定化學物質危害預防標準」相關規定，雇主使用特定化學設備或其附屬設備實施作業時，為防止丁類物質之漏洩，應採取之控制措施如下列：

（一）對其設置之特定化學設備（不含設備之閥或旋塞）之接觸部分，應對各該物質之種類、溫度、濃度等，採用不易腐蝕之材料構築或施以內襯等必要措施。

（二）對特定化學設備之蓋板、凸緣、閥或旋塞等之接合部分，應使用墊圈密接等必要措施。

（三）對特定化學設備之閥、旋塞或操作此等之開關、按鈕等，應明顯標示開閉方向。

（四）應置備該物質等漏洩時能迅速告知有關人員之警報用器具及除卻危害之必要藥劑、器具等設施。

（五）為防止動力源之異常導致物質之漏洩，應置備可迅速使用之備用動力源。

（六）防止勞工因誤操作致物質之漏洩，應於該勞工易見之處，標示該原料、材料及其他物料之種類、輸送對像設備及其他必要事項。

（七）應設置遮斷原料、材料、物料之供輸或卸放製品等之裝置，或供輸惰性氣體、冷卻用水等之裝置，以因應異常化學反應等之必要措施。

（八）作業場所應於顯明易見之處，揭示「作業無關人員禁止進入」之標示。

（九）勞工從事特定化學物質之搬運或儲存時，應使用適當之容器或確實包裝，並保管該物質於一定之場所。

（十）為因應丁類物質之漏洩，應設搶救組織，並對有關人員實施急救、避難知識等訓練。

（十一）訂定操作程序，並依該程序實施作業。

（十二）設置洗眼、沐浴、漱口、更衣、洗衣及緊急沖淋等設備。

（十三）作業場所置備至少與現場人數相同之防護具，並保持其性能及清潔。

（十四）除前列各款規定者外，為防止丁類物質之漏洩所必要之措施。

二、影響化學物質毒性大小之因素如下：

（一）暴露劑量：暴露濃度、暴露時間、暴露頻率（單一或連續）、有無使用個人防護具。

（二）暴露途徑：吸入（Inhalation）、食入（Ingestion）、皮膚吸收（Dermal Absorption）、注射（Injection）。

（三）毒物本身的因素：化合物之構造、本身的毒性；物理性質：粒徑大小、溶解性、荷電性；化學性質：如存在的形式（有／無機鉛、有／無機砷）。

（四）暴露者的內在因素：物種差異、代謝毒物之能力、遺傳因素、飲食、營養狀況；如酒精飲料會加大四氯化碳的毒性、性別與荷爾蒙差異、年齡、疾病存在：肝功能不好的人影響代謝、腎有問題影響排泄、呼吸道疾病者對空氣污染物的感受性大。

（五）暴露者的外在因素：環境因子、溫度、濕度、大氣壓力、噪音。

（六）化學物之交互作用：吸菸＋石綿（吸菸的石綿工人其肺癌的發生率比不吸菸的石綿工人大 90 倍）。

（七）滯留及排泄：無機鉛累積在骨骼、鹵化烴類陳積在脂肪。

就您所知，金屬製品製造業製程中有哪些危害？對勞工可能產生的健康效應有哪些？有哪些改善建議？（20 分）

答

金屬製品製造業包括：從事金屬手工具、模具、結構、建築組件、加工處理及其他金屬製品製造之行業等。

一、其可能產生之危害因子：

（一）金屬粉塵的暴露：金屬刀具或螺帽製造時，因切削、研磨等過程產生。

（二）金屬加工液暴露：金屬加工液大多會添加抗腐蝕劑、抗菌劑和介面活性劑，或有金屬碎屑如鋅，造成過敏性或刺激性皮膚炎。

（三）揮發性有機溶劑：金屬表面處理時，使用噴漆、烤漆。

（四）酸霧滴：使用電鍍時，則有酸霧滴、鉻暴露的危害。

二、可能產生健康效應：

（一）六價鉻：肺癌。

（二）鎳：肺癌、鼻竇癌、鼻癌。

（三）金屬加工液：過敏性或刺激性皮膚炎。

（四）揮發性有機溶劑：導致神經系統的健康效應。

三、改善建議：

（一）增加局部排氣之捕集區：在排氣風管上加裝捕集氣罩，以增加其捕集區。

（二）置入氣簾、提升局部排氣之效能：在清洗槽上加裝氣簾，藉由吹吸式之概念，將汙染物盡量處於汙染物空間，不造成逸散，將能有效降低有機溶劑刺鼻氣味蓄積及氣體逸散至清洗槽。

（三）導入環狀局部排氣裝置使用：因作業搬運需求，模具須以上下吊掛進入膠槽中，故排氣氣罩只能以側吸式氣罩為主，然而氣罩管路呈 90 度直角，使其壓損過大影響排氣效益，造成開口面離氣罩最遠端，無法有效捕集有害物質。因避免影響工作人員之吊掛物件操作方便性，無法於反應槽周圍設置上吸式局部排氣裝置，因此建議使用環狀抽氣裝置，以阻隔汙染物之逸散。

某化學工廠勞工Ａ操作硫酸儲槽管路拆除作業，因雇主疏失，致勞工Ａ被硫酸噴到身體，造成1人死亡重大職業災害案。請依特定化學物質危害預防標準規定，回答下列問題：

一、雇主針對本起案例，應依規定辦理那些事項，以避免漏洩造成職業災害？

二、雇主應使特定化學物質作業主管執行那些規定事項？

三、雇主之法律責任？

四、特定化學物質作業主管之法律責任？

答

一、依據「特定化學物質危害預防標準」第30條規定，雇主對製造、處置或使用乙類物質、丙類物質或丁類物質之設備，或儲存可生成該物質之儲槽等，因改造、修理或清掃等而拆卸該設備之作業或必須進入該設備等內部作業時，應依下列規定：

（一）派遣特定化學物質作業主管從事監督作業。

（二）決定作業方法及順序，於事前告知從事作業之勞工。

（三）確實將該物質自該作業設備排出。

（四）為使該設備連接之所有配管不致流入該物質，應將該閥、旋塞等設計為雙重開關構造或設置盲板等。

（五）依前款規定設置之閥、旋塞應予加鎖或設置盲板，並將「不得開啟」之標示揭示於顯明易見之處。

（六）作業設備之開口部，不致流入該物質至該設備者，均應予開放。

（七）使用換氣裝置將設備內部充分換氣。

（八）以測定方法確認作業設備內之該物質濃度未超過容許濃度。

（九）拆卸第四款規定設置之盲板等時，有該物質流出之虞者，應於事前確認在該盲板與其最接近之閥或旋塞間有否該物質之滯留，並採取適當措施。

（十）在設備內部應置發生意外時能使勞工立即避難之設備或其他具有同等性能以上之設備。

（十一）供給從事該作業之勞工穿著不浸透性防護衣、防護手套、防護長鞋、呼吸用防護具等個人防護具。

二、依據「特定化學物質危害預防標準」第 37 條規定，雇主使勞工從事特定化學物質之作業時，應於作業場所指定現場主管擔任特定化學物質作業主管實際從事監督作業。雇主應使前項作業主管執行下列規定事項：

（一）預防從事作業之勞工遭受污染或吸入該物質。

（二）決定作業方法並指揮勞工。

（三）保存每月檢點局部排氣裝置及其他預防勞工健康危害之一次以上紀錄。

（四）監督勞工確實使用防護具。

三、雇主因違反特定化學物質危害預防標準第 30 條暨職業安全衛生法（下稱職安法）第 6 條第 1 項規定，造成所僱勞工 A 死亡，依職安法第 40 條第 1 項規定，處 3 年以下有期徒刑、拘役或科或併科新臺幣 30 萬元以下罰金。

四、特定化學物質作業主管如未確實執行其職務，而有應注意、能注意而不注意之情事，經地檢署調查後，依其情節以違反刑法第276 條規定：「因過失致人於死者，處 5 年以下有期徒刑、拘役或 50 萬元以下罰金。」起訴，並經法院審判後定讞。

我國為科技大國，各科技廠之化學品使用品項與複雜度甚鉅，就您所知目前國內三大科學園區，如何執行化學品管理的工作？此外，您對現行法令或制度有何建議？

答

一、三大科學工業園區針對轄內事業單位，如製程中有使用化學品（毒化物、先驅化學品、優先管理化學品以及公共危險物品等），則必須依相關法規或主管機關要求進行申報作業。另外，為進一步掌握化學品流布情形與防災等需求，科管局 105 年度共同導入「化學品資料庫與自主申報平台」系統架構，規範園區事業單位定期申報化學品相關資料，包括：

（一）CAS No.

（二）中／英文名稱。

（三）混合物含量前三名及具危害性物質 CAS No.、名稱及含量最高物質 %。

（四）數量（使用平均數量、最大數量、經常儲存量）。

（五）使用位置。

（六）儲存位置。

（七）作業情形。

（八）化學物質在廠區之分布圖資。

（九）緊急應變聯絡人資料。

二、對現行法令 / 制度的建議：

（一）在資訊安全無虞狀態下，化學品資料若能轉入雲端資料庫開放給使用者，以便查詢與比對廠區使用化學品危害資訊，提升各廠區化學品使用之安全性。

（二）國內目前管理化學品之主管機關有如多頭馬車，建議跨單位整合。

（三）主管機關在增進化學品使用之安全性及掌握化學品流佈，必須建制一套有效的稽核機制。

（四）建置全中文化學品危害評估及管理資訊平台，避免第一線安衛人員、廠務、倉管或操作人員因資訊取得不完整或是專業訓練不足，導致化學品不當使用、誤用造成事故。

（五）建議整理相關資訊，架構科學工業園區化學品之安全危害計畫，提供各主管機關在化學品危害預防政策之參考。

一、 請說明六價鉻之危害？

二、 哪些行業常見使用六價鉻？

三、 美國曾拍攝類似題材之電影，國內是否曾發生過類似的案例？請敘述之。

答

一、六價鉻暴露可能產生皮膚炎、皮膚潰瘍，以及對腸胃道、呼吸、腎臟、免疫系統與生殖系統毒性。另參考國際癌症研究署（International Agency for Research on Cancer, IARC）之危害性分類可知，六價鉻已被列為確定人體致癌（Group 1）。

二、鉻酸鈉（$Na_2Cr_2O_7$）主要應用於實驗室分析用；三氧化鉻（CrO_3）應用於用於金屬加工、水溶性木材防腐劑；鉻酸鉀（K_2CrO_4）應用於金屬處理及塗層、試劑及化學品製造、紡織品製造、陶瓷上色、皮革裝飾、塗料墨水製造；重鉻酸胺（$(NH_4)_2Cr_2O_7$）應用於氧化劑、實驗室分析用、製革劑、紡織品製造、感光燈管陰極燈管、金屬加工等。常見於「電鍍業」、「金屬表面處理業」、「皮革處理業」、「半導體業」、「水泥製造」、「防鏽塗料」、「玻璃染色」、「紡織」等行業。

三、RCA（美國無線電公司）於 1969 年來台投資，分別在桃園、竹北、宜蘭設廠，僱用員工高達二、三萬人，且多次被台灣政府評定為外銷模範工廠，1992 年停產關廠。1994 年環保署揭露 RCA 在台設廠期間違法挖井傾倒有毒廢料即有機溶劑（三氯乙烯、四氯乙烯等），造成當地地下水和土壤的嚴重污染。RCA 公害污染事件爆發後，已離職多年的員工陸續傳出逾千人罹患各式癌症。

5-2 物理性、生物性、人因性危害因子控制

一、何謂「5 分貝原則」？（5 分）

二、試說明「5 分貝原則」與「3 分貝原則」何者為「等能量原則」。（10 分）

三、某一噪音作業現場勞工噪音暴露監測結果如下表所示，試問勞工當日噪音暴露劑量是否合乎場所「職業安全衛生設施規則」第 300 條的規定？（請列計算式）（10 分）

時間	噪音分貝值，dB
08:00~11:00	92
11:00~12:00	85
13:00~16:00	90
16:00~17:00	97

【108 - 地特三等】

答

一、所謂「5 分貝原則」乃是指噪音增加 5 分貝，則勞工暴露之風險將增倍，換句話說容許暴露時間應減半以應對。

二、因分貝的定義係採用對數尺度（logarithmic scale），其定義之公式為音量（分貝）$=10 \log I/I_0$（式中 I ＝待測音單位面積的功率；I_0 ＝參考音單位面積的功率）

因為當音量 I 的功率變成原來的 2 倍時，分貝數增加為 10 log 2，亦即約增加 3 分貝，從分貝的定義即可看出「3 分貝原則」才符合分貝的物理意義（即「等能量原則」）：因為 log 2 約等於 0.3，所以 10 log 2 約等於 3。

三、(1) 08:00~11:00　$L_A = 92$ dBA　　　$T = \dfrac{8}{2^{\left(\frac{92-90}{5}\right)}} = 6\text{hr}$

(2) 11:00~12:00　$L_A = 85$ dBA　　　$T = \dfrac{8}{2^{\left(\frac{85-90}{5}\right)}} = 16\text{hr}$

(3) 13:00~16:00　$L_A = 90$ dBA　　　$T = \dfrac{8}{2^{\left(\frac{90-90}{5}\right)}} = 8\text{hr}$

(4) 16:00~17:00　$L_A = 97$ dBA　　　$T = \dfrac{8}{2^{\left(\frac{97-90}{5}\right)}} = 3\text{hr}$

Dose $= 3/6 + 1/16 + 3/8 + 1/3 = 1.27 = 127\%$

經計算後得知該全程工作日噪音暴露劑量為 127% ＞ 1，不符合法令規定。

> 試說明何謂減壓症？其致病機轉為何？從事那些工作的勞工為減壓症的高風險族群？應如何避免？（25 分）　　　【108 - 地特三等】

答

一、所謂減壓症（Decompression sickness，DCS）是指潛水人員或處在高壓狀況下的人員，因急速上潛或減壓，使溶解在人體體液中過飽和之氮氣溢出產生大量的氣泡充滿於組織間隙和血管內而引起全身不適。

二、減壓症致病機轉為人員暴露於高壓環境下從事工作，身體組織內溶解了大量的氮氣，若工作人員於減壓上升途中未按照正常減壓上升，此時溶解於體內組織中的過飽和氮氣將會形成氣泡，充塞

於組織間隙直接對細胞造成傷害，或阻礙血液循環造成缺血和缺氧，因而導致組織病變及臨床症狀。

三、從事潛水作業、高壓室內作業、高空飛行工作的勞工為減壓症的高風險族群。

四、避免異常氣壓引起危害應有之作業管理措施如下：

（一）周詳的計畫：包括作業流程與減壓計畫。

（二）嚴格的訓練：一般作業訓練，事故預防及定期在職教育。

（三）良好的設備：包括壓力錶及控制閥、空壓機等設備之操作手冊及維護記錄。

（四）正確的操作：設立標準操作程序、操作檢查步驟。

（五）環境的認知：勞工作業前應對作業的狀況了解，包括氣候、環境及汙染問題。

（六）健康的身心：定期進行「勞工健康保護規則」規定之健康檢查。

> 請詳述一般在高溫作業之勞工，常用於評估熱環境的指標有那些？
> （20 分）　　　　　　　　　　　　　　　　【109 - 地特三等】

答

指標	定義	備註
綜合溫度熱指數（Wet-Bulb Globe Temperature, WBGT）	1957 年美國陸軍發明，涵蓋了空氣濕度、空氣流速、輻射熱及空氣濕度等溫濕要素，目前為我國最常見之熱環境評估指標。	● 室內或無日曬時 WBGT = $0.7T_{nw} + 0.3Tg$ ● 室外有日曬時 WBGT = $0.7T_{nw} + 0.2Tg + 0.1Tna$ 其中 Tnw：自然濕球溫度 Tna：乾球溫度 Tg：黑球溫度
熱危害指數（Heat Stress Index, HSI）	身體熱平衡所需蒸發散失的熱負荷量（Ereq）除以一個人最大依體型及環境估計蒸發的最大散熱量（Emax）之比值。通常 >40 已屬高度熱危害，數值愈高熱危害愈大。	HSI = (Ereq/Emax)×100 Ereq = M ± R ± C M：新陳代謝產熱量 R：輻射熱 C：對流熱
實效溫度（Effective Temperature, ET）	將溫度、濕度加上空氣流動效應綜合評估之指數。	一樣的氣溫在不同的地區感受也不同，例如：氣溫 30℃ 在北部感覺比中南部熱，因為北部的濕度通常高於中南部，且因盆地地形空氣流動效果較中南部差所致。
修正實效溫度（Corrected Effective Temperature, CET）	實效溫度加上對熱輻射作用影響的修正來評估	以黑球溫度來替代乾球溫度，濕球溫度也以虛擬濕球溫度替代而得修正實效溫度。

5

職業衛生危害控制

根據我國的法規規定，事業單位在那些條件下應執行聽力保護計畫？有效的聽力保護計畫應包括那些內容？又噪音對人體的健康效應有那些？（25 分）　　　　　　　　　　　【110 - 高考三級】

答

一、依據「職業安全衛生設施規則」第 300 條之 1 規定，雇主對於勞工 8 小時日時量平均音壓級超過 85 分貝或暴露劑量超過 50% 之工作場所，應採取下列聽力保護措施，作成執行紀錄並留存 3 年：

（一）噪音監測及暴露評估。

（二）噪音危害控制。

（三）防音防護具之選用及佩戴。

（四）聽力保護教育訓練。

（五）健康檢查及管理。

（六）成效評估及改善。

前項聽力保護措施，事業單位勞工人數達 100 人以上者，雇主應依作業環境特性，訂定聽力保護計畫據以執行；於勞工人數未滿 100 人者，得以執行紀錄或文件代替。

二、有效的聽力保護計畫應包括以下內容：

（一）目的：為有效掌握勞工作業現場之危害，並避免員工因職業暴露於噪音場所，並定期檢視作業環境可能潛在之風險與有效管理，以符合職業安全衛生法令之相關規定，並提供勞工健康舒適的工作環境。

（二）範圍：作業區域符合法規定義或現場勞工有申訴噪音者，對象為前開場所之作業勞工。

（三）職責：明訂各階層人員應負責之工作項目，包括高階主管、計畫專責部門（職安單位）、現場部門主管、勞工代表、現場人員及作業環境監測單位等。

（四）聽力保護評估程序：

1. 訂定評估流程：需先鑑別廠內有無顯著噪音發生之場所，然後對這些噪音區域進行調查，包括人員作業方式、運用作業環境監測計畫實施噪音量測，以釐清噪音作業區域及需要聽力保護之對象。

2. 調查結果 85 分貝以上區域：作業區域標示、作業人員佩戴防音防護具、定期實施作業環境監測。

3. 調查結果未達 85 分貝區域：週期性評估確認。

（五）噪音作業環境監測計畫：

1. 採樣策略規劃：

A. 危害鑑別：暴露實態之掌握，清查廠內可能產生噪音之作業場所，並調查相關資訊以評估廠內噪音分布狀況，並針對暴露人員作業內容調查，包括作業勞工區域位置、設備名稱、初步評估現場環境噪音、作業位置、作業方式、作業時間、聽力檢查結果等調查。建立廠內噪音的相似暴露群。

B. 初步危害分析：評估各相似暴露群初步危害分析之嚴重度分級及可能性分級，建立相對危害風險矩陣。

C. 風險評估：針對各相似暴露群之作業實態，評估其噪音相對危害等級。

D. 採樣點規劃：依據各相似暴露群的風險高低，界定採樣的優先順序。

2. 聽力保護管理措施：

A. 工程評估及改善：針對現場噪音源或傳播途徑實施工程評估及改善，例如隔音牆、設備加裝阻尼、噪音設備封閉隔離。

B. 行政管理措施：例如降低作業勞工暴露時間、工作調整輪調等。

C. 個人防護具：發給噪音區作業勞工防音防護具、並應清潔、有效且數量足夠。

D. 教育訓練：對噪音區作業勞工，應給予聽力保護相關的教育訓練，使其知悉作業環境可能危害，以及如何確實佩戴防音防護具。

E. 健康檢查：新進勞工必須實施特殊作業體格檢查，在職勞工須定期實施特殊作業健康檢查，並依檢查結果醫師診斷判定級數給予相對應之保護措施。

（六）定期評估檢討成效：每年定期檢討聽力保護計畫執行成效，並依實際狀況修正，持續改善。

三、噪音對人體的健康效應，包括以下事項：

（一）聽力損失：長期或過度噪音暴露，導致聽覺耳蝸毛細胞受損退化引起聽力損失，主要可分為感音性聽力損失和傳音性聽力損失。

（二）生理之危害：指因噪音而引起身體其他器官或系統的失調或異常，可能造成心跳加快、血壓升高，促使心臟血管疾病發生率增高以及導致腸胃不適及食慾不佳等症狀。

（三）心理之危害：噪音易使人難以入眠，更可能引起內分泌失調，進而引起情緒緊張、煩躁、注意力不集中等症狀。

噪音引起的聽力損失和一般老化的聽力損失有何不同？噪音除了造成聽力損失之外，還會造成那些影響？（25 分）　　【110 - 高考三級】

答

一、噪音引起的聽力損失和一般老化的聽力損失比較如下表：

	噪音引起的聽力損失	一般老化的聽力損失
成因	長期暴露高噪音環境對耳蝸的毛細胞造成傷害，而產生聽力損失。	雙耳耳蝸內毛細胞、前庭耳蝸聽神經細胞退化所致。
類型	感音性聽力損失	感音性聽力損失
特性	1. 易出現 3,000 ～ 6,000Hz 音頻的聽力損失，在 4,000Hz 處有一明顯的凹陷。 2. 如停止暴露於噪音環境，噪音引起的聽力損失通常也會停止而不再繼續。 3. 從從噪音暴露到產生永久性的聽力損失所需的誘導期約為半年以上。	1. 自 8,000Hz 往低頻方向遞損。 2. 與環境暴露與否較無關聯，聽覺神經自然退化。 3. 發病機轉複雜，可能有遺傳、疾病、耳毒性藥物或精神創傷等原因。

二、噪音對人體的影響，除了聽力損失外，包括以下事項：

（一）生理之危害：指因噪音而引起身體其他器官或系統的失調或異常，可能造成心跳加快、血壓升高，促使心臟血管疾病發生率增高以及導致腸胃不適及食慾不佳等症狀。

（二）心理之危害：噪音易使人難以入眠，更可能引起內分泌失調，進而引起情緒緊張、煩躁、注意力不集中等症狀。

> 試說明美國政府工業衛生師協會（American Conference for Governmental Industrial Hygienists, ACGIH）運用生理熱應變反應，規範高溫作業環境熱危害之準則內容。（20分）
>
> 【110 - 地特三等】

答

美國政府工業衛生師協會（ACGIH）針對熱危害作業環境管理，首先應評估熱危害發生時人員之衣著量，再推算在該衣著量下所感受熱壓力之 WBGT 值是否超越可接受上限，並進一步透過代謝率與排汗率等資料分析確認熱壓力之存在。最後透過熱應變評估決定是否採用一般控制手段或特別控制策略。

美國 ACGIH 在敘述高溫作業勞工之熱適應現象時，以肛溫作為代表說明核心溫度之變化，選擇肛溫作為代表的原因在於不易受測量點與環境之間熱交換之影響。而利用 WBGT 測量決定作業環境熱壓力，而後推論勞工作業可產生之代謝熱，評估勞工可能產生之熱負荷，相關生理熱應變反應須由具高度專業之風險評估專家進行。

美國政府工業衛生師協會針對作業環境熱危害所建立包含熱危害風險評估流程如下圖所示：

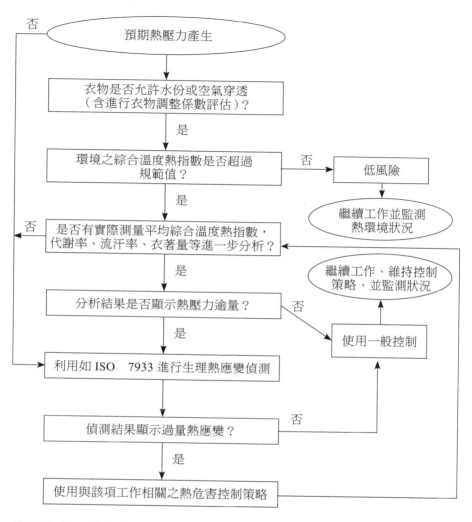

美國政府工業衛生師協會（ACGIH）針對作業環境熱壓力暴露所制定適用已熱適應勞工之閾限值（TLV®）及未熱適應勞工之管理水準（以綜合溫度熱指數 WBGT 值表示）及對應作息時間表如下：

作息循環中之工作時間比例度	TLV®（WBGT；°C）（已熱適應）				管理水準（WBGT；°C）（未熱適應）			
	輕度	中度	重度	極重度	輕度	中度	重度	極重度
75-100%	31.0	28.0	--	--	28.0	25.0	--	--
50-75%	31.0	29.0	27.5	--	28.5	26.0	24.0	--

作息循環中之工作時間比例度	TLV®（WBGT；℃）（已熱適應）				管理水準（WBGT；℃）（未熱適應）			
	輕度	中度	重度	極重度	輕度	中度	重度	極重度
25-50%	32.0	30.0	29.0	28.0	29.5	27.0	25.5	24.5
0-25%	32.5	31.5	30.5	30.0	30.0	29.0	28.0	27.0

【備註】

1. 本 TLV® 假設勞工每天工作 8 小時且一週工作 5 天，同時假設受暴露勞工已充分飲水、未服用藥物、穿著輕裝、且健康狀況一般良好。

2. 工作負荷量範例：
    (i) 休息：坐著（安靜或具適度的手臂動作）；
    (ii) 輕度工作：以站姿或坐姿控制機器駕駛；
    (iii) 中度工作：行進間適度抬舉與推 / 拉作業、以一般速度步伐行走、以站姿擦洗作業；
    (iv) 重度工作：鏟、挖、搬運、推 / 拉重物、以快步伐行走、木匠手工鋸切作業；
    (v) 極重度工作：以快至最快步伐於極高強度下作業、鏟濕沙。

請分別從工作內容及工作者特性兩個面向，說明評估「提舉」作業造成的肌肉骨骼危害需要考量之因素。（20 分）　【111 - 地特四等】

答

依據美國國家職業安全與衛生局（National Institute for Occupational Safety and Health, NIOSH）1991 人工抬舉指引，

建議重量極限 (RWL)：RWL = LC × HM × VM × DM × AM × FM × CM

抬舉指數 (LI)：LI = L / RWL

　　　L 代表負重 (load)

NIOSH 1991 之抬舉指數 (LI) 係指「抬舉負重」與「建議重量極限」之比值。整體而言，當 LI < 1 時，表示該抬舉作業並無下背傷害之風險；而當 LI > 1 時，則代表該抬舉作業具有傷害下背的潛在風險，必須予以研究和改善。

組成要素	公制	美制
LC = 負重常數值 （load constant）	23 kg	51 lb
HM = 水平乘數 （horizontal multiplier）	$25/H$	$10/H$
VM = 重直乘數 （vertical multiplier）	$1 - (0.003|V - 75|)$	$1 - (0.0075|V - 30|)$
DM = 距離乘數 （distance multiplier）	$0.82 + (4.5/D)$	$0.82 + (1.8/D)$
AM = 不對稱乘數 （asymmetric multiplier）	$1 - (0.0032.A)$	$1 - (0.0032.A)$
FM = 頻率乘數 （frequency multiplier）	查表 6.9	
CM = 偶合乘數 （coupling multiplier）	查表 6.10	

H：手部到兩腳踝中心點之水平距離，H < 25cm 時，HM = 1；H > 63cm 時 HM = 0

V：抬舉初時手部到地面的垂直距離，V > 175cm 時，VM = 0

D：抬舉時起始點和終點之間的垂直移動距離，D < 25cm 時，DM = 1；D > 175 cm 時，DM = 0，$0.85 \le DM \le 1$

A：非對稱角度，負重從矢狀面抬舉到終點的扭轉角度（度）

F：抬舉的平均頻率以每分鐘的抬舉次數衡量（lifts/min）

續上，從工作內容及工作者特性兩個面向，說明評估「提舉」作業造成的肌肉骨骼危害需要考量之因素如下表：

工作內容	工作者特性
1. 負重的水平位置	1. 性別
2. 抬舉的高度和範圍	2. 身高
3. 從地面抬舉的方法	3. 體型
4. 抬舉的頻率	4. 年齡
5. 非對稱抬舉	5. 單人／雙人
6. 物件的屬性（長、寬）	6. 肌力

某汽車組裝廠勞工在上午 4 小時暴露的作業環境噪音為 90 分貝，下午 4 小時配戴個人噪音劑量計測得的結果為 30%，在五分貝法的情況下，請問：

一、該勞工整天 8 小時的噪音暴露劑量為何？（5 分）

二、此噪音暴露劑量相當於多少分貝的 8 小時日時量平均音壓級？（10 分）

三、該作業環境是否屬於噪音作業場所，理由為何？（5 分）

【111 - 地特四等】

答

一、$SPL_{下午} = 16.61 \times log \dfrac{D(\%)}{12.5 \times t} + 90 = 16.61 \times log \dfrac{30}{12.5 \times 4} + 90 = 86 dBA$

實際暴露時間	噪音量	容許暴露時間 T
4 hr	90 dBA	$T = \dfrac{8}{2^{\frac{90-90}{5}}} = 8hr$
4 hr	86 dBA	$T = \dfrac{8}{2^{\frac{86-90}{5}}} = 14hr$

$$Dose = \left(\dfrac{t_1}{T_1} + \dfrac{t_2}{T_2} \right) \times 100\% = \left(\dfrac{4}{8} + \dfrac{4}{14} \right) \times 100\% = 78.6\%$$

二、$SPL_{全日} = 16.61 \times log \dfrac{D(\%)}{12.5 \times t} + 90 = 16.61 \times log \dfrac{78.6}{12.5 \times 8} + 90 = 88dBA$

三、依據職業安全衛生法施行細則第 17 條第 2 項第 3 款及勞工作業環境監測實施辦法第 7 條第 3 款規定,勞工噪音暴露工作日 8 小時日時量平均音壓級 85 分貝以上之作業場所,應每 6 個月監測噪音一次以上;另依職業安全衛生設施規則第 300 條之 1 規定,雇主對於勞工 8 小時日時量平均音壓級超過 85 分貝或暴露劑量超過 50% 之工作場所,應採取聽力保護措施,是以,本題全日噪音暴露劑量達 78.6%,已屬於前開法令規定之噪音作業場所。

某一室內作業場所使用吸音材料控制場所噪音音壓級,試下列問題回答

一、 請定義吸音材料之吸音係數(α)並說明吸音材料之吸音係數會受到那些因子影響?(10 分)

二、 若該室內場所之四面牆面積分別為 S1、S2、S3 及 S4,天花板面積為 S5,假設牆面及天花板所選擇之吸音材料其吸音係數分別為 αw 及 αc,試問室內之總聲音吸收(A_T)為何?又假設該室內場所所設置吸音材料前後之總聲音吸收分別為 A_T1 及 A_T2,試問該室內場所吸音材料設置前後之音壓級差(△LP)為何?(15 分)

【112 - 高考三級】

答

一、吸音係數之定義為對於入射音能量扣除反射音能量除以入射音能量之比值,亦即吸收音能佔入射音能的百分比。又入射音能量扣除反射音能量表示所有不反射聲音之能量,亦即被材料吸收與穿透之能量和,故可寫成下式:

$$\alpha = \frac{I_i - I_r}{I_i} = \frac{I_a + I_t}{I_i}$$

吸音係數介於 0 ～ 1 之間，如果為 1 代表著聲音撞擊到物體表面後被完全吸收了，沒有任何反射，如果吸收係數為 0 則代表著聲音被完全反射了，沒有任何吸收。

吸音材料之吸音係數除了受到本身材質之影響，也隨入射音頻率及入射角度而有所不同。通常多孔及纖維性吸音材料（如：海綿、玻璃棉等）之吸音係數比較高，而質地堅硬如混凝土，其吸音係數較低。

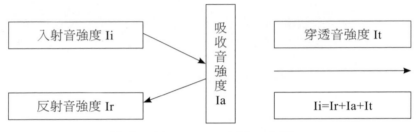

聲波反射、吸收和穿透示意圖

二、本題並未敘明地板之面積與吸音材料之吸音係數，假設與天花板相同，則室內之總聲音吸收（A_T）計算如下式：

$$A_T = \bar{\alpha} S = \sum_{i=1}^{n} \alpha_i S_i = \alpha_w \left(S_1 + S_2 + S_3 + S_4 \right) + 2\alpha_c S_5$$

又假設該室內場所所設置吸音材料前後之總聲音吸收分別為 A_{T1} 及 A_{T2}，該室內場所吸音材料設置前後之音壓級差（ΔL_p）計算如下式：

$$L_{p1} = L_w + 10\log \frac{4}{A_{T1}}$$

$$L_{p2} = L_w + 10\log \frac{4}{A_{T2}}$$

$$\therefore L_p = L_{p2} - L_{p1} = 10\log \frac{4}{A_{T2}} - 10\log \frac{4}{A_{T1}} = 10\log \frac{A_{T1}}{A_{T2}}$$

> 參考職業安全衛生署「人因性危害預防計畫指引」，請列舉 5 個肌肉骨骼傷病之人因工程分析工具，並說明主要評估部位。

答

依據「人因性危害預防計畫指引」表四，常見肌肉骨骼傷病之人因工程分析工具如下列：

分類	評估工具	評估部位
上肢	簡易人因工程檢核表	肩、頸、手肘、腕、軀幹、腿
	Strain Index	手及手腕
	ACGIH HAL-TLV	手
	OCRA Checklist	上肢，大部分手
	KIM-MHO (2012)	上肢
	OCRA Index	上肢，大部分手
	EAWS	肩、頸、手肘、腕、軀幹、腿
下背部	簡易人因工程檢核表	肩、頸、手肘、腕、軀幹、腿
	KIM-LHC	背
	KIM-PP	背
	NIOSH Lifting eq.	背
	EAWS	肩、頸、手肘、腕、軀幹、腿
全身	RULA, REBA	肩、頸、手肘、腕、軀幹、腿
	OWAS	背、上臂和前臂
	EAWS	肩、頸、手肘、腕、軀幹、腿

為預防物流業人工物料搬運所造成的職業性下背痛（low-back pain），應採取那些對策？

答

物流業勞工為預防人工物料搬運所造成的職業性下背痛，應採取之對策如下列：

一、設施管理（工程改善）方面

（一）減少物料的體積、重量與所需施力範圍。

（二）應用抬舉桌、台、車、吊車、怪手、輸送帶等輔助器具，以取代人工抬舉、輸送。

（三）改善作業空間配置，以降低物料搬運的距離。

（四）改善設備及流程，以自動進料系統、輸送帶取代人工搬運。

（五）保持工作環境的整潔，以減少不必要的物料移動。

二、行政管理方面

（一）作業方法之教育訓練。

（二）縮短工時、適當休息、工作輪調。

（三）提供個人防護具等。

三、環境管理方面

（一）作業場所維持平坦、防止滑倒。

（二）提供適當照明、整理整頓。

四、健康管理方面

（一）定期健康檢查。

（二）工作前之健身體操。

五、預防保健方面

    （一）培養經常運動習慣。

    （二）保持正確之姿勢。

人工物料搬運與下背痛之關連性？

答

NIOSH 係根據流行病學、生理學、心理物理法與生物力學等四種不同學理而發展其搬運公式，除流行病學外，該公式有相當明確之理論依據。生物力學上，該公式所建議之安全重量係考慮下背脊椎間（L5/S1；第五腰椎與第一薦椎間盤）壓迫力之安全容忍範圍內（< 3,400N）；生理學上，該公式考慮生理代謝能量速率在一定範圍內（< 3.5Kcal/min）；而心理物理法則保證人群中有一定比例之人口（99％之男性與 75％之女性）能接受該公式所建議之搬運物重。

依據前述理論，人工物料搬運中之彎腰的搬運姿勢、工作時間過長及無習慣規律運動為主要造成下背痛之危險因子，若無適當之工程改善、行政管理等安全衛生措施，則會造成下背痛等人因性傷害。

一、試述作業環境中穩定性噪音、變動性噪音和衝擊性噪音的測定方法及測定時應注意事項？

二、試從作業環境工程管理與作業管理等面向，說明預防噪音危害之基本原則或方法？

答

一、作業環境中穩定性噪音、變動性噪音和衝擊性噪音的測定方法及測定時應注意事項：

    （一）穩定性噪音：噪音變化起伏不大時，稱之穩定噪音

        測定方法：以噪音劑量計量測或噪音計測定。

此類噪音在測定時，除了要注意測定位置選擇外，對於所測定之記錄數值，或噪音計之指示值測定 5 至 10 秒讀取其平均值即可。

（二）變動性噪音：噪音變化是不規則且起伏相當大時，稱之為變動性噪音。

測定方法：以噪音劑量計量測或噪音計測定。

此類噪音在測定時，除了要注意測定點之選擇外，對於測定的噪音數據，可依均能音量求得。

（三）衝擊性噪音：當一噪音之繼續時間在 1 秒以下時，稱為衝擊性噪音。

測定方法：應先以示波器檢核該噪音是否符合衝擊性噪音之定義，再進行測定其峰值音壓級與暴露劑量。

衝擊性噪音之測定包括二種情形：

第一種情形：特定衝擊噪音採用可測衝擊性噪音之噪音計，測定最大噪音量，測定結果應同時附上噪音之發生次數。

第二種情形：含有衝擊噪音之環境噪音：除非另有特別規定，否則其測定方法與變動噪音均能音量之求法相同。

二、預防噪音危害之基本原則或方法：

（一）工程管理面有二：噪音源防制和傳音途徑防制。

　　1. 噪音源防制：增設避震器、減少摩擦、振動、撞擊、共振體及減少高速氣流、汰換老舊設備、定期維護保養等。

　　2. 傳音途徑防制：設置隔音設施、使用吸音設施、利用遠端搖控等。

（二）作業管理面有二：行政作業管制和人員防護。

  1. 行政作業管理：作業適度調整、暴露時間管理、機械設備使用時間管理。

  2. 人員防護：執行聽力防護計畫、實施聽力健康檢查、佩戴聽力防護具。

當有部分工作場域屬噪音作業場所，應訂定聽力保護計畫以保護勞工免於聽力危害，試敘述聽力保護計畫之具體內容為何？

答

對於勞工 8 小時日時量平均音壓級超過 85 分貝或暴露劑量超過 50% 之工作場所，屬職安法所稱特別危害健康作業場所，依規定必須實施特殊體格檢查，選配適當作業勞工，為防止噪音引起的健康危害，避免聽力損失，我國採用 85 分貝為管理水準（action level）規定要實施聽力保護計畫。聽力保護計畫一般具備下列內容：

一、噪音監測及暴露評估：利用科學方式監測勞工作業環境之噪音值（劑量），藉以評估作業勞工噪音暴露實態。

二、噪音危害控制：藉由工程控制及行政管理等策略，使勞工降低噪音暴露。

三、防音防護具之選用及佩戴：讓勞工瞭解聽力防護具的正確使用方法。

四、聽力保護教育訓練：讓勞工瞭解聽力保護計畫的內容。

五、健康檢查及管理：定期健康檢查並追蹤，實施健康管理，選配適任勞工。

六、成效評估及改善：定期評估檢討計畫成效，並適時修正計畫內容。

5

職業衛生危害控制

夏季期間勞工於戶外烈日下從事工作，如未採取適當措施，可能發生熱疾病，試回答下列問題：

一、 熱衰竭及中暑為常見之熱疾病，試分述其原因及主要症狀。

二、 請列舉 5 種可採行之預防措施，以防範勞工於高氣溫環境引起之熱疾病。

答

一、熱衰竭及中暑之原因及主要症狀如下：

（一）熱衰竭：

定義：在熱環境中，體內水分與鹽份流失過多，體內的循環系統無法維持正常功能時，呈現休克的狀態。

症狀：皮膚濕冷、蒼白；精疲力盡、虛弱無力。

（二）中暑：

定義：因長時間陽光曝曬或處在高溫的環境中，體溫調節機轉失去作用，致體溫上升。

症狀：皮膚乾熱、潮紅、流汗不多、體溫超過 40.5°C；暈厥、昏迷、癲癇發作、失序、暴躁。

二、防範勞工於高氣溫環境引起熱疾病，可採取之預防措施如下列：

（一）工程改善：

設置熱屏障、高溫爐壁的絕緣、熱屏障表面（靠熱源端）覆以金屬反射板、以通風換氣降低作業環境空氣溫度。

（二）限制熱暴露量：

減少每人的熱暴量、多增人手以減少每人的熱暴露量、高溫作業儘可能安排於一天中較涼爽的時段、監督人員或安全衛生訓練以利熱危害症狀的早期發現並提高警覺性。

（三）適當休息：

提供有空調的低溫休息區（不得低於 24℃）、輪班制度調配使勞工休息時間增加。

（四）個人防護具：

提供具有冷卻效果的熱防護衣、局部防護具及呼吸熱交換器等。

（五）其他：

藉體格檢查來建立選工及配工制度、尚未適應熱環境的新僱勞工需多加照應、飲水的補充以防脫水、是否有降低熱容度的非職業性習慣如喝酒或肥胖。

---

110 年我國因 COVID-19 疫情爆發，影響各行各業，針對以下情境，試敘述您的看法？

一、疫情期間，雇主指派勞工居家工作，如何保障勞工的職業安全衛生？

二、居家工作發生如跌倒、燙傷等意外事故，是否屬職業安全衛生法之職業災害？是否需 8 小時內通報勞檢機構？

三、勞工因疫情因素居家辦公，在家工作時如發生職業災害並通報，或提出申訴時，勞動檢查機構要如何進行檢查？

四、各醫療院所紛紛傳出工作人員遭受感染，如果因為從事工作而感染 COVID-19 確診住院治療，是否屬職業安全衛生法之職業災害？是否需 8 小時內通報勞檢機構？

答

一、應依職業安全衛生法第 5 條第 1 項規定，雇主使勞工從事工作，應在合理可行範圍內，採取必要之預防設備或措施，使勞工免於發生職業災害。實務上，雇主可參考現行安全衛生相關法令、指引、實務規範或一般社會通念，就勞工在家所從事之工作，評估

可能導致其生命、身體及健康遭受危害之各種情形，採取必要之安全衛生設備或措施。

二、屬職業安全衛生法之職業災害，並需 8 小時內通報勞檢機構，說明如下：

（一）依職業安全衛生法第 2 條第 5 款就職業災害之定義，係指因勞動場所之建築物、機械、設備、原料、材料、化學品、氣體、蒸氣、粉塵等或作業活動及其他職業上原因引起之工作者疾病、傷害、失能或死亡。復依同法第 37 條第 2 項規定，事業單位勞動場所發生死亡、罹災人數在 3 人以上、罹災人數在 1 人以上且需住院治療之職業災害，雇主應於 8 小時內通報勞動檢查機構。

（二）受疫情影響，如勞工受雇主指派於居家工作，因提供勞務而導致發生跌倒或燙傷等災害，其罹災原因與其從事工作間具相當因果關係者，為該法所定之勞動場所職業災害，如勞工因此需住院治療，雇主應於明知或可得而知已發生職業災害之事實起 8 小時內通報當地勞動檢查機構。

三、勞工因應疫情受雇主安排居家工作，因其工作環境屬勞工家庭生活之私領域範圍，其設施亦非雇主提供，如發生疑似職業災害或提出申訴時，勞動檢查機構接獲通報或受理申訴案件後，可透過與雇主、勞工及有關人員進行訪談及相關事證調查等方式，實施檢查，並依法處理。

四、屬職業安全衛生法之職業災害，惟毋須於 8 小時內通報勞檢機構，說明如下：

（一）勞工因作業活動及伴隨活動衍生，於就業上一切必要行為及其附隨行為而具有相當因果關係所引起之疾病，屬職業安全衛生法之職業災害。例如醫院醫師、護理人員、醫療技術人員等，因診治、照顧可能染疫者而遭感染，及醫院工友、監護工於工作場所染疫者，均屬之。

（二）依傳染病防治法相關規定，醫師發現傳染病或事業負責人等發現疑似傳染病病人時，應報告或通知當地主管機關，再由地方主管機關報告中央主管機關（衛生福利部）。是以，基於特別法優先適用原則及配合整體防疫政策，如有醫療機構或事業單位勞工於執行業務而感染 COVID-19 之災害，已依傳染病防治法通報而需隔離住院治療或處置者，不予追究職業安全衛生法第 37 條第 2 項所定通報職業災害之責任。惟類此案件，雇主仍應遵守勞動相關法令，維護勞工職業災害保障之權益。

5-3 通風控制技術與效能評估及管理

勞工工作場所應使空氣充分流通，除應足以調節新鮮空氣、溫度及降低有害物濃度外，其對於一般性的換氣標準規範為何？
（20 分） 【105 - 公務高考】

答

一、依據「鉛中毒預防規則」第 32 條規定，雇主使勞工從事第 2 條第 2 項第 10 款規定之作業，其設置整體換氣裝置之換氣量，應為每一從事鉛作業勞工平均每分鐘 1.67 立方公尺以上。

二、依據「職業安全衛生設施規則」第 312 條規定，雇主對於勞工工作場所應使空氣充分流通，必要時，應依下列規定以機械通風設備換氣：

工作場所每一勞工所佔立方公尺數	未滿 5.7	5.7 以上未滿 14.2	14.2 以上未滿 28.3	28.3 以上
每一分鐘每一勞工所需之新鮮空氣之立方公尺數	0.6 以上	0.4 以上	0.3 以上	0.14 以上

三、依據「有機溶劑中毒預防規則」第 15 條規定，雇主設置之整體換氣裝置應依有機溶劑或其混存物之種類，計算其每分鐘所需之換氣量，具備規定之換氣能力。

消費之有機溶劑或 其混存物之種類	換氣能力
第一種有機溶劑或其混存物	每分鐘換氣量＝作業時間內一小時之有機溶劑或其混存物之消費量 ×0.3
第二種有機溶劑或其混存物	每分鐘換氣量＝作業時間內一小時之有機溶劑或其混存物之消費量 ×0.04
第三種有機溶劑或其混存物	每分鐘換氣量＝作業時間內一小時之有機溶劑或其混存物之消費量 ×0.01

註：表中每分鐘換氣量之單位為立方公尺，作業時間內一小時之有機溶劑或其混存物之消費量之單位為公克。

請說明局部排氣的原理、目的、構造組成與使用時機。（20 分）

【105 - 地特三等】

答

一、局部排氣的原理；

局部排氣係於污染物發生源即將污染物吸收捕集後加以排除的通風方式。類似家用吸塵器，利用貼近於污染源的氣罩吸入含有污染物的髒空氣，將這些髒空氣沿著輸送管輸送到空氣濾清器進行過濾。過濾後的排出氣體由風扇機吸入口吸入，再輸送到屋頂的排氣道排出室外大氣。

二、局部排氣的目的：

（一）維持作業場所之舒適

（二）排除有害物

（三）防止火災爆炸

（四）維持良好空氣品質

（五）補充新鮮空氣

三、局部排氣裝置係由氣罩、吸氣導管、空氣清淨裝置、排氣機、排氣導管及排氣口所組成。

（一）氣罩

氣罩依發生源與氣罩之相關位置及污染物之發生狀態。可分為包圍型、崗亭型、外裝型、接收型及吹吸型換氣裝置等五種。

（二）導管

導管包括污染空氣自氣罩經空氣清淨裝置至排氣機之輸送管路（吸氣導管）及自排氣機至排氣口之輸送管路（排氣導管）兩大部分。

（三）空氣清淨裝置

空氣清淨裝置有除卻粉塵、燻煙等之除塵裝置及除卻氣體、蒸氣等之廢氣處理裝置兩大類。

（四）排氣機

排氣機為局部排氣裝置之動力來源，其功能在使導管內外產生不同之壓力以此帶動氣流。一般常用之排氣機有軸流式與離心式兩種。

四、局部排氣裝置的使用時機：

（一）產生大量有害物的工作場所。

（二）有害物的毒性高或為放射性物質。

（三）有害物進入空氣中的速率快，且無規律。

（四）在一隔離的工作場所或有限的工作範圍。

現行職業安全衛生相關法規中，對於通風設施之管理可概分為設置、性能要求與使用管理等面向，這些預防標準 40 年來依據法規原則及產業狀況需要進行調整，請說明如何做策略上的修正，可讓職業衛生專業依據作業環境現場狀況，採取彈性措施達到法規保護勞動工作者之目的。（25 分） 【106 - 公務高考】

答

目前國內職業安全衛生相關法規中，並沒有針對工業通風裝置訂定獨立之子法規範，有關工業通風的要求散見於各規則、辦法或標準等子法中，包括職業安全衛生設施規則、有機溶劑中毒預防規則、鉛中毒預防規則、四烷基鉛中毒預防規則、粉塵危害預防標準、特定化學物質危害預防標準、職業安全衛生管理辦法等。大致上條文規定臚列如下：(1) 專人設計。(2) 有效運轉。(3) 氣罩接近發生源。(4) 縮短導管長度、減少彎曲數目，且應於適當處所設置易於清掃之清潔口與測定孔。(5) 設置有除塵裝置或廢氣處理裝置者，其排氣機應置於各該裝置之後。(6) 排氣口，應設置於室外。(7) 落實自動檢查。

關於上述工業通風相關法令部分條文尚缺乏定量上的定義，除造成事業單位無所依循外，亦同時造成控制時之困擾。

確保通風排氣裝置之有效性，建議通風管理針對設置前、設置、使用管理三階段，包括作業環境現場狀況與通風需求等相關資料蒐集、依據現況與通風原理設計有效之通風系統、施工設置後驗收、以及運轉後的性能維護保養與評估等，透過檢核表及文件化資料，搭配執行及監測之技術，落實適當通風設施之設置與管理。

人體呼吸的流量平常狀況下，潮氣量（Tidal volume）約為 500 cc，呼吸頻率（Breathing frequency）約為 12 次／分微粒，此時呼吸流量也不過 6 升／分，請說明為何一般電動送風呼吸防護具的設計送風量都超過 100 升／分。（25 分） 【106 - 公務高考】

答

淨氣式呼吸防護具可分為無動力式（或肺力式）與動力式（或電動送風式）兩種。肺力式呼吸防護具完全依靠配戴者自己的肺呼吸力提供呼吸所需要的空氣，而電動送風式呼吸防護具則是以攜帶型送風機等裝備提供呼吸氣流。肺力淨氣式呼吸防護具的濾材裝置，一般多裝置在面體的前方或兩側，而電動送風式呼吸防護具的濾材裝置一般則多是裝置在配戴者的腰部。

一般來說，肺力式呼吸防護具多為「負壓式」，為保持防護具內負壓狀態，故多需將防護具與面體緊密貼合。

而電動送風式呼吸防護具則是「正壓式」，對於防護具與面體之密合度要求不高，因此人體呼吸的流量平常狀況下呼吸流量也不過 6 升／分，但是為了保持面體內吸氣時，能夠維持大於大氣壓力的「正壓」，故一般電動送風呼吸防護具的設計送風量都超過 100 升／分。

試描述在一完全均勻混合空間（well-mixed room, WMR），當存在有一具穩定釋放率 generation rate）之蒸氣狀化學性因子時，該空間內勞工對該化學性因子之暴露推估模式為何？請自行設定與模式推估有關之因子及相關假說，並進行暴露推估模式之推導。（20 分） 【107 - 公務高考】

答

一、在一完全均勻混合空間，當存在有一具穩定釋放率之蒸氣狀化學性因子時，該空間內勞工對該化學性因子之暴露推估模式為「完全混和模式」，因為其假設作業環境中空氣是完全均勻混和不斷向四周逸散至整個空間，且濃度呈現均勻狀態。

二、「完全混合模式」暴露推估模式之家設條件如下列：

（一）有害物具有穩定之釋放率。

（二）空間內之氣體混和均勻。

（三）僅使用整體換氣方式排出有害物。

（四）空間內的有害物性質均一。

（五）稀釋氣流中所含有害物質的量允以略過不計。

三、假設室內有害物濃度成均勻分佈，根據均勻混合模式（well-mixing model）室內有害物的濃度變化為

$$V \frac{dC}{dt} = QC_0 - QC + G$$

其中 V 為室內體積，C 為有害物濃度，t 為時間，dC/dt 為有害物濃度變化率，Q 為換氣量（或通風量），C_0 為大氣中既有的有害物濃度（如二氧化碳之 $C_0 = 300 \sim 400$ ppm），G 為室內有害物發生率。於是，在一定換氣量（或通風量）Q 下，有害物平衡濃度應為

$$C = C_0 + \frac{G}{Q}$$

由上式可知，欲將室內有害物濃度控制在一定的濃度 C 之下，整體換氣裝置所提供的必要換氣量必須為

$$Q = \frac{G}{C - C_0}$$

某作業場所中之三氯乙烷（PEL-TWA＝350 ppm）以每分鐘 6 mg 之速率揮發至空氣中；在 25°C1 大氣壓下，若欲維持該場所空氣中三氯乙烷濃度不得超過 0.5 PEL-TWA 之水準，試問所需之理論與實際換氣量（Q, m³/min）至少各為何？假設該工作場所之不均勻混和係數 K 為 5；原子量 H＝1，C＝12，Cl＝35.5。（25 分）

【109 - 公務高考】

答

一、依題意，本題污染物為三氯乙烷，屬有機溶劑中毒預防規則附表一所稱第二種有機溶劑，依同規則第 15 條第 2 項規定，所設置整體換氣裝置之換氣能力，以下式計算：

$$Q_1 = W\left(g/hr\right) \times 0.04$$

$$W = 6 \times 10^{-3} \div \left(\frac{1}{60}\right) = 0.36\left(g/hr\right)$$

$$Q_1 = 0.36 \times 0.04 \cong 1.4 \times 10^{-2} \left(m^3/min\right)$$

二、$Q = \dfrac{24.45 \times 1000 \times W}{60 \times C \times M}$

W = 0.36(g/hr)

C = 0.5×350 = 175 ppm

M = 12×2+1×3+35.5×3 = 133.5 代入

$$Q_2 = \frac{24.45 \times 1000 \times 0.36}{60 \times 175 \times 133.5} \cong 6.3 \times 10^{-3} \left(m^3/min\right)$$

$$Q_3 = 5 \times Q_2 \cong 3.2 \times 10^{-2} \left(m^3/min\right)$$

$Q_3 > Q_2$ 依安全性考量取大值，該場所所需實際換氣量以

$3.2 \times 10^{-2} \left(m^3/min\right)$ 為宜。

工廠內進行鋼筋電銲作業時，以鐵製抽風風罩（圓形氣罩開口，直徑為 0.3 m）抽引燻煙，進行後續污染處理。為瞭解電銲時燻煙的有效吸引情況，需先測量抽風罩口的風速和靜壓，再判斷風罩有效抽引狀況。㈠請說明市面上可使用之風速量測儀器，並說明最適用於上述量測風速 的最佳測試儀器及原因。（10 分）

僅在風罩正中心點，量測出之動壓為 1.2 mm 水柱；靜壓為 -8.2 mm 水柱，風罩入口溫度為攝氏 85 度，請計算此抽風罩的風速（m/sec）和風量（m³/min）為何？請用三位有效數字。（10 分）

依據量測結果，是否有效抽引電銲燻煙？請說明評估和建議方式，以 及其他相關假設條件。（5 分）　　　　　　　【111 - 地特三等】

答

一、目前市面上可使用之風速量測儀器如下表：

儀器名稱	原理	特性
皮托管（Pilot Tube）	由二同心圓管所組成，內管開口中心軸對準氣流，為測定全壓用；外管則測定靜壓，兩管分別接於差壓計上，兩者壓力之差即為動壓，經公式換算可得風速。	1. 測定風管內部風速。 2. 耐腐蝕。 3. 常用於測定風管內部的動壓。 4. 在低風速時，受限於動壓值較小，無法精確量測出微小的壓力。
熱線式風速計（Thermal Anemometer）	依據電阻隨溫度變化而改變之原理設計而成。將一支溫度計置於感測器內部，另一支以細金屬元件形式暴露於空氣中，當給予電壓時，金屬線產熱，熱被氣流帶走的熱量與風速成正比，因此可測得風速值。	1. 準確性高。 2. 可量測 0.3 m/sec 以下之低風速。

儀器名稱	原理	特性
熱偶式風速計（Heat Thermocouple Anemometer）	利用空氣流動經過被加熱物體，被帶走之熱量與通過風量成正比之關係，而設計之風速計。	1. 粉塵或腐蝕性氣體可能導致探測器受損。 2. 可測定氣罩、狹縫、格柵等風速。
風葉型風速計（Rotating Vane Anemometer）	利用風力通過風葉產生轉動轉換為電流訊號，經由風速計內部元件計算呈現風速值。	1. 體積較大。 2. 非針狀或點狀之測定儀器，不適用於風管內之風速測定。 3. 適合測定大開口面之風速。

　　從題意得知，本題屬氣罩風速測定，經查上表可知本題較適合以熱偶式風速計測量之。

二、本題特別強調風罩入口溫度為攝氏 85 度，因為要修正空氣密度，而水密度之變化與空氣密度相比幾乎可忽略不計，所以本題著重在空氣密度隨溫度修正之計算。而 20°C 空氣密度為 1.2 kg/m³

依理想氣體方程式可知，空氣密度與溫度間成反比關係。

$$\frac{\rho_{a,T1}}{\rho_{a,T2}} = \frac{T_2}{T_1}$$

$$\frac{1.2}{\rho_{a,T2}} = \frac{273+85}{273+20} = \frac{358}{293}$$

$$\rho_{a,T2} = 0.982$$

動壓量測以全壓（點 1，風管中間）扣除靜壓（點 2，管壁底部）得到動壓，依照伯努利方程式，

$$P_2 = P_1 + \frac{\rho_a V^2}{2}$$

$$P_2 - P_1 = \frac{\rho_a V^2}{2} = Pv$$

$$\frac{\rho_a V^2}{2} = \rho_w \times g \times h_w$$

$$Pv = h_w = \frac{\rho_a V^2}{2\rho_w g}$$

$$Pv = \frac{1000 \times 0.982 \times V^2}{2 \times 1000 \times 9.8}$$

$$V = 4.47 \times \sqrt{P_v} = 4.47 \times \sqrt{1.2} = 4.90 m/sec$$

$$A = \frac{\pi}{4} \times d^2 = \frac{\pi}{4} \times (0.3)^2 = 0.0707 m^2$$

$$Q = A \times V = 0.0707 \times 4.90 = 0.346 \frac{m^3}{sec} = 21.2 \frac{m^3}{min}$$

三、（一）依照 ACGIH,2010 指引建議捕捉風速之適用範圍，用於電銲作業之氣罩捕捉風速建議在 0.5~1.0 m/sec，本題計算結果風速高達 4.9 m/sec，遠大於上述建議值範圍，理論上可有效補集污染物；但過大的風速可能產生紊流，且較為耗能，建議可調整至建議範圍即可。

（二）另本題假設條件為：

1. 忽略高度造成壓力差之因素（伯努利方程式之假設）。

2. 水密度不因溫度改變。

針對局限空間，請回答下列問題：

一、 局限空間之定義、特性和依據危害程度區分之主要類別，請說明之。（10 分）

二、 請舉一例，依據此局限空間之危害程度的類別，說明施工前、中、後的特殊性安全考量和危害預防機制。（15 分）

【111 - 地特三等】

答

一、局限空間

定義	依據職業安全衛生設施規則第 19 條之 1 規定，局限空間係指： 1. 非供勞工在其內部從事經常性作業； 2. 勞工進出方法受限制； 3. 且無法以自然通風來維持充分、清淨空氣之空間。
特性	1. 普遍存在於各行各業且類型多元，例如下水道、廢（污）水槽、坑井、塔槽…等。 2. 因屬非經常性作業場所，造成雇主及勞工易輕忽其危害性。 3. 該等場所進出受限致救援不易，如發生職業災害往往造成多人死傷。 4. 罹災者除作業相關之勞工、承攬商、雇主外，甚至包括救援人員。 5. 該危害環境多為缺氧或存有毒性氣體，無法靠自身之嗅覺或味覺辨識其危害，易造成作業人員危害意識不足而未確實實施通風換氣及採取作業環境測定等措施。

危害類別	1. 缺氧危害：氧氣濃度未滿 18%
	2. 化學性危害
	   2.1. 硫化氫：大於 10 ppm
	   2.2. 一氧化碳：大於 35 ppm
	   2.3. 有機溶劑中毒（例如：甲苯、二甲苯等）

5

職業衛生危害控制

3. 火災爆炸危害：易燃液體之蒸氣或可燃性氣體濃度（LEL）達爆炸下限值大於 30%。

4. 物理性危害

   4.1. 感電

   4.2. 墜落

   4.3. 機械傷害

   4.4. 其他（例如：鄰接道路作業車輛突入危害等）

二、以某電信公司人孔維修作業為例，作業前、中、後之特殊性安全考量和危害預防機制如下表：

作業前	作業中	作業後
1. 確實設置交通引導人員及交通號誌、標示等警示設施（如三角錐、連桿及電動棋手等）。 2. 確實將局限空間注意事項公告於作業場所入口處。 3. 缺氧作業主管實施現場危害告知及工具箱會議（Tool-Box Meeting）。 4. 確實檢點所置備之工具，包括通風換氣裝置、四用偵測器、空氣呼吸器、救援設備（三腳架）、安全帽、背負式安全帶等。	1. 開啟人孔後，立即蓋上防墜護蓋。 2. 架設三腳架並掛上捲揚式防墜器，以完成救援設備。 3. 進入局限空間作業時，應確實實施通風換氣並確認氧氣濃度應在 18% 以上、硫化氫 10 ppm 以下、一氧化碳 35 ppm 以下、LEL30% 以下，並確實記錄，方可使施工人員進入人孔進行作業。 4. 作業人員應確實穿戴個人防護具（如安全帽、背負式安全帶等）。 5. 作業人員進入許可應由現場作業主管確認，並由作業人員簽名後，方可使勞工進入作業。 6. 設置之照明設備，應具有防爆性能。 7. 從事動火作業前，應確認無危害發生之虞，並簽署動火作業許可後，始得作業。	1. 作業人員離開局限空間後，應由作業主管確認登記並由施工人員簽名。 2. 撤回設備後，立即蓋上防墜護蓋，以防止人員墜落。 3. 掀起防墜護蓋，使用人孔蓋啟閉器將人孔蓋回。 4. 相關器材撤離時，仍應設置交通引導人員指揮交通，避免發生意外。

某正己烷（第二種有機溶劑）工作場所室內的長、寬、高分別為 6 米、5 米、4 米，依據有機溶劑中毒預防規則的規定，設置之整體換氣裝置應具備之換氣能力為多少 m3/min ？（20 分）

【111 - 地特四等】

答

一、依據有機溶劑中毒預防規則附表一，正己烷屬於第二種有機溶劑。本題未告知正己烷消費量 (g/hr)，故假設以作業場所氣積換算容許消費量為正己烷消費量。

二、依同規則附表二規定

有機溶劑或其混存物之種類	有機溶劑或其混存物之容許消費量
第一種有機溶劑或其混存物	容許消費量 = 1/15 × 作業場所之氣積
第二種有機溶劑或其混存物	容許消費量 = 2/5 × 作業場所之氣積
第三種有機溶劑或其混存物	容許消費量 = 3/2 × 作業場所之氣積
(1) 表中所列作業場所之氣積不含超越地面 4 公尺以上高度之空間。	
(2) 容許消費量以公克為單位，氣積以立方公尺為單位計算。	
(3) 氣積超過 150 立方公尺者，概以 150 立方公尺計算。	

三、工作場所室內氣積 $= 6 \times 5 \times 4 = 120 \ m^3$

第二種有機溶劑容許消費量 $= 2/5 \times 120 = 48$ (g/hr)

四、依同規則附表四規定

消費之有機溶劑或其混存物之種類	換氣能力
第一種有機溶劑或其混存物	每分鐘換氣量 = 作業時間內一小時之有機溶劑或其混存物之消費量 ×0.3
第二種有機溶劑或其混存物	每分鐘換氣量 = 作業時間內一小時之有機溶劑或其混存物之消費量 ×0.04
第三種有機溶劑或其混存物	每分鐘換氣量 = 作業時間內一小時之有機溶劑或其混存物之消費量 ×0.01

5

職業衛生危害控制

註：表中每分鐘換氣量之單位為 m³，作業時間內一小時之有機溶劑或其混存物之消費量之單位為 g。

五、每分鐘換氣量＝作業時間內一小時之有機溶劑或其混存物之消費量 ×0.04 ＝ 48×0.04 ＝ 1.92 m³/min

作者按：此題未提供正己烷之消費量，依據有機溶劑中毒預防規則的規定，設置之整體換氣裝置應具備之換氣能力應依同規則附表四規定設置：每分鐘換氣量＝作業時間內一小時之有機溶劑或其混存物之消費量 × 係數，詳如步驟四。

試說明氣罩進入係數（hood entry coefficient, C_e）之意義。假設 C_{hood} 為導管對氣罩之進入損失係數（duct entry loss coefficient for hood），試證明下列公式：（25 分） 【112 - 高考三級】

$$C_{hood} = \frac{1 - C_e^2}{C_e^2}$$

答

一、氣罩進入係數（hood entry coefficient, C_e）：表示氣罩對壓力損失之影響，係量測空氣進入氣罩後，能將靜壓轉換為動壓之效率，換句話說，在某一特定靜壓下，氣罩入口實際體積流率對理想體積流率（所有靜壓 100% 轉換為動壓）之比值。

$$C_e = \frac{Q_{實際流率}}{Q_{理想流率}} = \sqrt{\frac{P_V}{|P_{S,h}|}} = \sqrt{\frac{動壓}{氣罩靜壓}}$$

二、承上式，如果是一個完全沒有阻抗的理想氣罩，$C_e = 1.0$，但實際狀況不太可能發生，所以任何氣罩都會出現進入壓力損失（entry loss of hood, he）。進入壓力損失以所佔動壓的分率表示之，即 he ＝ C_{hood}×Pv，C_{hood} 為導管對氣罩之進入損失係數（duct entry loss coefficient for hood）。

三、$\left|P_{S,h}\right| = P_V + h_e$

$$C_e = \sqrt{\frac{P_V}{\left|P_{S,h}\right|}}$$

$$C_e^{\,2} = \frac{P_V}{\left|P_{S,h}\right|} = \frac{P_V}{P_V + h_e} = \frac{P_V}{P_V + C_{hood}P_V} = \frac{P_V}{P_V\left(1 + C_{hood}\right)} = \frac{1}{1 + C_{hood}}$$

$$C_e^{\,2} + C_e^{\,2}C_{hood} = 1$$

$$C_e^{\,2}C_{hood} = 1 - C_e^{\,2}$$

$$C_{hood} = \frac{1 - C_e^{\,2}}{C_e^{\,2}}$$

一個存放甲溶劑儲槽，已知其內已無殘留該溶劑及其他揮發性化學物質，儲槽欲進行歲修前擬先實施通風換氣。已知儲槽容量為 200 m³，經實施環境監測發現歲修前儲槽內甲溶劑濃度為 1,000 ppm。假設該儲槽係以 Q m³/min 之通風量實施均勻換氣，經換氣 1 小時後，儲槽內甲溶劑濃度降為 2.5 ppm，試計算 Q 值為何？如同樣以 Q 實施均勻換氣，欲將儲槽內甲溶劑之濃度降至容許濃度標準（PEL－TWA = 100 ppm），則需要的換氣時間為何？若將換氣量加倍為 2Q m³/min 時，所需降至容許濃度標準時間又為何？

（25 分）　　　　　　　　　　　　　　　　　　　　【112 - 高考三級】

答

一、作業環境中，已無殘留甲溶劑及其他揮發性化學物質（統稱有害物），並供給不含有害物之新鮮空氣，則有害物濃度隨時間而減少之關係式如下：

$$C = C_0 e^{-\frac{Q}{V}t}$$

起始甲溶劑濃度 C_0 = 1000 ppm

換氣量 Q 未知

儲槽容積 V = 200 m³

換氣時間 t = 1 小時 = 60 min

經通風換氣後甲溶劑濃度 C = 2.5 ppm

將以上資料代入公式

$$C = C_0 e^{-\frac{Q}{V}t}$$
$$2.5 = 1000 \times e^{-\frac{Q}{200} \times 60}$$
$$e^{-\frac{Q}{200} \times 60} = 2.5 \times 10^{-3}$$

兩邊取自然對數

$$-\frac{Q}{200} \times 60 = -6$$

計算可得 Q = 20 m³/min

二、 $C = C_0 e^{-\frac{Q}{V}t}$

$$\ln\frac{C}{C_0} = -\frac{Q}{V}t$$
$$t = -\frac{V}{Q}\ln\frac{C}{C_0}$$

起始甲溶劑濃度 C_o = 1000 ppm

換氣量 Q = 20 m³/min

儲槽容積 V = 200 m³

換氣時間 t = 1 小時 = 60 min

經通風換氣後甲溶劑濃度 C = 100 ppm 代入

$$t = -\frac{200}{20}\ln\frac{100}{1000} = 23min$$

亦即經過通風換氣 23min 後，甲溶劑之濃度可降至容許濃度標準
（PEL － TWA = 100 ppm）

三、換氣量加倍為 40 m³/min 時

$$t = -\frac{V}{Q}\ln\frac{C}{C_0} = -\frac{200}{40}\ln\frac{100}{1000} = 11.5 min$$

當換氣量加倍時，所需降至容許濃度標準時間為 11.5 min，由此可知換氣量與符合容許濃度所需時間成反比關係。

> **試說明何謂局部排氣裝置、整體換氣裝置？其裝設上應注意事項為何？**

答

一、局部排氣為於高濃度污染物未混合分散於周圍一般空氣中之前，利用吹、吸氣流趁其在高濃度狀況下局部地予以捕集、排除，且於清淨後排出於大氣中之裝置。局部排氣裝設上應注意事項如下列：

（一）氣罩應盡量選擇能包圍污染源之包圍式或崗位式氣罩。

（二）外裝型氣罩應盡量接近污染源發生源。

（三）氣罩應視作業方法、有污染物之擴散狀況及有機溶劑之比重等，選擇適於吸引該有機溶劑蒸氣之型式及大小。

（四）應盡量縮短導管長度、減少彎曲數目，且應於適當處所設置易於清掃之清潔口與測定孔。

（五）設置有空氣清淨裝置之局部排氣裝置，其排氣機應置於空氣清淨裝置後之位置。

（六）排氣煙囪等之排氣口，應直接向大氣開放。對未設空氣清淨裝置之局部排氣裝置之排氣煙塵等設備，應使排出物不致回流至作業場所。

（七）需有足夠之排氣量：排氣機應具有足夠之馬力。

（八）氣罩不可設置於人車來往頻繁或易受側風影響之位置。

（九）導管之形狀應盡量選用圓形形狀。

（十）導管之材質應選用具有不被腐蝕之材質。

二、整體換氣為，利用置換或稀釋之原理，導入大量之新鮮外氣，取代或稀釋作業環境內之污染物，使作業場所整體之污染物濃度降低至容許濃度以下者。整體換氣裝設上應注意事項：

（一）只限於排除低毒性之有害物質。

（二）為有效控制有害物質之濃度在容許濃度以下，應提供理論換氣量之某一倍數（安全係數）作為實際換氣量，$Q(m^3/min) = K \times Q(m^3/min)$

（三）排氣機或連接排氣機之導管開口部位應盡量接近有害物質發生源，以避免勞工呼吸帶暴露在此排氣氣流中。

（四）排氣及供氣要不受阻礙且能保持有效運轉。

（五）為求稀釋效果，氣流路程不可短路也不可受到阻礙，務必使新鮮外氣與室內空氣混合均勻。

（六）補充空氣應視需要加以調溫、調濕。

（七）高毒性物質或高污染作業場所最好與其他作業場所隔離。

（八）有害物發生源須遠離勞工呼吸帶。

（九）為避免排出之污染空氣再回流，排氣口最好高於屋頂，且最好為建築物之 1.5 ～ 2.0 倍。

（十）整體換氣裝置之送風機排氣機或其他導管之開口部，應盡量接近有機溶劑蒸氣發生源。進氣氣流在通過污染源後，需在最短路程內被排出室外。

局部排氣裝置之組成 (構造) 包括哪些部分？局部排氣裝置比整體換氣裝置好，試將其優點列出。

答

一、局部排氣裝置係由氣罩、吸氣導管、空氣清淨裝置、排氣機、排氣導管及排氣口所組成。

(一) 氣罩

氣罩依發生源與氣罩之相關位置及污染物之發生狀態。可分為包圍型、崗亭型、外裝型、接收型及吹吸型換氣裝置等 5 種。

(二) 導管

導管包括污染空氣自氣罩經空氣清淨裝置至排氣機之輸送管路（吸氣導管）及自排氣機至排氣口之輸送管路（排氣導管）兩大部分。

(三) 空氣清淨裝置

空氣清淨裝置有除卻粉塵、燻煙等之除塵裝置及除卻氣體、蒸氣等之廢氣處理裝置兩大類。

(四) 排氣機

排氣機為局部排氣裝置之動力來源，其功能在使導管內外產生不同之壓力以此帶動氣流。

一般常用之排氣機有軸流式與離心式兩種。

二、與整體換氣裝置比較，局部排氣裝置之優點如下：

(一) 如果設計得當，有害物質可於到達作業者呼吸區域之前予以排除，作業人員可免除有害物質暴露之危險。

(二) 必須排出及補充之空氣量比整體換換氣裝置小，並可免除處理補充空氣所需設備之費用。

（三）所排除之含有害物質之空氣體積相對也較小，如為避免當地空氣污染，處理排氣時，必要的花費也較低。

（四）作業場所之設備較不容易受到污染、腐蝕損壞。

（五）抽排氣速度較大，較不易受風速及導入空氣設計不良之影響。

	局部排氣	整體換氣
優點	1. 污染物被更高度地集中運輸的氣流。故與整體換氣相比僅需較小的風扇和動力消耗即可有效控制污染源。 2. 在寒地帶或需大量空氣調節之工廠，就經濟考量觀點，局部排氣所需之補償空氣較少。 3. 污染物在進入勞工呼吸帶前，可被捕集而不讓其擴散到他處。 4. 污染物較高去除率地集中在搬運氣流上透過空氣清淨裝置回收部分可利用物質並減少空氣污染物產生。	1. 對於低濃度污染物空氣，可將一部分排出室外，同時自室外引進新鮮空氣以稀釋室內污染空氣。使濃度低至容許濃度以下。 2. 利用機械換氣可獲得必要之換氣量。 3. 可利用自然換氣（如風力、溫度、擴散…等）以節省通風換氣之操作成本。
缺點	1. 局部排氣之氣罩、風管等設置不當，則需耗較多的動力以產生足夠排氣量。 2. 排氣機種類繁多，應慎選用以避免風壓不足時將影響局部排氣裝置之性能。 3. 使用上需視污染物產生量與逸散速度調整其排氣量。若發生源較多則不易維持適當的控制風速。 4. 當污染源量多且分散時其維護保養困難且成本負擔較重。	1. 污染物毒性大或量多時，在技術上或經濟上之負擔將遭遇困難。 2. 污染物比重大時，不易稀釋與排除。 3. 機械換氣污染物量、毒性或比重較大不易稀釋排除時，在技術與經濟效益考量上較不適合。 4. 利用自然換氣若其原動力（如風力、溫度…等）不作用時，其效果甚差。

某事業單位工作場所長為 50 公尺、寬為 20 公尺、高為 5 公尺，有 200 位勞工在該場所工作，試問：

一、 若該工作場所未使用有害物從事作業，今欲以機械通風設備實施換氣以維持勞工之舒適度及二氧化碳濃度時，依勞工安全衛生設施規則規定，其換氣量至少應為多少 m³/min？（10 分）

註： 下表為以機械通風設備換氣時，依職業安全衛生設施規則規定應有之換氣量。

消費之有機溶劑或 其混存物之種類	換氣能力
第一種有機溶劑或其混存物	每分鐘換氣量＝作業時間內一小時之有機溶劑或其混存物之消費量 ×0.3
第二種有機溶劑或其混存物	每分鐘換氣量＝作業時間內一小時之有機溶劑或其混存物之消費量 ×0.04
第三種有機溶劑或其混存物	每分鐘換氣量＝作業時間內一小時之有機溶劑或其混存物之消費量 ×0.01

二、 若該事業單位內使用丙酮（分子量為 58）為溶劑，則：

1. 依有機溶劑中毒預防規則規定，其容許消費量應為何？（5 分）

2. 若該場所每日八小時丙酮的消費量為 30kg，為預防勞工發生丙酮中毒危害，在 25℃，一大氣壓下裝設整體換氣裝置為控制設備時，其理論上欲控制在八小時日時量平均為容許濃度以下之最小換氣量應為何（已知丙酮之八小時日時量平均為容許濃度為 750 ppm）？（5 分）

答

一、 為避免 CO_2 超過容許濃度必要供應之新鮮空氣換氣量

作業場所氣積 ＝ 50m×20m×4m ＝ 4,000 m³

每一位勞工所佔之空間量＝ 4,000 m³÷200 ＝ 20 m³/ 人

依據職業安全衛生設施規則之規定每一人應有 0.3 m³/min 之換氣量

所以換氣量 $Q_{二氧化碳}$ ＝ 200 人 ×0.3 m³/min ＝ 60 m³/min

二、（一）按「有機溶劑中毒預防規則」規定，有機溶劑或其混存物之容許消費量，依下表之規定計算：

有機溶劑或其混存物之種類	有機溶劑或其混存物之容許消費
第一種有機溶劑或其混存物	容許消費 ＝ 1/15× 作業場所之氣積
第二種有機溶劑或其混存物	容許消費 ＝ 2/5× 作業場所之氣積
第三種有機溶劑或其混存物	容許消費 ＝ 3/2× 作業場所之氣積

(1) 表中所列作業場所之氣積 含超越地面 4 公尺以上高 之空間。
(2) 容許消費 以公克為單位，氣積以立方公尺為單位計算。
(3) 氣積超過 150 立方公尺者，概以 150 立方公尺計算。

丙酮作業場所氣積為 50(m)×20(m)×4(m)

＝ 4000m³ ＞ 150m³

故以 150m³ 計算

每小時容許消費量＝ 2/5× 作業場所之氣積

＝ 2/5×150m³ ＝ 60 g

（二）每小時消耗丙酮量為 30 kg×1,000 g/kg / 8hr ＝ 3,750 g/hr

1. 因丙酮屬第二種有機溶劑，依有機溶劑中毒預防規則，為預防勞工引起中毒危害所需之最小換氣量

每分鐘換氣量＝作業時間內一小時之有機溶劑或其混存物之消耗量 ×0.04

故最小換氣量 $Q_{法規}$ ＝ 3,750 g/hr×0.04 ＝ 150 m³/min

2. 依理論換氣量公式計算

$$Q_{理論} = (24.45 \times 103 \times W) / (60 \times ppm \times M.W.)$$

$$Q_{理論} = (24.45 \times 1000 \times 3750) / (60 \times 750 \times 58)$$

$$= 35.13 \ m^3/min$$

某工廠使用第 2 種有機溶劑正己烷（n-Hexane）從事作業，已知正己烷之分子量為 86，火災（爆炸）範圍為 1.1% ～ 7.5%，8 小時日時量平均容許濃度為 50ppm，每日 8 小時的使用量為 20 kg，公司裝設有整體換氣裝置做為控制設備。試回答下列問題：（請列出計算式）

一、為避免發生火災爆炸之危害，其最小換氣量應為何？

二、為預防勞工發生正己烷健康暴露危害，理論上之最小換氣量為何？

三、承上題，法令規定之最小換氣量為何？

四、請說明公司整體換氣裝置之換氣量應設為多少以上，方能避免勞工遭受火災爆炸及有機溶劑健康暴露之危害。

答

Q= 換氣量 (m^3/min)、W= 消費量 (g/hr)、LEL= 爆炸下限 (%)、M.W.= 分子量

每小時消耗正己烷量 W 為 (20kg×1000g/kg)/8hr =2,500g/hr

一、為避免火災爆炸之最小換氣量，根據法規所需之換氣量：

$$Q_1 = (24.45 \times 10^3 \times W) / (60 \times 0.3 \times LEL \times 10^4 \times M.W.)$$
$$Q_1 = (24.45 \times 1000 \times 2500) / (60 \times 0.3 \times 1.1 \times 10^4 \times 86) = 3.60 m^3/min$$

二、依理論上之最小換氣量：

$$Q_2 = (24.45 \times 10^3 \times W) / (60 \times ppm \times M.W.)$$
$$Q_2 = (24.45 \times 1000 \times 2500) / (60 \times 50 \times 86) = 236.92 \ m^3/min$$

三、為預防勞工引起中毒危害之最小換氣量，依有機溶劑中毒預防規則，因正己烷屬第二種有機溶劑，故每分鐘換氣量 = 作業時間內 1 小時之有機溶劑或其混存物之消費量 ×0.04，故換氣量 (Q3) = $2500 \times 0.04 = 100 \text{m}^3/\text{min}$

四、取最大值，故該公司整體換氣裝置之換氣量應設為 236.92 m³/min 以上。

職業衛生領域中，針對有害物工程控制常見之方式為何？近年來法規針對此部分有無相關修正條文？如有，請說明修法之原因。

答

雇主依職業安全衛生法第 6 條第 1 項規定，為防止氣體、蒸氣、粉塵、溶劑、化學品、微生物等有害物可能引起之危害，應設置必要之安全衛生設備及措施，業界常見者為通風設備，包括整體換氣裝置、局部排氣裝置。其中整體換氣主要功能在於將新鮮外氣供應於作業場所，用以稀釋作業場所內之有害物濃度，並藉空氣的流動將有害物排出室外；局部排氣則用於污染發生源固定範圍小且產生量大之作業環境，係將空氣污染物發生源或接近發生源位置將污染物捕集排除，以減低作業勞工呼吸帶範圍之污染物濃度。

即使現代工業技術已能做到生產自動化的程度，但仍有不少製造業無法採用完全密閉或無人化作業。因此，製程中之投料、製造加工及包裝等作業，仍有產生有害物質逸散的可能。為避免有害物逸散影響勞工身體健康，除持續進行製程改善與作業管理外，對於一些無法完全避免的污染源，通風設備就扮演著控制及排除有害物質的重要角色。

特定化學物質危害預防標準於 110 年 9 月 16 日修正發布，其中局部排氣裝置專業需求性強，需具備一定知能及經驗始能辦理，爰於第 38 條增訂雇主設置局部排氣裝置時，應指派或委託經中央主管機關訓練合格之專業人員設計，並製作局部排氣裝置設計報告書等規定；另於第 38 條之 1 明訂從事局部排氣裝置設計專業人員應具備之資格及相關訓練（含在職教育訓練）之規定。

> 局限空間可能存在哪些危害？實務上，有無建議之通風方式？請敘述之。

答

一、依據「職業安全衛生設施規則」第 19 條之 1 規定，局限空間，指非供勞工在其內部從事經常性作業，且勞工進出方法受限制，且無法以自然通風來維持充分、清淨空氣之空間。

二、勞工於局限空間作業前，應先確認該局限空間可能引起之危害類型如下列：

（一）缺氧

（二）中毒

（三）感電

（四）塌陷

（五）火災、爆炸等危害

三、實務上有以下通風方式可供現場主管選擇：

（一）強制送風：常見且有效的通風方法，原理是利用送風機將戶外品質較好的空氣以動力方式吹入局限空間，利用風力迫使局限空間的空氣發生垂直混合，並使局限空間的氣壓高於外面的氣壓，於是污濁空氣便自動從人孔排放出去。

（二）強制排氣：其原理是利用排氣機與氣罩，將滯留於局限空間的有害氣體以動力方式強制排出，並使局限空間的氣壓低於外面的氣壓，於是靠近人孔附近的空氣便因氣壓差異而流入局限空間，達到通風換氣的目的。

（三）混合送風及排氣：如現場環境許可且排氣設備足夠時，同時使用 2 組排氣設備，以 1 組送風、另 1 組排氣效果會更好，但是要特別注意排氣管與送風管進入局限空間的高度必須要有差異，通常排氣管會接近局限空間底部（因為有

害物通常分子量大於空氣分子量，容易沉積於底部），而送風管高度如果太接近排氣管則易產生短流，排除局限空間污染物的效率將會降低。

四、除了通風換氣之外，依據「職業安全衛生設施規則」第 29 條之 1 規定，對於局限空間危害防止計畫，應依作業可能引起之危害訂定下列事項：

（一）局限空間內危害之確認。

（二）局限空間內氧氣、危險物、有害物濃度之測定。

（三）通風換氣實施方式。

（四）電能、高溫、低溫及危害物質之隔離措施及缺氧、中毒、感電、塌陷、被夾、被捲等危害防止措施。

（五）作業方法及安全管制作法。

（六）進入作業許可程序。

（七）提供之測定儀器、通風換氣、防護與救援設備之檢點及維護方法。

（八）作業控制設施及作業安全檢點方法。

（九）緊急應變處置措施。

通盤評估現場危害，並有效加以防範，才能降低局限空間職業災害之發生。

工業衛生工作從早期的管理與控制職業危害因子，以保護勞工免於因工作所造成之健康危害，到近期進入積極提升勞工健康（或）健康促進的範疇。請詳述創造健康工作場所（healthy workplaces）的要素有那些？（25分）　　　　　　　　　　　【104 - 地特三等】

答

要創造健康工程場所，先以企業／組織的領導承諾及員工共同參與為理念與價值（Ethics & Values）之核心，計畫推動流程設計則遵循以下八大步驟，「啟動」（Mobilize）、「整合」（Assemble）、「需求評估」（Assess）、「優先順序」（Prioritize）、「計畫」（Plan）、「執行」（Do）、「評價」（Evaluate）、「改善」（Improve）、「啟動」（Mobilize）等持續循環進行。

一、啟動：「職場周全健康促進」計畫推動之首要關鍵，為獲得雇主、高階主管、工會領導者或非正式組織領導者的承諾、資源或支持。

二、整合：組成一個健康職場推動委員會、工作小組或團隊（Healthy Workplace Team），成員來自不同階層、部門、員工代表或專家，包括健康促進、安全衛生、人力資源、技術和醫護人員等，同時整合企業內、外部所有資源。

三、需求評估：（1）企業和員工現在的健康趨勢、工作環境及工作條件缺失（2）企業和員工希望未來整體組織發展，協助員工解決問題以滿足其健康需求。

四、優先順序：完成需求評估後，委員會、工作小組或團隊將從這些被確認有需求的問題中，設定問題解決的優先順序，一旦有許多問題待解決，應明智地決定其優先順序，例如符合職業安全衛生

5

職業衛生危害控制

相關法規為最基本考量，及有立即性危害者（例如：疾病或死亡），將列為優先解決項目之一。

五、計畫：計畫中的內容制定，考量 4 個影響途徑（生理工作環境、社會心理工作環境、個人健康資源、企業社區參與）關聯性，遵循問題解決循環過程，包括需求分析、設定優先順序、規劃、執行、持續監測和評估。

六、執行：制定計畫後，各項行動方案也已分配各部門或階層的責任，此階段需有公司政策支持、高層承諾、具體可行方案，以幫助計畫執行成功。

七、評價：無論是規劃、執行過程和計畫結果，都應該被評價，且制定短期和長期的評價指標。

八、改善：最後一個步驟，也是新計畫的第一個步驟，根據評價結果進行檢討，重新修正原計畫以解決所發現之問題，或是一些策略沒有發揮作用及不如預期，需要被做調整，並可從標竿職場學習汲取經驗。

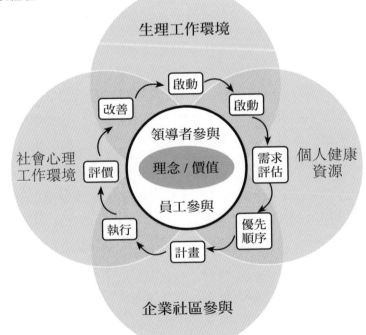

正規化學防護手套上市前都應經過實驗室測試驗證，但在實際工作場所利用這些實驗室測試資料，選用防護手套時，還需考量那些因素限制？（25分） 【108 - 公務高考】

答

由於工作場所接觸到的酸、鹼、溶劑等化學物質具有的毒性、腐蝕性等危害性物質或接觸物體的能量都不同，而且各種防護手套之材質也都不相同，即使主要材質相同，也會因成分、厚度、結構、製造的不同，而有不同的防護效果，因此在選用時得考慮下列要點：

一、待處理的物質。

二、暴露時間的長短。

三、手套之材質。

四、靈活度與厚度。

五、舒適性。

六、現場溫度。

七、抗老化性。

八、穿透時間。

九、浸透率。

十、機械性強度。

職業衛生專業在工作場所常採樣的控制與管理措施有那些？請由污染物發生源、傳送途徑以及污染物接收者（工人）等三個面向條列，並依據採用的優先次序闡述說明。（25分）　　【108 - 公務高考】

答

污染物發生源	傳送途徑	污染物接收者（工人）
1. 消除	3. 工程控制	4. 行政管理
2. 管理控制（取代）		5. 個人防護具
3. 工程控制		

一、依據國家級職業安全衛生管理系統指引4.3.4預防與控制措施，預防和控制危害風險之順序為：

（一）消除危害及風險。

（二）經由工程控制或管理控制從源頭控制危害及風險。

（三）設計安全的作業制度，包括行政管理措施將危害及風險的影響減到最低。

（四）當綜合上述方法仍然不能控制殘餘的危害及風險時，雇主應免費提供適當的個人防護具，並採取措施確保防護具的使用和維護。

二、針對污染物發生源（原物料）部分：

（一）控制危害最好的方法就是將危害去除，使工作環境安全無虞，但畢竟基於產品製程之需求，尚難消除原物料之使用。

（二）其次就可以考慮取代（substitution），亦即用無毒或低毒性物質或製程來代替高毒性物質與製程稱之。例如油漆溶劑由甲苯取代會導致血癌的苯，利用皮帶傳動取代齒輪傳動降低噪音等。

（三）工程控制措施，視原物料的毒性或特性而選擇，風險高者優先選用密閉設備，其次考慮局部排氣裝置，以期在源頭控制原物料之逸散，降低人員暴露之可能性。

（四）如係粉塵作業，亦可考慮使用加濕方式，避免粉塵逸散於作業環境。

（五）如係噪音作業，需考量工程改善以減低噪音值（例如：設備加裝防震裝置、機械設備更換減少零件摩擦、避免物件衝擊碰撞等）。

三、針對傳送途徑，去除危害要採取的手段就是工程控制，工程控制常用的方法如下：

（一）整體換氣裝置：將室外空氣，以足夠的量及速度導入室內，稀釋室內有毒蒸氣濃度保持於安全濃度範圍內之裝置。

（二）環境整理整頓：室內粉塵作業場所特別需要重視這部分，依粉塵危害預防標準第 22 條規定略以，雇主對室內粉塵作業場所至少每日應清掃一次以上。至少每月應定期使用真空吸塵器或以水沖洗等不致發生粉塵飛揚之方法，清除室內作業場所之地面、設備。

（三）針對噪音作業場所，可考量設置隔音屏障、貼附吸音材料減少反射音、增加音源與受音者距離等。

四、針對污染物接受者（工人），優先用行政管理的手段降低危害，其方法為：

（一）選工配工：於聘任新員工時的體格檢查選擇適任的勞工，例如有心血管疾病的人不宜攀爬高架作業；已有聽力損傷之勞工，不適宜噪音作業。

（二）教育訓練：職業安全衛生教育訓練規則第 16 條明訂，雇主對於新僱勞工或在職勞工變更工作前，應使勞工接受適於該工作必要之安全衛生教育訓練，目的為了使勞工在到

職前，對於其工作內容與工作環境潛在危害確實瞭解，避免勞工暴露於危害。

（三）輪班或工作時間調整：藉由前開制度，降低勞工暴露於危害之時間。

五、針對污染物接受者（工人），最後考慮使用個人防護具。必須依據危害類型選用適當之個人防護具，常見之個人防護具種類如下：

（一）呼吸防護：防塵口罩、防毒面罩、輸氣管面罩、自攜呼吸器等。

（二）身體防護：化學防護衣、圍裙等。

（三）手部防護：防酸鹼手套、防溶劑手套。

（四）足部防護：安全鞋、防酸鹼雨鞋。

（五）耳部防護：耳塞、耳罩。

（六）面部及眼睛防護：安全眼鏡、面部護罩等。

選擇呼吸防護具之前，應確認的重點有那些？（25分）

【108 - 地特三等】

答

選用呼吸防護具前應先確認的事項如下列：

一、確認有害污染物特性：包括污染物之毒性、種類、型態、濃度、危害途徑、危害程度等。特別要評估的是所面臨之危害是否會立即造成生命健康危害，如是否缺氧、是否風險過高，必須採取特別防護狀況。

二、確認呼吸防護具特性：包括呼吸防護具之防護係數（Protection factor）、有效使用期限、呼吸防護具佩戴、脫除、保養、維修之便利性等等。

三、考慮工作內容、流程特徵、呼吸防護具佩戴作業時限、佩戴人員心理生理狀況、發生緊急事故避難處理及搶救計劃等因素。

試說明職業衛生之行政管理（Administrative Control）之意涵及其使用時機，並試列舉三種常用之行政管理方法。（20 分）

【110 - 地特三等】

答

一、職業衛生核心在於認知、評估及控制，其中控制部分，優先順序包括消除、取代、工程控制、行政管理及個人防護具。其中，行政管理係指針對工作場域存在職業衛生之危害因子，不能或難以使用消除、取代或工程控制等方式來降低勞工暴露風險時，所選擇之方法。

二、常用的行政管理方法包括：

（一）縮短工作時間：針對作業現場環境存有危害因子，無法以工程控制方式處理時，縮短工作時間可減少勞工暴露於危害因子的時間，降低其危害吸收量，避免危害勞工身體健康。例如：職安法令規定高溫作業每日不得超過 6 小時。

（二）輪換工作職務／區域：將處於危害區／非危害區之勞工，定期或不定期輪換工作職務／區域，使個別勞工暴露之劑量小於法令規定之容許暴露標準，以避免勞工罹患職業疾病。

（三）教育訓練：依照職業安全衛生教育訓練規則第 17 條規定，雇主對新僱勞工或在職勞工於變更工作前，應使其接受適於各該工作必要之一般安全衛生教育訓練，其時數不得小於 3 小時，尤其是使用危害性化學品之勞工，需再增列 3 小時。使勞工具備足夠之知能，才可以執行相關業務。

5

職業衛生危害控制

> 粒狀有害物之淨氣式呼吸防護具可分為那兩種？美國國家安全衛生研究所將濾材分為 N、P 與 R 三種，其意義為何？又依我國 CNS 14755 Z2125，拋棄式防塵口罩又分為那些等級，其意義為何？
> （25 分）　　　　　　　　　　　　　　　　　【112 - 高考三級】

答

一、對於粒狀有害物之防護，淨氣式呼吸防護具，包括：

（一）過濾面體式口罩，如 N95 口罩。

（二）防塵面（口）罩（面體與濾材分離）。

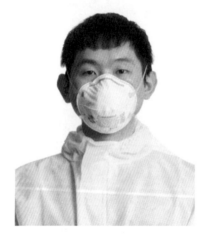

過濾面體式口罩

防塵面（口）罩
（面體與濾材分離）

二、考慮油霧滴負荷對濾材所造成的影響，美國國家安全衛生研究所將防塵濾材分為 N、P 與 R 三種，分別代表非抗油（not resistant to oil）、抗油（resistant to oil）與耐油（oil proof）。

三、我國 CNS 14755 Z2125 拋棄式防塵口罩標準，則將拋棄式防塵口罩分為 D1、D2 與 D3 三種等級，其過濾效率分別為 80%、95%、99%。

隨著老年人口增加，銀髮族之健康需求往往仰賴健康照護環境與照護者之適切維護，請說明從事健康照護者之潛在健康危害為何？如何改善與預防相關危害？（25分）

答

一、從事健康照護者，包括專業護理人員或家庭照護者（如看護、照服員等），可能面臨諸多潛在健康危害，這些危害主要與工作性質、工作環境和心理壓力等因素相關。

二、可能影響健康照護者的潛在危害如下列：

（一）情緒壓力：與病患及其家屬互動，處理生死、痛苦等情緒壓力，可能導致心理健康問題。

（二）感染風險：與病患緊密接觸，易有感染之虞。

（三）體力負擔：提供長時間的體力勞動，協助患者轉移或搬動，可能導致肌肉疲勞、腰背痛等人因性危害。

（四）時間壓力：由於需要提供長時間且連續性的照護，可能導致工作和生活的平衡困難，甚至有異常工作負荷之情形發生。

（五）不法侵害：不理性的家屬或其他第三人，可能會對健康照護者言語霸凌或者肢體傷害。

三、改善與預防相關危害對策如下列：

（一）培訓支持：提供充分的培訓，使照護者能夠從容應對各種照護挑戰。同時，建議雇主提供心理支持和諮詢等服務，也就是員工協助方案（EAP）。

（二）人力支援：提供足夠的照護人力，減輕單一照護者的負擔。這可以包括家庭成員、志工或專業照護人員的協助。

（三）人因預防：訂定人因性危害預防計畫，避免勞工因姿勢不良、過度施力及作業頻率過高等原因，促發肌肉骨骼疾病。

（四）負荷預防：訂定異常工作負荷促發疾病預防計畫，避免勞工從事輪班、夜間工作、長時間工作等作業導致疾病發生。

（五）健康管理：到職實施體格檢查，定期實施健康檢查，並辦理健康管理、職業病預防及健康促進等勞工健康保護事項。

（六）不法預防：執行職務遭受不法侵害預防計畫，預防勞工於執行職務，因他人行為致遭受身體或精神上不法侵害。

（七）感染控制：提供適當的感染控制培訓及個人防護具，以減少感染風險。

（八）社區資源：提供社區資源，包括支持團體、社區中心、心理健康服務等，以促進社交互動。

（九）專業發展：給予照護者專業發展的機會，提升其技能和知識水平，以應對多樣的照護挑戰。

（十）福利措施：提供哺集乳室、托兒托老設施、獎金制度、優惠貸款、餐費補助、免費制服、交通車等食衣住行各項福利措施，提升照護者之服務意願與福祉。

> 企業面對新冠肺炎（COVID-19）如能及時應變，可減少損失，試擬出企業新冠肺炎防範應變計畫。

答

一、成立應變組織：以高階主管擔任召集人、各單位主管為成員，並以職安單位為窗口，不定期召開會議，並將決議做成紀錄。

二、採取防疫措施

（一）人員進出管制：

1. 入口處測量進出人員體溫，體溫達 37.5 度，應立即就醫禁止進入。

2. 第一線同仁如櫃台、清潔、保全等，配戴口罩。

3. 規劃人員專屬進出通道或電梯。

（二）環境衛生管理：

1. 對員工較常接觸之設備，例如：廁所、電梯按鈕、門把、樓梯扶手等，不定時加強擦拭消毒。

2. 空調過濾網及各辦公場所加強應消毒。

3. 確診個案周遭環境及辦公場所全面消毒。

（三）個人防護措施：

1. 維持手部清潔

2. 注意呼吸道衛生及咳嗽禮節

3. 避免前往人多擁擠的公共場所。

4. 生病時在家休養

（四）與確診病例之接觸者處理原則：

1. 與確診病例相處距離 2 公尺、15 分鐘以上者，配合疾病管制署規定居家隔離 14 天。

2. 確診病例工作場所（樓層）以稀釋漂白水消毒。

三、人事行政管理

（一）各單位主管應親自督導防範疫情緊急應變事宜，有關防治措施應確實執行及追蹤。

（二）各單位同仁如有感染武漢肺炎者，主管應當機立斷，迅速依規定通報衛生機關處理，以免疫情擴大。

（三）有關隔離請假規定、違反居家隔離懲處規定及防疫人員獎懲規定等，應依公司相關規定辦理。

（四）同仁如被衛生機構通知居家隔離或居家檢疫者，其單位主管應責成專人負責追蹤。

（五）為因應同仁可能遭居家隔離或居家檢疫等突發狀況，各單位應及早規劃備援人選。

（六）必要時實施人員異地上班，並研擬持續營運計畫及對策、物質整備方案，避免業務中斷。

四、加強宣導措施

（一）加強宣導疫情之緊急應變及防疫措施。

（二）加強宣導個人衛生及生活起居注意事項。

（三）對於感染法定傳染病或遭隔離之同仁，應主動提供關懷與協助。

（四）對於未經證實之疫情傳言，應立即澄清，避免以訛傳訛，引起人心恐慌，造成人人自危，而影響工作。

五、啟動時機：配合中央流行疫情指揮中心公布疫情及防疫措施實施，修正時亦同。

> 呼吸防護具是勞工安全健康最後一道防線，其重要性不言可喻。就您所知，近年來針對呼吸防護具有無重大之法令變革，請說明之。

答

一、職業安全衛生設施規則於 108 年 4 月 30 日修正發布第 277 條之 1，為確保勞工使用呼吸防護具能達到防護效能，增訂雇主使勞工使用呼吸防護具時，應指派專人，採取危害辨識及暴露評估、防護具之選擇、使用、維護與管理、呼吸防護教育訓練、成效評估及改善等呼吸防護措施，並規範事業單位勞工人數達二百人以上者，應訂定呼吸防護計畫，據以執行。

二、呼吸防護計畫應包括下列事項：

（一）危害辨識及暴露評估：雇主選用呼吸防護具前，應確認作業勞工可能暴露之呼吸危害並進行評估。

（二）防護具之選擇：依前點危害辨識及暴露評估之結果，決定呼吸防護具類型。選擇使用半面體或全面體等緊密貼合式呼吸防護具時，應依勞工生理狀況及防護需求，實施生理評估及密合度測試。

（三）防護具之使用：每次使用前使勞工實施密合檢點、避免面體洩漏、使用有效之濾材等。

（四）防護具之維護及管理：確實執行清潔消毒、儲存、檢查、維修、領用、廢棄等程序。

（五）呼吸防護教育訓練：依法實施教育訓練並留存紀錄。

（六）成效評估及改善：雇主應每年至少一次評估呼吸防護計畫之執行成效，適時檢討及改善，以確認計畫有效執行並符合實際需求。

5

職業衛生危害控制

三、中華民國一百零八年四月三十日勞動部勞職授字第 1080201490
號令修正發布增訂職業安全衛生設施規則第 277 條之 1 規定，自
一百零九年一月一日施行。如雇主違反該規定，依職業安全衛生
法第 43 條第 2 款規定，處新台幣 3 萬至 30 萬元罰鍰。

試說明勞工呼吸防護具之選用步驟。

答

選用呼吸防護具前應先確認的事項如下列：

一、確認有害污染物特性：包括污染物之毒性、種類、型態、濃度、
危害途徑、危害程度等。特別要評估的是所面臨之危害是否會立
即造成生命健康危害，如是否缺氧、是否風險過高，必須採取特
別防護狀況。

二、確認呼吸防護具特性：包括呼吸防護具之防護係數（Protection
factor）、有效使用期限、呼吸防護具佩戴、脫除、保養、維修之
便利性等等。

三、考慮工作內容、流程特徵、呼吸防護具佩戴作業時限、佩戴人員
心理生理狀況、發生緊急事故避難處理及搶救計劃等因素。

四、呼吸防護具選用步驟如下圖所示：

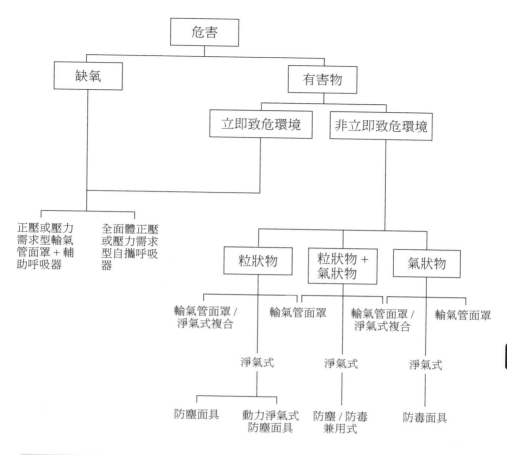

試擬訂職業安全衛生防護具管理要點。

答

以某公司為例,訂定以下職業安全衛生防護具管理要點,內容如下:

一、目的:為保障公司內工作者於工作中,避免物理性、化學性、生物性及人因性等危害,並有效管理個人防護具,特訂定個人防護具使用管理要點(以下簡稱本要點)。

二、適用範圍:本要點適用於本公司各工作場所與個人防護具之管理、使用人員。

三、權責

（一）作業場所負責人：諮詢職業安全衛生室專業人員，評估與提供適當合格之個人防護具，並指定防護具管理人，且負責監督人員正確使用個人防護具。

（二）防護具管理人：負責管理防護具之採購、存放、標示、及記錄相關事宜。

（三）職業安全衛生室：負責訂定本要點，並依法令規定適時修正，督導本要點確實執行。

四、適用時機

（一）對於高架作業，或作業中有物體飛落或飛散之情形時，應置備有適當之安全帽及其他防護具。

（二）對於搬運、置放、使用有刺角物、凸出物、腐蝕性物質、毒性物質或劇毒物質時，應置備適當之手套、圍裙、裹腿、安全鞋、安全帽、防護眼鏡、防毒口罩、安全面罩等。

（三）噪音之 ≧ 85dBA 工作場所，應置備耳塞、耳罩等防音防護具。

（四）暴露於高溫、低溫、非游離輻射線、生物病原體、有害氣體、蒸氣、粉塵或其他有害物之作業人員，應置備安全衛生防護具，如安全面罩、防塵口罩、防毒面具、防護眼鏡、防護衣等適當之防護具。

（五）對於在作業中使用之物質，有因接觸而傷害皮膚、感染、或經由皮膚滲透吸收而發生中毒等之情形時，應置備不浸透性防護衣、防護手套、防護靴、防護鞋等適當防護具。

（六）對於從事輸送腐蝕性物質者，為防止腐蝕性物質之飛濺、漏洩或溢流，應使用適當之防護具。

（七）本要點未規範者，應依職業安全衛生法及其附屬法規辦理。

五、檢查：各相關單位對防護具應定期實施自動檢查，並填寫個人安全衛生防護具領用登記表，相關紀錄留存備查。

六、各作業場所提供個人防護具，應依下列規定辦理：

（一）保持清潔，並予必要之消毒。

（二）經常檢查，保持其性能，不用時並妥予保存。

（三）防護具或防護器具應準備足夠使用之數量，個人使用之防護具應置備與該場所工作者之人數相同或以上之數量，並以個人專用為原則。

（四）如工作者有感染疾病之虞時，應置備個人專用防護器具，或作預防感染疾病之措施。

舉例說明職業上物理性的危害有哪些？試舉其中一種說明其發生原因、症狀及預防措施。

答

一、物理性危害因子主要包括噪音、高溫、低溫、游離輻射、非游離輻射、異常氣壓等與能量有關者。

二、常見物理性危害因子對人體的影響包括：

（一）噪音作業場所產生煩躁、失眠、聽力受損、耳鳴。

（二）高溫環境作業造成脫水、中暑、熱衰竭。

（三）低溫作業環境工作可能造成凍傷和神經與肌肉效能的降低。

（四）非游離輻射危害造成白內障、角膜炎、皮膚癌。

（五）游離輻射危害造成造血功能衰退、不孕、細胞染色體突變。

（六）異常氣壓環境作業造成減壓症、骨關節疼痛等。

三、以噪音為例，其發生原因、症狀及預防措施如下列：

（一）原因：長期暴露於 85 分貝以上之作業環境，以致於耳蝸的毛細胞受損，造成之感音性聽力損失。

（二）症狀：噪音暴露導致的聽力損失為漸進、無痛的初期自高頻區段開始，隨著接受聲音劑量的增加和時間的延長，聽力損害由高頻逐漸向低頻擴展，進而影響聽力。故勞工在早期不易注意到，直至察覺時聽力受損已有一定程度。遺憾的是，聽力損失一旦發生就無法治癒。

（三）預防措施：

依據「職業安全衛生設施規則」第 300 條之 1 規定，雇主對於勞工 8 小時日時量平均音壓級超過 85 分貝或暴露劑量超過 50% 之工作場所，應採取下列聽力保護措施，作成執行紀錄並留存 3 年：

1. 噪音監測及暴露評估。
2. 噪音危害控制。
3. 防音防護具之選用及佩戴。
4. 聽力保護教育訓練。
5. 健康檢查及管理。
6. 成效評估及改善。

5-5 參考資料

說明／網址	QR Code
勞動部職業安全衛生署 GHS 化學品全球調和制度網站 *https://ghs.osha.gov.tw/CHT/masterpage/index_CHT.aspx*	
勞動部職業安全衛生署網站 *https://www.osha.gov.tw/*	

說明 / 網址	QR Code
International Agency for Research on Cancer(IARC) *https://www.iarc.who.int/*	
司法改革雜誌資料庫 *https://digital.jrf.org.tw/articles/832*	
最高法院 110 年度台上字第 50 號民事判決 *https://judgment.judicial.gov.tw/FJUD/default.aspx*	
RCA 受僱勞工流行病學調查研究 *https://gpi.culture.tw/Books/033144900322*	
勞動部勞動及職業安全衛生研究所 *https://www.ilosh.gov.tw/*	
蔡永銘 現代安全管理 *https://www.books.com.tw/products/0010676463*	
呼吸防護計畫及採行措施指引，勞動部職業安全衛生署 *https://www.osha.gov.tw/48110/48713/48735/60233/*	
莊侑哲等，工業衛生，高立 *http://www.gau-lih.com.tw/tier/front/bin/ptdetail.phtml?Part=0063 1&Category=100106314*	
健康職場資訊網，衛生福利部國民健康署 *https://health.hpa.gov.tw/hpa/info/healty_push.aspx*	
職安一點通 - 職業安全管理甲級檢定完勝攻略、職業衛生管理 甲級檢定完勝攻略，蕭中剛等，碁峰。	

5

職業衛生危害控制

公務人員考試-職業安全衛生類別(高等考試+地特三等)歷屆考題彙編 | 第三版

作　　者：蕭中剛 / 陳俊哲 / 徐　強 / 許曉鋒
　　　　　王韋傑 / 張嘉峰
企劃編輯：郭季柔
文字編輯：江雅鈴
設計裝幀：張寶莉
發 行 人：廖文良

發 行 所：碁峰資訊股份有限公司
地　　址：台北市南港區三重路 66 號 7 樓之 6
電　　話：(02)2788-2408
傳　　真：(02)8192-4433
網　　站：www.gotop.com.tw
書　　號：ACR012700
版　　次：2024 年 06 月三版
建議售價：NT$590

國家圖書館出版品預行編目資料

公務人員考試：職業安全衛生類別(高等考試+地特三等)歷屆考
題彙編 / 蕭中剛, 陳俊哲, 徐強, 許曉鋒, 王韋傑, 張嘉峰著.
-- 三版. -- 臺北市：碁峰資訊, 2024.06
　　面；　公分
　　ISBN 978-626-324-803-8(平裝)
　　1.CST：工業安全　2.CST：職業衛生
555.56　　　　　　　　　　　　　　　　113004385